Kriegsjahre zählen doppelt

Ottmar Wolfangel

Kriegsjahre zählen doppelt

Feldpost aus meinen Jahren
beim Roten Kreuz

Aufzeichnungen aus den Jahren 1914–1918
von
OTTMAR WOLFANGEL

Herausgegeben von Margit Gill

Margit Gill
Oberpfaffenhofen
Gautinger Straße 98
82234 Weßling

1. Auflage 2003
Oberpfaffenhofen

Herstellung: Books on Demand GmbH,
Norderstedt
Printed in Germany
ISBN 3-8330-0474-6

Vorwort

Briefe sind Fenster in eine lebendige Vergangenheit. Nach 90 Jahren ein solches Fenster zu öffnen, ist meine Absicht als Herausgeberin dieses Buches. Ist es denn von Interesse durch die Feldpostbriefe meines Großvaters Ottmar Wolfangel aus dem 1. Weltkrieg und seinen Lazarettbericht einen Blick auf die Kriegsjahre 1914–1918 zu werfen?

Es faszinierte mich, mehr über meinen Großvater zu erfahren, den ich nur als alten, gebrechlichen Mann kennen gelernt habe. Von ihm selbst habe ich über vergangene Zeiten nichts erfahren und ich war noch zu jung, um ihn danach zu fragen, bevor er 1969 starb. In seinem Bericht und seinen Briefen lernte ich ihn nun als jungen Mann kennen und begab mich auf eine Reise in die Vergangenheit, auf der ich nicht nur ihm, sondern auch seinen Eltern und seinen fünf Geschwistern begegnete: Walter, Hermann, Hedwig, Kurt und dem kleinen Bruder Ernst, genannt Schneck.

Je länger ich mich mit den teilweise schwer zu entziffernden Schriften beschäftigte, um so mehr fesselte mich dieser direkte, lebendige Einblick in die Zeit des 1. Weltkriegs. Hier wird der Krieg zu Beginn durch die Augen eines 17jährigen gesehen, der sich in dieser Zeit zum Erwachsenen entwickelt. Zwei Selbstzeugnisse erlauben diesen Einblick: eine Sammlung von etwa 150 Feldpostbriefen und Postkarten sowie ein Bericht über die ersten drei Jahre als Rotkreuzpfleger in einem Kriegslazarett in Frankreich. Letzterer ist deutlich reflektierter als die Briefe, manchmal sogar selbstironisch.

Die Schriften bieten nicht nur zahlreiche zeitgeschichtliche Details über das Leben im Lazarett, sondern auch, durch seine Reaktionen auf die elterlichen Briefe, viele Einzelheiten über den Alltag in Deutschland. Auch geben seine politische Äußerungen einen Einblick in die Stimmung unter den Kriegsteilnehmern. Gegen Ende des Krieges wird seine zunehmend kritische Haltung deutlich spürbar und sein Blick richtet sich auf die Planung seiner persönlichen Zukunft nach dem Krieg.

Das Buch besteht im Wesentlichen aus zwei Teilen: dem Bericht *Drei Jahre beim Roten Kreuz* und, im zweiten Teil, den chronologisch geordneten *Feldpostbriefen*. Im Anhang ist der wesentlich später entstandene *Lebenswadel* aufgenommen, ferner ein kurzer Lebenslauf.

Drei Jahre beim Roten Kreuz ist ein Bericht, den Ottmar Wolfangel 1917 als Weihnachtsgeschenk für seine Eltern geschrieben hat. Er umfaßt ein Heft von knapp 60 Seiten in deutscher Schrift. Um diese

Erinnerungen etwas zu strukturieren, habe ich sie in elf Kapitel unterteilt und mit Überschriften versehen.

Die *Feldpostbriefe* sind chronologisch geordnet und umfassen den Zeitraum von April 1915 bis November 1918. Sie sind, mit Ausnahme von sieben französischen Briefen, in deutscher Schrift geschrieben und fast alle an die Eltern gerichtet, das Pfarrersehepaar Wolfangel in Kirchheim am Neckar. Um dem Leser die Orientierung und das Wiederfinden bestimmter Briefe zu erleichtern, habe ich jeden Brief mit einer Überschrift versehen. Oft berührt ein einzelner Brief vielfältige Themen, deshalb habe ich häufig ein für mich bemerkenswertes Detail als Überschrift gewählt.

Im Anhang findet sich ein sehr lebendig erzählter Lebensrückblick Ottmar Wolfangels aus dem Jahr 1966. Dieser Bericht in Briefform, den er *Lebenswadel* nennt, ist an den Jugendfreund Otto Emil Mörike gerichtet und war vermutlich für ein Klassentreffen bestimmt. Pfarrer Mörike, ein Nachfahre des Schriftstellers Eduard Mörike, war als Mitglied der Bekennenden Kirche ein entschiedener Gegner des NS-Regimes. Für die Verdienste bei der Rettung verfolgter Juden wurde zu Ehren des Ehepaars Mörike 1975 in der „Allee der Gerechten" in Jerusalem ein Baum gepflanzt.

Um die Authentizität der Dokumente zu wahren, habe ich die Rechtschreibung und Zeichensetzung nicht verändert. Vergessene Wörter sowie Erklärungen zu Abkürzungen und ungebräuchlichen Wörtern habe ich in eckigen Klammern eingefügt. Unleserliche oder fragliche Stellen sind mit einem Fragezeichen gekennzeichnet.

Ohne die Hilfe einiger Mitarbeiter wäre dieses Buch nicht zustande gekommen. Wiltrud Baur stellte die Feldpostbriefe zur Verfügung, Irmgard Wolfangel-Walter entzifferte den Bericht *Drei Jahre beim Roten Kreuz*, Erika Schardt danke ich für die Entzifferung der Briefe und die Aufzeichnung auf Tonkassetten. Erich Pfisterer übersetzte die in Französisch abgefaßten Briefe und ohne die Unterstützung meines Mannes wäre aus dem Manuskript kein Buch geworden. Ich danke allen ganz herzlich für ihr Engagement, ihre Geduld und die viele Zeit, die sie sich für dieses Projekt genommen haben!

Ich betrachte die Veröffentlichung der Aufzeichnungen Ottmar Wolfangels als einen kleinen Beitrag zu einer *Geschichte von unten*. Zugleich möchte ich die Begegnung mit einem liebenswerten, humorvollen Menschen ermöglichen, die hoffentlich nicht nur mir Freude macht.

Oberpfaffenhofen, März 2003 — Margit Gill

Inhaltsverzeichnis

I. Drei Jahre beim Roten Kreuz

Meinen lieben Eltern zu Weihnachten 1917

Da ich noch nie ein Tagebuch geführt habe und mir während des Krieges auch keins mehr anlegen werde, andererseits so manche schöne Erinnerung nicht ohne weiteres in das Meer der Vergessenheit versinken lassen möchte, so habe ich den kühnen Entschluß gefaßt, meine Erinnerungen und Erlebnisse während der vergangenen drei Kriegsjahre kurz niederzuschreiben. Viel Interessantes ist es freilich nicht, was ich zu erzählen habe, zumal ich noch nie ein großer Schriftsteller war und mir das Talent, aus Nichts Etwas zu machen, vollständig abgeht.

Wer sich aber dennoch daran wagt und bis zum Schluß aushalten will, muß sich schon mit einer guten Portion Geduld wappnen.

28. 11. 17 Ottmar

Ferien im Kriegssommer 1914

Die Rede unseres Rektors gelegentlich der Schulfeier am 30. Juli 1914 tönte noch in unser aller Herzen nach. Mit heiligem Ernst sprach er zu den jungen Abiturienten, die zum Teil schon in Uniform erschienen waren, von den heiligen Pflichten und hohen Aufgaben, die ihrer warteten. Auch uns Jüngeren schlug das Herz gewaltig und wir beneideten die Glücklichen, die ihr Höchstes dem Vaterland weihen durften. Wir bedauerten aufs Schmerzlichste, daß wir uns noch ein volles Jahr gedulden sollten, und bis dahin, so rechneten wir allgemein damals, würde der Krieg längst zu Ende sein, mit anderen Worten, es würde uns bei diesem welterschütternden Ereignis nur die Rolle eines müßigen Zuschauers zufallen.

Die Ferien hatten begonnen und damit gleichzeitig auch die Mobilmachung der gesamten deutschen Heeresmacht und die Militärzüge rasselten unaufhörlich nach Westen. Nach Hause kam ich natürlich nur, wenn ich Hunger hatte oder spät Abends, wenn Schlafenszeit war. Gewöhnlich war ich mit Futterkörben, Mostkrügen oder Kaffeekannen unterwegs, um die immer hungrigen und durstigen Mägen der Tunnel- und Brückenwachen zufrieden zustellen; natürlich gab es dort auch immer etwas Interessantes zu sehen und zu hören. Sonst nahm ich wohl selbst einen Schießprügel, einmal sogar ein richtiges Gewehr Modell 88, auf den Buckel und zog nicht wenig stolz auf Wache.

Ich erhielt einige Male den ehrenvollen Auftrag die Gemrigheimer Brücke vor unsichtbaren Feinden zu schützen. Kühn und tatendurstig wie ich war, kraxelte ich bald auf, bald unter der Brücke herum, das Gewehr immer schußbereit in der Hand, visitierte wohl auch von Zeit zu Zeit die Brückenpfeiler, ob sie nicht bald in die Luft fliegen würden. Aber es blieb alles ruhig. Langsam, aber sicher schlichen die ersten Frühstunden dahin. Wenn dann aber der Morgen graute und die lichtspendende, rosenfingrige Eos ihre ersten Vorboten am Horizont heraufsandte, dann stellte ich mich regelmäßig sehr selbstbewusst am Ende der Brücke auf, um die Gemrigheimer Herrschaften mit gebührender Würde zu empfangen, d. h. sie höflichst um Vorzeigen ihrer Passierscheine zu bitten, worüber sie sich immer furchtbar ärgerten. Jedes einigermaßen verdächtig aussehende Individuum war ein feindlicher Spion. Bei näherer Untersuchung entpuppten sich diese Spione allerdings regelmäßig als, politisch wenigstens, ungefährliche Landstreicher oder sonstige harmlose Sterbliche. Leider verliefen diese Verhaftungen nicht immer so gutartig und friedlich, da sich die „Spione" gelegentlich heftig zur Wehr setzten und so zu blutigen Schlägereien Anlaß gaben.

In der zweiten Hälfte der Ferien verdingte ich mich als Feldarbeiter und beteiligte mich beim Einbringen der Ernte. Selbst bei Nacht war ich zuweilen im Dienste des Vaterlandes tätig, wenn man so sagen darf. Es galt nämlich die Rolle des galanten Kavaliers und Beschützers zu spielen. Walter und ich teilten uns in die verantwortungsvolle Aufgabe die Villa R. und ihre Bewohner vor etwaigen feindlichen Überfällen zu schützen, da der Herr des Hauses in Heilbronn eingerückt war. Zur Beruhigung der kleinen, ängstlichen Frau nahmen wir auch immer eine alte, sechsläufige Pistole mit. Besonders erbaut waren wir begreiflicherweise nicht von dieser Ehre, zumal sich diese Abende immer durch eine schreckliche Langeweile auszeichneten. Das Einzige, was uns schließlich wieder etwas versöhnlicher stimmte, war ein für unsere damaligen Begriffe wenigstens üppiges Frühstück am anderen Morgen.

Freiwillige Meldung beim Heer

So gingen die schönen Ferien im Flug dahin und eines schönen Morgen erwachte ich mit dem nichts weniger als angenehmen Gefühl: heute mußt du wieder nach Heilbronn. Ciceros, De Oratoribus und Platos, Apologie des Sokrates, die sich ohnehin nicht unserer besonderen Gunst rühmen durften, fanden natürlich jetzt noch weniger Anklang. Nicht viel besser erging es dem sphärischen Dreieck nebst seiner praktischen Anwendung auf die Astronomie. Krieg, Krieg und nochmals Krieg war das einzige Thema. Der größte Teil der Abiturienten war im Felde, auch von unserer Klasse hatten sich einige gleich nach den Ferien zum Heeresdienst gemeldet. Gleichzeitig wurde ganz Belgien im Sturm erobert und geradewegs gings auf Paris los, so daß selbst weniger optimistisch gesinnte Leute den Krieg bis Weihnachten für beendet hielten. Wie alle meine Kameraden, so bestürmte auch ich wiederholt die Herren Eltern, ihre Einwilligung zum Freiwillig-Melden zu geben, aber alle Angriffe zerschellten an dem väterlichen Machtspruch: Erst mache dein Abitur, dann werden wir ja weiter sehen. Da – es war in den letzten Oktobertagen – erschien gleichsam als Retter in der Not vom Kultministerium ein Erlaß, wonach jeder ordentliche Oberprimaner, der ins Heer eintreten wollte, eine außerordentliche Prüfung, das sogenannte Notabitur, machen konnte. Mit erneuter Energie wurde eine Attacke auf das väterliche Veto gemacht, die freilich auch diesmal fehlschlug.

So rückte das erste Kriegsweihnachten langsam heran, als Anfang Dezember ein zweiter Erlaß herauskam; diesmal sollten gar diejenigen, welche sich zum Heeresdienst melden wollten, das Abitur geschenkt bekommen. Nun gabs kein Halten mehr. Die Weihnachtsvakanz, die gerade vor der Tür stand, wollte ich natürlich noch zu Hause verbringen. So wurde einstimmig der Beschluß gefaßt, mein Vorhaben ins neue Jahr zu verschieben.

An einem schönen Januarmorgen saßen mein Freund Brändle und ich auf der Bahn und bewegten uns in Richtung auf Ludwigsburg. Wir hatten den heldenhaften Entschluß gefaßt, uns zusammen beim Feld-Artl. Regiment Nr. 65 als Freiwillige zu melden. Voll hoher und höchster Erwartungen saßen wir im Vorraum und träumten schon von künftigen Heldentaten, als so ein tintenbekleckstes Kompanieschreiberlein auf der Schwelle erschien und mit wahrhaft empörendem Gleichmut verkündigte: „Bis auf weiteres werden keine Freiwilligen mehr eingestellt." Wütend und zugleich enttäuscht verließen wir das ungastliche Haus und versuchten unser Glück bei den 29igern, schließlich sogar beim Train, konnten jedoch nirgends ankommen. Mit ziemlich abgekühlten Gefühlen fuhren wir Abends wieder heimwärts; den Mut ließen wir jedoch noch nicht sinken. Mein Freund B. versuchte es vier Wochen später noch einmal bei den 65igern, diesmal mit mehr Glück. Mein Schifflein jedoch sollte in ein ruhigeres Fahrwasser gelenkt werden; das rote Kreuz auf weißem Grund war seine Flagge.

Ausbildung zum Krankenpfleger

Mit recht wehmütigen Gefühlen hatte ich nach unserem verunglückten Feldzug wieder einige Tage der Lehrer Weisheit gelauscht, als ein zweiter Komet an dem Himmel meiner kriegerischen Hoffnungen aufging. Die Karlshöhe brachte einen Aufruf in der Zeitung, es werden Leute gesucht für einen Krankenpflegekurs. Da ich meine Hoffnungen dem Vaterland mit der Waffe dienen zu dürfen, bereits alle zu Grabe getragen hatte, griff ich mit beiden Händen nach diesem rettenden Ausweg. Auch meinen Eltern schien diese friedliche Lösung des Problems nicht unerwünscht zu sein. Nicht zuletzt bewegte mich, wie ich nachträglich ruhig gestehen kann, zu diesem Schritt der Entschluß, der nicht eben sehr geliebten Schule um jeden Preis zu entrinnen. In aller Eile stellte mir der Gemrigheimer Doktor ein glänzendes ärztliches Zeugnis aus, das in Begleitung einiger anderer Papiere, vor allem des Leumundzeugnisses, schleunigst nach der Karlshöhe wanderte. Die Eröffnung des Kurses war auf den <14.>Februar angesetzt. Die Vorbereitungen waren schon alle getroffen, als am Nachmittag des 13. ein Telegramm einlief: Kurs kann wegen Mangels an Teilnehmern nicht stattfinden. Ich war natürlich wie aus allen Wolken gefallen und während ich noch darüber nachsann, was nun werden sollte, kam ein zweites Telegramm: Kurs findet doch statt, da sich im letzten Augenblick noch sieben Crailsheimer gemeldet haben. Nun war natürlich wieder Flagge hoch.

Frohgemut zog ich dann anderntags wieder nach Ludwigsburg. Ich war noch ziemlich früh dran, da außer mir erst zwei Kollegen da waren. Während wir uns die Baulichkeiten und die nächste Umgebung ein wenig besahen, hatten sich nach und nach auch die anderen Kursteilnehmer eingefunden. Inspektor Schlitter begrüßte uns dann mit einer herzlichen Willkommensrede. Daran anschließend war allgemeines Kaffeetrinken. Ich muß heute noch über die vielen enttäuschten Gesichter lachen, als aus riesigen Kannen weißer, gesüßter Kaffee eingeschenkt wurde; als Kaffeebrot waren auf den Tischen ganze Berge Schwarzbrotschnitten aufgeschichtet. Ich war ja von zu Hause längst daran gewöhnt, aber den meisten der Herren Kollegen schien es etwas Neues zu sein. Sie gewöhnten sich übrigens auch schnell daran und wie ich bemerkte, schmeckte es ihnen sogar sehr gut. Die Kost war überhaupt ziemlich derb, aber reichlich und kräftig.

Da der Nachmittag schon ziemlich vorgerückt war, bekamen wir vollends frei und die meisten benutzen die Zeit, um sich etwas häuslich einzurichten. Mein Kollege Bohnenberger – die Bezeichnung

„Kamerad“ wurde erst später üblich, als er unserem Zug in Rethel zugeteilt wurde – und ich wurden im Gastzimmer von H. Inspektor einquartiert, worum uns die anderen natürlich alle beneideten, weil es entschieden das nobelste Quartier war.

Morgens um 7^h war immer allgemeines Wecken durch ein Glöcklein, das meines Erachtens seiner Aufgabe entschieden nicht gewachsen war. Nach beendeter Frühtoilette, die einschließlich Bettenmachen und Ausfegen eine halbe Stunde in Anspruch nehmen durfte, versammelte sich Alles, Gesinde, Schulkinder, Diakonen und die „Herren“ in dem geräumigen Speisesaal. Der Hausvater sprach ein kurzes Gebet, worauf allgemeines Klappern von Kaffeetassen den Beginn des Frühstücks verkündete. Große Heiterkeit erregte es jedesmal, wenn welche das Glockenzeichen überhört hatten und erst gegen Ende des Frühstücks auftauchten. Auch wir beide hatten einmal das Pech und brauchten für den Spott natürlich nicht zu sorgen. Kurz vor Beendigung des Frühstücks erschien gewöhnlich der Herr Inspektor und hielt nach allseitiger lebhafter Begrüßung eine kleine Andacht über eine Stelle aus der Bibel ab. Dann aber gings frisch an die Arbeit.

Von 8^h–10^h war praktischer Unterricht im Altmännerheim. Die ersten acht Tage arbeitete ich auf dem Salon, wo die besseren Herren untergebracht waren. Jeder hatte sein eigenes, meist ganz hübsch eingerichtetes Zimmer. Es waren fast lauter alte Junggesellen, die ihren Lebensabend vollends in Ruhe genießen wollten. Die meisten litten an irgendeiner fixen Idee oder hatten zum Mindestem eine krankhafte Liebhaberei. So entsinne ich mich besonders noch eines alten Herrn mit würdigem Patriarchenantlitz, dessen Zimmer ich jeden Morgen instand zu setzen hatte. Derselbe hatte eine leidenschaftliche Liebe für alles, was da kreucht und fleucht. Sein Zimmer glich daher eher einer Abteilung eines zoologischen Gartens als einem menschlichen Wohnraum. Von oben bis unten hatte er das ganze Zimmer mit Terrarien, Aquarien, großen und kleinen Topfpflanzen vollgestopft. In diesem idealen kleinen Kreis bewegten sich seine ganzen Lebensinteressen.

Dort also legte ich die ersten Proben meiner Kunst ab. Ich lernte ein Zimmer ausfegen und wischen, eignete mir auch die Kunst des vorschriftsmäßigen Bettenmachens an und sonst noch verschiedenes, wie Staubwischen und dgl. Etwas deutlichere Begriffe von der Krankenpflege erhielt ich während der zweiten Hälfte des Kurses im sog. „kleinen Haus“, das sich schon auf zehn Schritt Entfernung durch einen charakteristischen Geruch auszeichnete, der auf ausgedehnten Gebrauch von Nachttöpfen und Urinflaschen schließen ließ. Der Dienst, den ich daselbst zu verrichten hatte, schien mir auch keineswegs dazu geeignet, meine Begeisterung für die Krankenpflege zu heben, immerhin wars eine ganz gute Vorbereitung für Rethel. Auch eine Nachtwache machte ich zusammen mit Bruder Daniel und half ihm unter anderem beim Füttern eines alten Herrn, der die merkwürdige Gewohnheit besaß, um Mitternacht eine Mahlzeit einzunehmen. Vielleicht mußte auch er sich bei den teuren Zeiten diese Extravaganzen abgewöhnen.

Um 10^h war das zweite Frühstück, ebenfalls Schwarzbrot mit Kaffee oder einem Glas Most, je nach Wunsch. Bis zum Mittagessen hielt uns danach der Herr Inspektor einen Vortrag über die Entstehung und Entwicklung des Roten Kreuzes. Ganz besonders schärfte er uns die Artikel der Genfer Konvention ein für den Fall, daß wir in Gefangenschaft geraten sollten; ich glaube zwar kaum, daß ich noch in die Verlegenheit kommen werde.

Ähnlich wie das Vormittagsprogramm gestaltete sich der Nachmittag. Von 2^h–4^h war unter der Leitung von Bruder Rieker Verbandsunterricht, leider eine ganz vergebliche Liebesmüh, da ein freiwilliger Krankenpfleger überhaupt nie in die Lage kommt, einen Verband anlegen zu müssen. Auf diese Anstrengungen war begreiflicherweise wieder eine Stärkung nötig. Den harmonischen Abschluß des Tages bildete endlich ein langer Vortrag des Medizinalrats Staudenmayer über alle möglichen Krankheiten, deren Entstehung und Behandlung; auch gab er sich redliche Mühe seinen Schülern die Grundbegriffe der Anatomie beizubringen, wobei er freilich im Allgemeinen herzlich wenig Verständnis fand.

Um 6^h war Nachtessen. Nach demselben war jeder sein eigener Herr. Ich besuchte einigemale Professor Müllers, sonst bummelte ich mit meinem neuen Freund Betton in der Stadt herum oder spielten wir in seinem Zimmer Karten.

In angenehmer Erinnerung sind mir auch noch die Impfungen. Unser Medizinalrat ließ uns zu diesem Zweck nach dem „Neuen Krankenhaus“ kommen, wo er zugleich Chefarzt war. Um uns von unseren schmerzlichen Gedanken abzulenken, führte er uns nach der Operation jedesmal durch das ganze Lazarett, um uns besonders interessante oder charakteristische Krankheitsbilder zu zeigen; er ließ uns sogar einen Blick in sein Allerheiligstes, sein Privatarbeitszimmer tun und führte uns unter anderem am Mikroskop einige Bazillenarten vor.

Aber schon auf dem Rückweg und dann vollends zuhause machten sich die Wirkungen der Impfungen in sehr verschiedener Weise bemerkbar. Einige bekamen Schüttelfrost und Fieber und mußten sofort zu Bett gebracht werden. Bei den meisten stellte sich nur eine schmerzhafte Lähmung des linken Armes ein und am Abend zog jeder seinen Frack aus, als ob er von dünnem Glas wäre.

Auch einen Vertreter der sog. Impfgegner hatten wir bei uns. Da das Impfen damals noch nicht zwangsweise eingeführt war, blieb er davon verschont. Wie ich später von einem Kameraden erfuhr, ist er ein halbes Jahr darauf in Rußland dem Typhus erlegen. Zufall oder Strafe?

In Rethel mußte ich mich übrigens noch zweimal dieser Operation unterziehen, nur mit dem Unterschied, daß ich damals dank der Aufklärung einiger erfahrener Kameraden schlauer geworden war. Kognak besitzt nämlich neben seinen sonstigen hervorragenden Eigenschaften auch die eines vorzüglichen Gegenmittels bei Impfungen. Zuerst mußt die Schwester mit einigen Gläschen herausrücken. Am Abend vertilgte dann unser Kleeblatt regelmäßig noch einen Flasche extra. Am andern Morgen hätten wir freilich gern einen lahmen Arm gegen einen hellen Kopf eingetauscht.

Doch ich will nicht vorgreifen, sondern alles schön der Reihe nach erzählen.

Unser Kurs hatte sich allmählich seinem Ende genähert. Am Tage vor unserer Entlassung hielt unser Medizinalrat große Prüfung ab. Wenn mir meine späteren Examina auch mal so leicht gemacht werden, ist mir nicht bange. Obgleich zum Teil geradezu klassische Weisheiten verzapft wurden, bekamen doch alle schwarz auf weiß, daß sie den Kurs mit gutem Erfolg mitgemacht haben.

Am folgenden Tag war Königs Geburtstag und mein Freund Betton und ich besuchten den Festgottesdienst in der Garnisonskirche. Mittags war noch großer Geburtstags- und Abschiedsschmaus. Nach dem Essen verabschiedete uns der Herr Inspektor feierlichst. Die Verabschiedung war deshalb so eilig, weil am andern Tag ein großes Jahresfest war, wofür noch große Vorbereitungen getroffen werden sollten. Nachdem ich mich bei Herrn Inspektor nochmal für das schöne Quartier bedankt und von meinen Kollegen verabschiedet hatte, fuhr ich nach Hause als nunmehriger *freiwilliger Krankenpfleger*.

Der Stellungsbefehl April 1915

Zunächst mußte ich mich natürlich von den überstandenen Strapazen erholen. Um jedoch meine mühsam erworbenen Kenntnisse nicht gleich wieder zu verlieren, sie vielmehr praktisch anzuwenden und zu erweitern, bot ich meine Dienste dem Vereinslazarett Dammschule in Heilbronn an, das dieselben auch nach einigem Zögern annahm. Es hat mir dort auch ganz gut gefallen und ich wollte, ich wäre heute noch dort. Das ging freilich nicht an und ich selbst hatte ja damals keinen sehnlicheren Wunsch, als möglichst bald ins Feld zu kommen; eines schönen Morgens kam nämlich vom Herrn Rektor Nestle ein Schreiben, wenn ich bis 1. Mai keine Verwendung im Felde gefunden hätte, müßte ich den Schulbesuch wieder aufnehmen. Man stelle sich den Spott und die Schadenfreude meiner Klassenkameraden vor, wenn ich, der ausgebildete Krankenpfleger, der bereits ein Vierteljahr mit dem Schulbesuch ausgesetzt hatte und das Reifezeugnis sozusagen schon in der Tasche trug, die Schulmappe wieder hätte unter den Arm nehmen müssen.

Auf wiederholte, dringende Anfragen kam schließlich die erlösende Antwort, ich sollte mich am 20. April vormittags 10 Uhr auf den Königsbau stellen. Jetzt erst war das letzte Hindernis beseitigt und in goldenem Licht lag die Zukunft vor mir. Einige Tage vor meinem Stellungstermin streikte ich in der Dammschule, um mich noch einmal ganz den Genüssen des Elternhauses zu widmen.

Der große Morgen war angebrochen. Ich war in Begleitung meiner Eltern schon tags zuvor nach Stuttgart gefahren, um mich noch von all den Onkels und Tanten verabschieden zu können; auch waren noch einige Einkäufe zu machen.

Punkt 10 Uhr stellte ich mich auf dem Königsbau; ich wurde nach einem Zimmer gewiesen, wo meiner noch 11 Leidensgenossen warteten. Zunächst wurden wir nochmals von einem Militärarzt untersucht. Gerade mir traute er offenbar am wenigsten zu, denn er fragte mich wiederholt, ob ich mich denn wirklich den nicht leichten Aufgaben gewachsen fühle, die unser in Rethel warteten. Ich bestätigte dies natürlich eifrig und somit war die Sache erledigt. Auf dies hin wurden wir dem Oberstleutnant von Ritter vorgestellt. Derselbe hielt uns eine flammende Rede von Vaterlandsliebe, Opferwilligkeit und treuer Pflichterfüllung, auch schärfte er uns ganz besonders ein, doch ja immer vor Frankreichs schönem Geschlecht auf der Hut zu sein.

Inzwischen waren unsere Ausweiskarten und Soldbücher ausgefertigt worden und nachdem jeder noch mit einer Erkennungsmarke versehen worden war, rückten wir nach der Schwabschule ab zur Einkleidung. Da es anerkanntermaßen keine Kleinigkeit ist, einen Zivilisten plötzlich in einen Soldaten zu verwandeln, so dauerte es auch eine ganze Weile bis jeder ein ungefähr vorschriftsmäßiges

Aussehen hatte. Von dort aus wurde noch schnell ein nahgelegenes Schuhgeschäft gestürmt, das jeder mit einem Paar Schuhe oder Stiefel bewaffnet verließ. Ein kleines Mädchen, das gerade mit seiner Mutter vorbeiging, rief bei unserem Anblick ganz entzückt: „Mama, guck, do komma lauter Schuuster!“, was bei uns natürlich große Heiterkeit erregte. Nachmittags war noch Wäschefassen. Ich erhielt soviel, daß ich sie in meinem Rucksack kaum unterbringen konnte, da ich von zu Hause auch schon etwas mitbekommen hatte. Außerdem nahm ich noch 21 Mark Stiefelgeld in Empfang, da ich im Besitz eines Paars wasserdichter Gebirgsschuhe auf Rohrstiefel ruhig verzichten konnte. Fast ebensoviel besaß ich vorher schon, so daß ich mir wie ein Krösus vorkam. Dies imponierte mir überhaupt mächtig, daß ich von nun an ganz mein eigener Herr und Bankier sein sollte.

Die Fahrt nach Rethel

Somit war auf dem Königsbau alles erledigt und geschlossen marschierten wir auf den Bahnhof, wo unser ein üppiges Abschieds- oder besser Henkersmahl wartete, bestehend aus Bratwürsten und Kartoffelsalat. 6^{12h} sollte unser Zug abfahren und die Zeit bis dahin ging vollends recht schnell herum. Meine Eltern gaben mir auf dem Bahnsteig noch allerlei gute Lehren und Ermahnungen, die ich sämtlich sehr zu Herzen nahm. Schließlich wurde es Zeit zum Einsteigen, der Zugführer gab das Zeichen zum Abfahren, ein letztes Händedrücken und langsam setzte sich der Zug in Bewegung. Hüben und drüben flatterten die Taschentücher und lange noch schaute ich in der Richtung nach dem Bahnhof und zwei weißen Fähnchen, als sie schon längst meinen Augen entschwunden waren. Auch die Andern hingen meist ihren Gedanken nach, die schließlich alle darin gipfeln mochten: wer weiß, ob wir uns wiedersehen? Wir machten uns ja auch recht unbestimmte Vorstellungen von unserem Bestimmungsort; daß wir daselbst, gelegentliche Fliegerbesuche abgerechnet, vor denen man ja übrigens auch zu Hause nicht mehr sicher ist, eben so ruhig und sicher leben sollten, hätten wir nie für möglich gehalten. Einer, der schon einmal im Felde gewesen war, fand zuerst die Besinnung wieder und machte den Vorschlag, etwas zu singen; das wirkte. Erst waren es rührende Abschiedslieder, denen jedoch bald allerlei lustige Soldatenlieder folgten.

Als Fahrstrecke war uns der Weg durch das herrliche Rheinland und Belgien vorgeschrieben; weshalb, weiß ich heute noch nicht; wir waren jedenfalls alle hocherfreut darüber. Am ersten Reisetag blieben wir in Mannheim sitzen, wo wir um Mitternacht ankamen. Als Nachtquartier wurde uns ein großer Schlafsaal im Bahnhofsgebäude angewiesen und ich bekam dort zum ersten Mal einen ungefähren Begriff von einem Massenquartier.

Früh am andern Morgen nach einer Tasse schwarzen Kaffee gings weiter. Es versprach ein wunderschöner Tag zu werden und die Pracht, die sich allmählich vor unseren Augen entrollte, ist einfach unbeschreiblich. Zu beiden Seiten steile Bergketten mit stolzen Burgen und romantischen Ruinen, zur Rechten als getreuer Begleiter der alte Vater Rhein mit seinem bunten Leben und Treiben. Von geradezu überwältigender Schönheit ist die Strecke zwischen Mainz und Bingen, die Durchbruchsstelle durch das rheinische Schiefergebirge, rechts und links himmelhohe, oft senkrecht aufsteigende Wände mit der verschiedenartigsten Schichtung und Färbung des Gesteins. Gegen Bonn verlor sich dieses Bild allmählich und rasch durcheilten wir die Niederrheinische Tiefebene, bis wir gegen 12^{h} Mittags in Köln ankamen. Nach kurzem Aufenthalt, während dessen wir uns gerade einen Teller Suppe gestatten konnten, gings weiter. Gleich nach Verlassen der Bahnhofshalle erhob sich in unserem Rücken in majestätischer Pracht der Kölner Dom, der noch lange als Wahrzeichen der Stadt Köln sichtbar blieb.

Aachen hatten wir schon hinter uns und langsam kamen wir Herbesthal <*vermutl. Hergenrath*>, der letzten deutschen Bahnstation näher. Dort hatten wir noch mal kurzen Aufenthalt, weil unser sämtliches Gepäck auf der Zollstation nachgesehen werden mußte. Von Herbesthal war es nur noch eine kurze Strecke bis zur Grenze und es waren recht gemischte Gefühle, die mich beim Passieren des Grenzpfahles beherrschten, einerseits war es eine gewisse Bangigkeit, daß ich die liebe deutsche Erde für mindestens ein halbes Jahr nicht wieder betreten sollte, andererseits dagegen erfüllte mich das erhabene Gefühl von diesem Augenblick an dem Feldheer anzugehören. Die Endstation dieses Tages war Namur, nachdem wir eben noch vor Einbruch der Nacht einen Teil von Lüttich und einige seiner Forts hatten vom Zug aus beobachten können. Diesmal verbrachten wir die Nacht nicht auf dem Bahnhof, sondern in einem Benediktinerkloster. Nachdem wir ungefähr eine halbe Stunde durch die in völlige Dunkelheit gehüllte Stadt marschiert waren, erreichten wir auf einigen Umwegen unser Ziel; der Empfang seitens unserer Gastgeber war recht frostig und ihre Mienen eher alles andere als vertrauenerweckend; wir waren jedoch zu ermüdet, um uns darüber viel Gedanken zu machen und schliefen bald alle den Schlaf des Gerechten. Nachdem wir am nächsten Morgen mit Müh und Not eine

Tasse schwarzen Kaffee herausgeschunden hatten, zu dem wir uns den Rest unseres Zwiebackpäckchens bestens schmecken ließen, legten wir bei Tagesgrauen denselben Weg zum Bahnhof wieder zurück.

Die Fahrt ging jetzt vollends schnell vonstatten. In Charleville trafen wir auf dem Bahnhof einige Retheler Kameraden, die uns unterwegs allerhand interessante Aufklärungen über unser zukünftiges Dasein gaben. Gegen 10^h vormittags erreichten wir dann auch glücklich unser Endziel und ich war ordentlich froh, daß die Bahnfahrt ein Ende hatte. Zugführer Roth und unser damaliger Delegierter Baron von Geyer empfingen uns auf dem Bahnhof. Letzterer hielt eine kurze Ansprache, indem er uns ans Herz legte, jeder sollte nach Kräften den vorzüglichen Ruf des Württemberger Zugs zu unterstützen und zu heben suchen.

Erste Eindrücke im Quartier

Da unser Quartier ziemlich am entgegengesetzten Ende des Städtchens lag, so hatten wir reichlich Gelegenheit, die Wirkung schwerer deutscher Artillerie zu beobachten. Überall begegneten wir den Ruinen einzelner Häuser und ganzer Straßenzüge. Aber im wahrsten Sinne des Wortes dem Erdboden gleichgemacht war das Viertel zwischen der Kathedrale und dem Schloß bis hinunter an die Aisne. Wie ich mir nachher von den Einwohnern erzählen ließ, war dies gerade der schönste und vornehmste Teil. Ich konnte mich beim ersten Anblick dieses Trümmerfeldes eines schmerzlichen Gefühls nicht enthalten bei dem Gedanken, daß dieses hübsche blühende Städtchen innerhalb weniger Stunden so schwer heimgesucht worden war.

Vor einem großen, stattlichen Haus wurde Halt gemacht, es trug in großen Lettern die Aufschrift Brasserie de Roulin Grulet. Durch eine dunkle, gewundene Treppe gelangten wir in den ersten Stock und traten in ein großes, helles Zimmer, das freilich einen äußerst kahlen Eindruck machte, zumal die Kästen nach französischer Art in die Wand eingelassen waren. Da und dort hing an der Wand ein Mantel oder ein Rucksack, im übrigen stellte ich an Mobiliar nur einen groben eichenen Tisch, zwei grüne eiserne Gartenbänke und einen Stuhl fest. Ferner hing gleich links von der Tür ein großes Bild unseres Königs, das er dem Zug anläßlich seines Geburtstages gestiftet hatte; noch bei unserer Ankunft war es zur Hälfte mit dürrem, über und über verstaubtem Eichenlaub bekränzt.

Als wir uns in unserem neuen Heim ein wenig orientiert hatten, kamen nach und nach auch die anderen Kameraden über Mittag nach Hause und brachten uns etwas zu essen mit. Ich erinnere mich noch sehr genau dieser ersten Feldkost; es gab nämlich gelbe Bodenrüben mit Kartoffelschnitzen und Rindfleisch. Da ich von den drei Reisetagen ziemlich ausgehungert war, habe ich etwa einen halben Feldkessel ausgegessen; ich dachte aber doch gleichzeitig mit wehmütigen Gefühlen des Essens zu Hause, wenn auch meist 6mal in der Woche fleischloser Tag war.

Am meisten freute ich mich auf den Augenblick, wo ich Walter zu Gesicht bekommen würde. Als letzter kam er denn auch mit seinen beiden Busenfreunden Schwarz und Sinn angezottelt. Ahnungslos kam er herein und machte für den Augenblick ein ziemlich verblüfftes Gesicht, das sich alsbald in ein behagliches Schmunzeln verwandelte, vielleicht im Vorgeschmack der Herrlichkeiten, die ich ihm mitgebracht hatte. Aber schon das zweite Wort nach der Begrüßung war, ob ich auch Essig und Öl mitgebracht hätte. Und dann hielt er mir zum Empfang eine lange Strafpredigt und erklärte unseren vermeintlich so guten Einfall, ihn vollständig zu überraschen, für die größte Dummheit. Ich packte inzwischen das für ihn bestimmte Paket aus und hatte damit auch den gewünschten Erfolg.

Um 2^h mußten die Anderen wieder in den Dienst; wir 12 Ankömmlinge unternahmen unterdessen einen Spaziergang, um die Trümmerstätten etwas näher zu untersuchen. Einer hatte einen Photographenapparat bei sich und knipste uns in einem besonders romantischen Winkel (s. Album, Bild 1). Nach Feierabend gingen Walter und ich am Kanal entlang spazieren. Ich mußte ihm natürlich von zu Hause erzählen und er entwarf mir nachher ein Bild vom Dienst im Lazarett und gab mir einige gute Ratschläge. Am nächsten Morgen sollten wir im Etappen-Lazarett B in Dienst eingesetzt werden.

Noch einmal an diesem Tag gedachte ich des Elternhauses mit Wehmut. Als es nämlich Zeit zum Schlafengehen wurde und ich mein Bett aufsuchen wollte, da hätte ich fast einen Schwächeanfall bekommen. Im Hintergrund des Zimmers war nämlich durch Bretter ein viereckiger Raum abgegrenzt, der durch einen etwas erhöhten Balken in zwei Hälften geteilt war; diese zwei Hälften waren wieder durch Zwischenbretter in je sechs Felder eingeteilt, die als Betten bezeichnet wurden. Jedes dieser zwölf Felder war mit einem dünnen Strohsack und zwei Decken ausgefüllt. Mit Todesverachtung kroch ich schließlich in meine Flohkiste und wickelte mich in meine beiden

Decken ein; aber ich konnte ziemlich lange nicht einschlafen, denn erstens war das Lager so hart, daß mir alle Knochen wehtaten, sodann bissen und kratzten mich die grobhaarigen Decken andauernd.

Alltag im Lazarett

Am andern Morgen führte uns unser Zugführer ins Lazarett. Offenbar war am selben Tag wie wir auch ein Trupp sächsischer Pfleger eingetroffen, denn als wir den Lazaretthof des „Oberlandes" betraten, waren da schon etwa 20 Pfleger aufgestellt; wir schlossen uns seitlich an und nun konnte die Versteigerung losgehen. Die ganze Sache kam mir tatsächlich vor wie ein Vieh- oder besser noch wie ein Sklavenmarkt. Im Halbkreis stand die kauflustige Menge der Stationsführer um uns herum und prüften mit kritischen Blicken jeden einzelnen nach seinem Wert und seiner Leistungsfähigkeit. Bei uns Schwaben schien allerdings die schwarz-rote Kokarde genügende Sicherheit für die Güte der Ware zu leisten und ich fand gleichzeitig die Behauptung unseres Delegierten von dem guten Ruf der Württemberger bestätigt. Um uns 12 riß man sich nämlich förmlich und solange noch einer von uns in der Reihe stand, wurde keiner von den Sachsen verlangt, obgleich das vielfach bedeutend kräftigere Leute waren wie wir. Ich hatte gleich zu Anfang meinen „Käufer" gefunden. Er faßt mich beim Arm und schleppte mich durch ein wahres Labyrinth von Wegen und Stegen ins „Unterland", das von oben gesehen ganz den Eindruck eines kleinen Dorfes machte, das sogar seine eigene Kirche besaß (in Gestalt der sog. Kirchenbaracke). Wir schritten sodann durch das ganze Lager und machten erst am Ende vor einer Baracke Halt, die über der Tür die Nr. 51 trug. Dort wurde ich ohne große Förmlichkeiten einer Schwester Isentrudis vorgestellt, die eben am Spülen des Geschirrs vom Morgenkaffee war und mir sofort freundlich lächelnd das Abtrockentuch in die Hand drückte. Nachher mußte ich die Baracke ausfegen und hinterher naß auswischen – Mittwoch und Samstag wurde regelmäßig nach allen Regeln der Kunst geschrubbt, dabei beteiligte sich dann auch meist die Schwester; ich machte naß und bürstete und sie machte hinterher trocken. Daß ich nach dieser ungewohnten Arbeit, wenigstens im Anfang, immer wie in Schweiß gebadet war, läßt sich ja denken. Diese Arbeit war mir schon damals und ist mir heute noch der größte Greuel unter allen Funktionen des Krankenpflegers.

Als Belohnung erhielt ich dann regelmäßig zum Vesper meine doppelte Butter„stulle", außerdem hatte ich gewöhnlich ein oder zwei Semmel in der Tasche: einen bekam ich drein und um einen verzählte sich fast regelmäßig der Semmelfritze – er hieß wirklich Fritz –. Natürlich durften wir die Mahlzeiten nicht in den Krankenräumen einnehmen, wir hatten vielmehr eine besondere Baracke für uns. Für das Frühstück war die Zeit von ½10h bis 10h festgesetzt und gerade diese halbe Stunde war mir die liebste vom ganzen Tag, nicht allein weil es mir da am besten schmeckte, sondern vor allem auch, weil es die schönste Gelegenheit war, seine Erlebnisse und Sorgen auszutauschen. Wir Württemberger saßen immer an unserem sog. Schwabentisch, jeder eine riesige halbkugelige Schüssel Tee vor sich, die man ebenso gut als Stahlhelm benützen konnte und lebhaft an die Trinkschalen unserer alten Vorfahren erinnerten. Daß es bei diesen Unterhaltungen an unserem Tisch nicht immer am leisesten zuging, läßt sich ja denken und manchmal, wenn es gar zu laut herging, saßen die Herren Sachsen, die von der ganzen Unterhaltung natürlich kein Wort verstanden und infolgedessen Spaß und Ernst nicht voneinander unterscheiden konnten, ganz kleinlaut an den Nebentischen wie die Spatzen bei einem Gewitter.

Nach dem Frühstück gings mit frischem Mut und neuer Kraft wieder an die Arbeit. Zunächst war nun ein ganzer Berg Unterschieber, Urinflaschen und Spuckbecher rein zu machen. Ich hob mir dieses liebliche Geschäft immer bis nach dem Frühstück auf, denn mit nüchternem Magen diese duftigen Unterschieber zu leeren, schien mir zu riskant zu sein, fehlte doch oft selbst nachher nicht viel, daß das Vesper einen unnatürlichen Ausgang gesucht hätte. Dies wäre auch keineswegs verwunderlich gewesen, denn einen fürchterlicheren Geruch als den des Typhusstuhls kann ich mir wirklich nicht denken, und wer einmal diese graugrüne breiige Masse unter der Nase gehabt hat, vergißt sie sein Leben nicht mehr. Zu diesen hauptsächlichsten Arbeiten kam weiterhin das Essenholen zu allen Mahlzeiten, das Herbeischleppen von Kohlen und 8–10 Eimer Wasser; letzteres mußte an einem etwa 100 m entfernten französischen Pumpbrunnen geholt werden. – Erst 1½ Jahre später wurde im ganzen Lazarett die Wasserleitung gelegt. – Endlich mußten, wenigstens während der kalten Jahreszeit, dauernd zwei Öfen mit den oft recht bedenklichen Kohlen in Brand gehalten werden. Wenn man besonderes Glück hatte, konnte einer in der Baracke aufstehen und wenigstens die letztere Arbeit in der Hauptsache übernehmen, aber meist lagen sie alle im Bett, jeder einen Unterschieber und eine Urinflasche unter demselben und aus allen Ecken ertönte der klägliche Ruf: „Däter, Pfanne!“ „Däter, Flasche!“ Sehr mißlich war am Anfang wenigstens auch der Umstand, daß ich die sächsischen und norddeutschen

Dialekte kaum verstehen konnte, wodurch die ohnehin übel gelaunten Patienten nur noch gereizter wurden. Ein Glück war es wenigstens, daß die Schwester überall, auch bei den schmutzigsten Arbeiten, tüchtig mitanpackte. Sie half früh beim Umbetten der Schwerkranken und scheute nicht davor zurück einem ganz Hilflosen selbst das Steckbecken unterzuschieben, ihn während der Sitzung zu unterstützen und nachher abzuwaschen und einzupudern. Ich muß sagen, ich habe die Ruhe und immer gleichmäßige Heiterkeit dieser Nonnen oft bewundert, und auch die Diakonissen, mit denen ich einige Zeit zusammenarbeitete, konnten viel von ihnen lernen.

Wie aus diesem Tagesprogramm ersichtlich ist, war unser Los damals nicht gerade das Beneidenswerteste und es wird mir wohl niemand übel nehmen, daß ich jedesmal froh war, wenn um 7^h abends die Nachtwache zur Ablösung erschien und ich die Drillichjacke mit dem Tuchrock vertauschen und allerseits eine gute Nacht wünschen konnte. Aber ich konnte mit dem befriedigenden Gefühl gehen, wirklich etwas geleistet und manchen der Genesung ein Stück näher gebracht zu haben und, so komisch es klingt, ich freute mich immer riesig, wenn bei einem die Stühle allmählich seltener wurden und eine etwas festere Form annahmen. Andererseits fand man damals auch bei den Patienten noch Anerkennung; leider kommen sie immer, sobald sie halbwegs wieder auf dem Damm waren, in die Erholungsheime nach Spa oder Launois.

Nach dem Abendbrot, das wir im Quartier einzunehmen pflegten, unternahmen Walter, Schwarz und ich meist kleinere Spaziergänge, die häufig in der berühmten „Sachsenschenke" bei einem Glas Bier endeten. In der großen Stube fühlte ich mich nie recht heimisch; die Zimmergenossen waren lauter ältere Familienväter, die nach Feierabend ihr Kartenspiel machten und wenn ich nicht gerade was Schönes zu lesen hatte, hielt ich mich meist in Walters Zimmer auf.

Aber der schönste Augenblick am Tag war und ist immer noch der Moment, wo die Post gebracht wird. Ich glaube, wir da draußen sehnen uns fast noch mehr danach als die zu Hause, da für uns in dem ewigen Einerlei die Post fast den einzigen Lichtblick bildet, und schon manchmal, wenn ich müde und verdrossen vom Dienst kam, wirkte so ein Brieflein von zu Hause wahre Wunder. Es erfüllt einen wieder mit neuer Lebenslust und Arbeitsfreude.

Das Geschenk der freien Tage

So mochte etwa ein Vierteljahr vergangen sein, als wir vor die schwerwiegende Alternation gestellt wurden, entweder Entlassung aus dem Roten Kreuz oder Verpflichtung auf Kriegsdauer. Da ich ja erst drei Monate dabei war und damals auch noch von etwas mehr Begeisterung für die Sache beseelt war als heute, so wählte ich das letztere, aber ich habe es schon mehr als einmal bereut, daß ich nicht Walters Beispiel gefolgt bin. Bei diesen ging es vollends recht schnell. Schon drei Wochen darauf wurden sie abgelöst und es tat mir sehr leid, daß ich Walter so bald wieder verlor. Aber er hatte mir wenigstens aus seinem Urlaub kurz zuvor einen guten Freund mitgebracht, - ich meine den Photographenapparat.

Fast gleichzeitig mit diesen Ereignissen erfolgte für mich auch eine Veränderung im Lazarett. Meine Baracke sollte mal wieder gründlich gereinigt und desinfiziert werden und ich sollte in der Zwischenzeit den sogenannten Wechseldienst machen. Ich weiß nicht mehr, wie es kam, jedenfalls habe ich dieses Nomadenleben fast ein halbes Jahr hindurch führen müssen und am Ende desselben war im ganzen Unterland mit seinen ca. 50 Baracken keine, die ich nicht wenigstens einmal geschrubbt hätte. Dieser Wechseldienst, der sich begreiflicherweise keiner allzugroßen Beliebtheit erfreute, bestand darin, die Kameraden, die jeweils ihren freien Tag hatten, während desselben zu vertreten. Hatte ich meine Anzahl Baracken abgeklopft, so bekam ich selber einen freien Tag. Das Verhältnis der freien Tage zu den Arbeitstagen wechselte natürlich beständig. Aber in normalen Zeiten hatten wir mindestens einen freien Tag in der Woche. In schweren Zeiten allerdings, wenn sämtliche Baracken voll belegt waren und womöglich noch einige Pfleger krank wurden, konnte es 3–4 Wochen anstehen, andererseits hatten wir im Sommer, und hauptsächlich im Sommer 1915 jeden 2.–3. Tag frei.

Diese freien Tage waren eine geniale Erfindung und ihr Erfinder jedenfalls ein großer Menschenfreund. Ihre Ausnützung war eine recht verschiedene. Der eine flickte seine zerrissenen Strümpfe, ein anderer hielt große Wäsche ab, der dritte klopfte mal wieder sämtliche Kantinen von Rethel ab und einige wenige benützen sie zu größeren Ausflügen in die Umgegend. Ich war meist bei den letzteren. Anfangs hatte ich mich hier und da auch an den Waschfesten beteiligt, aber bald überließ ich dieses Vergnügen den Franzosenmädels. Den schönsten Genuß boten die freien Tage natürlich im Sommer. Was kann es auch für einen Naturfreund Schöneres geben, als einen Morgenbummel an einem klaren Sommertag!

So rückte ich dann oft in aller Früh aus, den Apparat nebst einer kleinen Magenstärkung im Brotbeutel und das Stativ im Rockärmel – offen durfte ich ihn nicht tragen, weil das Photographieren ohne Erlaubnisschein streng verboten war und letzterer war schwer zu bekommen. Ich wählte meist den Weg am Kanal entlang wegen seiner Fülle an Naturschönheiten. Stundenlang konnte man unter dem grünen schattigen Dach einer doppelten Pappelallee gehen, ohne nur einem Menschen zu begegnen. Ringsum feierliche Stille, die nur dann und wann durch das Plätschern einer Wasserratte unterbrochen <wurde>, die sich plötzlich aufgeschreckt in ihr rettendes Element flüchtete. Die ruhige klare Fläche des Kanals spiegelte naturgetreu die Pappeln auf der anderen Seite und dazwischen das Blau des Himmels und die Wolken wieder. Noch tiefere Einsamkeit umgab den Wanderer etwas abseits, wo sich infolge des Abwassers kleine sumpfige Seen gebildet hatten, die rings von hohem, dichtem Schilf umgeben waren. Nur in der Nähe von menschlichen Siedlungen wurde mal ein lebendiges Wesen in Gestalt eines alten Fischers sichtbar, der regungslos wie eine Bildsäule auf der Böschung saß und nach dem roten Schwimmer seiner Angelschnur hinstarrte.

Ging ich links am Kanal entlang, so erreichte ich nach 2stündigem Marsch das feenhaft gelegene Schloß Tugny mit seinen wunderbaren Parkanlagen. Wie mir erzählt wurde, stammte die Gattin des Besitzers aus einem deutschen Fürstengeschlecht und hatte sich mit einem Bittgesuch persönlich an den Kaiser gewandt, ihr Schloß möchte von Einquartierung verschont bleiben, sonst wäre es ganz sicher als Offizierserholungsheim oder dgl. eingerichtet worden. Leider konnte ich nie ins Innere eindringen, obgleich es mit Ausnahme des Schließers vollständig unbewohnt war.

Ging ich dagegen in entgegengesetzter Richtung, so erreichte ich nach etwa 1½ Stunden das idyllische Schlößchen Nanteuil, das allerdings ziemlich deutliche Kriegsspuren aufwies. Die Wände, Türen und die Einrichtung waren meist stark beschädigt oder völlig demoliert. Das Einzige, was sich noch in leidlichem Zustand befand, war ein prächtiger Flügel und ein Harmonium, auf dem ich ungestört eigene Phantasiestücke zum Besten geben konnte. Auf diesen Spaziergängen habe ich die schönsten Naturaufnahmen gemacht. Gewöhnlich richtete ich es so ein, daß ich um 12^h wieder zu Hause war. Nach dem Essen, das in diesem Fall immer einer von den Kameraden mitbrachte, war die erste Arbeit natürlich das Entwickeln der Platten.

Nachmittags legte ich mich während der ärgsten Hitze in unserem Garten mit einem Buch in eine Hängematte, die wir uns aus Draht und alten Säcken gebaut hatten. Wenn das Buch nicht spannend genug war, schlief ich wohl auch manchmal ein und wachte erst am Abend wieder auf. Einer hat sogar einmal bis um 2 Uhr nachts im Garten geschlafen und war natürlich recht unangenehm überrascht, als er sich seiner Situation bewußt wurde. Am Abend lud dann die Aisne, die gerade unter unserem Garten vorbeiführte, zu einem erfrischenden Bad ein.

Nach Feierabend setzten wir uns gewöhnlich an unseren selbstgezimmerten Tisch; entweder spielten wir Karten oder wurde großes Konzert veranstaltet, an Musikinstrumenten waren vertreten: eine Handharmonika, meine Mandoline, eine Okarina und ein sog. Schellenbaum, ein Instrument, das gleichzeitig Tambour und Blechmusik ersetzte. Das Ganze harmonierte auch prächtig zusammen und genügt jedenfalls unseren nicht allzu verwöhnten Ohren vollständig.

Im Herbst habe ich mir übrigens für 5 Mark ein tadelloses Fahrrad erworben; es besaß zwar weder Bremse noch Freilauf, aber dadurch wurde das Vergnügen keineswegs beeinträchtigt, und zweimal bin ich bis in die Nähe der Front bei Reims gefahren, von wo ich die ganze Stadt und vor allem die Kathedrale deutlich vor mir liegen sehen konnte. Leider konnte ich es im andern Jahr nicht mehr benützen, da die Pneumatik den Winter über vollends in die Brüche gegangen war.

Französisch Lernen

Damals faßte ich den ernsthaften Entschluß, meine französischen Kenntnisse auf Kosten der Zivilbevölkerung weiter auszubilden. Schon früher hatte ich mich auf meinen Spaziergängen in Gespräche mit den Einwohnern eingelassen, aber es hieß auch: seine Rede war oui, oui; non, non; was darüber war, das war vom Übel. Dies tat übrigens der Gastfreundschaft keinen Abbruch; vor allem auf den einsamen Fermes und Gehöften waren die Leute immer sehr freundlich. Mit großem Wortschwall wurde ich in den großen Wohnraum geführt, der zugleich Küche ist und Aufenthaltsraum für das Kleinvieh vorstellte. Pflichteifrigst stellte die Bäuerin ein Glas Cidre (Apfelwein) oder Milch vor mich hin und nun mußte ich ihnen einen etwas stockenden Vortrag über die neuesten kriegerischen Ereignisse halten; nachher klagten sie mir ihr Leid, daß sie schon so und so lange keine Nachricht von ihren Angehörigen im Felde hätten und das letzte Wort war schon damals immer wieder, es möchte bald Frieden werden. Damals gab es auch noch massenhaft Eier zu kaufen, das Stück um 6–8 Pfennig und manche haben sogar ganze Waschkörbe voll davon eingekauft, um sie unter der Hand weiterzuverkaufen oder nach Deutschland zu schaffen. Das Jahr darauf waren die Preise allerdings schon um das Drei- bis Vierfache gestiegen. Ich nahm natürlich jedesmal auch ein bis zwei Dutzend mit, um unsere Soupers etwas schmackhafter zu gestalten; doch darauf werde ich nachher noch etwas ausführlicher zu sprechen kommen.

Wie gesagt, jetzt wollte ich das Französische etwas systematischer betreiben. Hinter der Kathedrale zeigt der Boden eine ganz merkwürdige Beschaffenheit; in kurzen Abständen erhoben sich eine ganze Reihe kleiner, steiler Hügel, die an den warmen Sommerabenden das denkbar günstigste Gelände für die Spiele der übermütigen Jugend bildeten. Aber auch das gesetzte Alter pflegte sich dort nach Feierabend zu einer Pfeife Tabak zu versammeln. Dorthin lenkten wir damals häufig unsere Schritte – mein Freund Adolf begleitete mich nämlich gewöhnlich auf diesen Spaziergängen. Während er sich mehr der Jugend zuwandte, näherte ich mich dem Alter. Mit einigen Zigarren erkaufte ich mir Sitz und Stimme in den Versammlungen, brachte es jedoch nicht weiter als zum passiven Mitglied. Das war ein Geratter und Geschnatter, daß ich kaum jedes zehntes Wort verstehen konnte. Unter diesen Umständen hielt ich es für das Geratenste, langsam wieder den Rückzug anzutreten. Zudem hatte ich damals ganz zufällig die Wahrnehmung gemacht, daß der weibliche Teil der Bevölkerung, wenigstens im Gespräch mit den Deutschen, ein viel deutlicheres und reineres Französisch sprach. Schon war auch der Entschluß gefaßt, trotz der Warnung unseres Oberstleutnants, die nähere Bekanntschaft einer Demoiselle zu machen.

Der Zufall schien meinen Plan zu begünstigen. In der Wäschekammer des Lazaretts waren nämlich zwei Mädchen, Schwestern, beschäftigt, die die zerrissene Wäsche flicken mußten. Nachmittags während der Ausgabezeit war immer ziemlicher Andrang und man mußte meist geraume Zeit warten, bis man seine Wäsche erhielt. Während dieser Zeit zeigte ich einem Kamerad einige meiner neuesten Aufnahmen und schon fragte auch die Jüngere der beiden, ob ich selbst photographiere. Ich verstand natürlich sofort, worauf sie hinzielte und da sie einen ganz intelligenten Eindruck machte, beschloß ich sie zu meiner „Auserwählten“ zu machen. Es ging auch alles nach Wunsch; ich machte einige Aufnahmen, von denen auch eine im Album verewigt ist, und sie gaben mir dafür französische Stunden. Besonders an den langen Herbst- und Winterabenden bin ich manche Stunde in dem behaglichen, warmen Stübchen bei ihnen gesessen. Sie wohnten nämlich bei zwei alten Leutchen, die sie offenbar von früher her gut gekannt hatten. Sie erzählten mir zuerst von ihren früheren Verhältnissen, daß sie oberhalb der Kathedrale in einem schönen Haus gewohnt hatten, das jedoch während der Beschießung auch vollständig dem Erdboden gleichgemacht wurde. Daß sie von einer besseren Familie abstammten, konnte ich auch daran erkennen, daß sie in der französischen Literatur sehr gut bewandert waren. Ich ließ mir auch einigemal Bücher geben, die ich während meiner freien Zeit fleißig studierte. Um mich andererseits auch wieder etwas erkenntlich zu zeigen, machte ich einigemal, freilich verbotenerweise, den Nachrichtenvermittler zwischen ihnen und ihren Verwandten in Charleville (s. Album). Ihre Aussprache war übrigens geradezu mustergültig, so klar und deutlich, daß ich ohne Mühe jedes Wort verstehen konnte, und ich hätte sicher in kurzer Zeit vollends perfekt französisch sprechen gelernt, wenn sie nicht im Frühjahr ihren Eltern nach Paris nachgefolgt wären.

Herbst und Winter

So war der Sommer eigentlich recht schnell herumgegangen und ich durfte mich allmählich schon mit dem Gedanken an Urlaub vertraut machen. Die Anderen von uns 12 waren schon alle im Urlaub gewesen bis auf mich und noch einen Kameraden. Da ich der Jüngste war, sollte ich zuletzt fahren. Schon sechs Wochen vorher schwelgte ich in den schönsten Urlaubsgenüssen und malte mir in den prächtigsten Farben aus, wie es sein würde, wenn ich den Urlaubsschein in der Tasche, voll beladen zum Bahnhof marschieren würde und mich in den Urlauberzug setzen könnte, der mich über Nacht wieder in die geliebte Heimat tragen würde. Aber ich hatte die Rechnung ohne den Wirt gemacht, denn Mitte Oktober kam die unglückselige Urlaubssperre, die bis Anfang Dezember dauerte. Allerdings wurde ich dann wieder einigermaßen entschädigt, indem ich gerade noch über die Weihnachtsfeiertage zu Hause sein durfte.

Nun muß ich aber zunächst wieder einen Schritt rückwärts machen, denn ich habe ja noch gar nichts vom Herbst erzählt. Der Herbst wurde nämlich tüchtig ausgenützt, um für den Winter Vorräte zu sammeln. An Obst vor allem hatten wir reichlichen Überfluß. Ganze Säcke voll haben wir ins Quartier geschleppt. Aber es ist bei weitem nicht so gut wie unser deutsches Obst, es ist, wie das Volk selbst, ganz schön anzuschauen, aber im übrigen gehalt- und geschmacklos; deshalb habens einige auch mit Most versucht und in Flaschen abgefüllt, aber der war vollends ungenießbar. Tausende von Zentnern sind jedes Jahr am Boden und auf den Bäumen zugrund gegangen. Einigemal gingen wir, d. h. diejenigen, die gerade zusammen frei hatten, in die Brombeeren und jeder brachte mindestens zwei Kochgeschirre voll nach Hause. An Zucker fehlte es nie, sodaß wir immer was zu schmieren hatten.

Aber unser Hauptaugenmerk während dieser Streifzüge richteten wir auf die Kartoffeln. Am Tag wurden die Äcker ausfindig gemacht und am Abend unter dem Schutz der Dunkelheit wurden die Pläne in die Tat umgesetzt. Natürlich war es durch die Kommandantur strengstens verboten ohne Erlaubnisschein Kartoffeln zu requirieren; um diesem Verbot etwas mehr Nachdruck zu verleihen, streiften berittene Feldgendarmen bei Tag und Nacht das Gelände ab. Einmal wäre die Sache auch beinah schief gegangen. An einem schönen Abend hatten wir uns auch mal wieder drei Mann hoch aufgemacht, jeder einen Rucksack auf dem Buckel. Unser Arbeitsfeld lag etwa eine halbe Stunde entfernt, halbwegs zwischen Rethel und Bertonkourt <*heute: Bergnicourt*>, denn aus strategischen Gründen suchten wir einen und denselben Kartoffelacker immer nur einmal auf. Wir waren glücklich angelangt und mochten etwa eine halbe Stunde eifrig gearbeitet haben, sodaß die Rucksäcke sich schon allmählich zu runden begannen, da wurden plötzlich ein unterdrückter Schrei und rasche Tritte vernehmbar. Meinen Rucksack wegwerfen und im Laufschritt querfeldein rennen war eins, denn ich dachte nichts anderes, als daß wir von den Gendarmen überrascht worden seien. Ich war etwa 200 m gelaufen, als ich auf einen meiner Gefährten stieß. Wir machten Halt und horchten gespannt zurück, aber da herrschte Totenstille. Ich machte daher den Vorschlag, zurückzukehren und wenigstens die Rucksäcke zu retten, die doch alle mit dem Namen und Truppenteil gezeichnet waren. Aber mein Kompagnon zeigt wenig Lust und für einen allein schien mir die Sache doch zu gewagt. Schweren Herzens traten wir schließlich den Rückweg an; im Stillen hofften wir immer noch, unser dritter Mann sei vielleicht nach einer anderen Richtung entkommen und schon ins Quartier zurückgekehrt. Unsere Sorge stieg daher ins Unendliche, als wir zu Hause angelangt erfuhren, daß er nicht gekommen sei.

Endlich nach einer langen Stunde tauchte er auf und als er mit seinem Bericht zu Ende war, wußten wir nicht, sollten wir lachen oder einander einzeln die Haare ausreißen. Wir hatten uns nämlich von zwei ganz gemeinen Franzmännern derartig ins Bockshorn jagen lassen. Unserm Freund war beim Überfall der Schreck offenbar dermaßen in die Glieder gefahren, daß er überhaupt nicht mehr springen konnte. Später behauptete er allerdings, er habe sich absichtlich fangen lassen, damit wir zwei nicht auch in die Affäre verwickelt würden. Die beiden nahmen ihn also regelrecht gefangen und schleppten ihn auf die Polizeistube nach Rethel. Man vergegenwärtige sich diese Ironie: ein deutscher Heeresangehöriger wird im besetzten Gebiet vom Feind verhaftet und der deutschen Gerichtsbarkeit überliefert. Nachdem der Polizeiwachtmeister den beiden messieurs versichert hatte, daß die Militärgerichtsbarkeit an den Verbrechern ein abschreckendes Exempel statuieren würde, zogen sie befriedigt ab. Unser Freund hatte während des Transports genügend Zeit gehabt, um sich die Sache zu überlegen und verstand es, die Sache so harmlos darzustellen, daß ihn der Wachtmeister schließlich mit der tröstlichen Versicherung entließ, er wolle mit seiner ganzen Autorität zu unseren Gunsten eintreten. Am andern Morgen machten wir uns in aller Früh auf den Weg, um die drei Rucksäcke zu holen, da wir mit Sicherheit annehmen mußten, daß die messieurs bei Tagesanbruch kommen würden, um sich den Schaden näher zu besehen. Nachdem einige Tage vergangen waren, ohne daß einer einen Haftbefehl erhalten hatte, konnten wir die Sache als erledigt ansehen. Den Wachtmeister haben wir nachher zu einem Glas Bier eingeladen.

Wer sich von seinem freien Tag einen besonderen Genuß verschaffen wollte, der ließ sich von seinem Delegierten einen Fahrschein schreiben, setzte sich auf die Eisenbahn und segelte ein wenig in der Welt herum. Die Fahrt kostete ja nichts und Wegzehrung ließ man sich vom Küchenchef geben. Natürlich machte ich auch einigemal von dieser schönen Einrichtung Gebrauch. So war ich einigemal in Charleville und Sedan, zur Abwechslung auch ein paarmal an der Front in Béthéneville, St. Marie à Py und wie die Hefter alle heißen. Vor allem möchte ich auch an unsere Weltreise nach Brüssel und Lille erinnern, wozu uns 2 Tage bewilligt waren, wir tatsächlich aber 3 gebraucht haben.

Da ich doch schon einmal an den freien Tagen bin und was damit zusammenhängt, so möchte ich noch kurz ein Bild von einem freien Tag in der Winterzeit geben. So abwechslungsreich wie während des Sommers waren sie freilich nicht, aber schön waren sie doch. Morgens, wenn die andern Kameraden um ½7^{h} aufstehen mußten, war es eben ein unbeschreibliches Wonnegefühl, wenn man sich einfach auf die andere Seite legen und weiterschlafen durfte. Gegen 10^{h}, oft auch noch später, je nach der Witterung – , kroch man aus der

Holzwolle. Bis dahin war es auch behaglich warm geworden. Wir drei hatten nämlich die Vereinbarung getroffen, daß die beiden andern immer dem, der frei hatte, am Morgen, bevor sie gingen, ein Feuer in den Ofen machten. Nach notdürftiger Toilette war auch der Kaffee warm geworden, den man sich am Abend zuvor mitgebracht hatte und das Frühstück nun konnte beginnen. Marmelade, Butter, Kunsthonig, alles war da, nur am Notwendigsten fehlte es hin und da, am Brot. Die Zwischenzeit bis zum Mittagessen benützte ich gewöhnlich für die Erledigung meiner ausgedehnten Korrespondenz.

Die Zimmergenossen

Nun wird es aber Zeit, daß ich Euch auch mit meinen beiden Zimmergenossen etwas näher bekannt mache. Da ich mich, wie schon gesagt, in der oberen Stube nie sehr heimisch fühlte, bezog ich mit zwei Gesinnungsgenossen im Parterre ein nach der Straße zu gelegenes Zimmer, das durch den Abgang von Walter und Genossen frei geworden war. Wir haben uns dort auch sehr gemütlich eingerichtet. Es hatte nur einen Übelstand; wenn nämlich, was häufig vorkam, 15–20 schwere Lastautos vorbeirasselten, dann hüpfte und wackelte alles und man konnte nicht unterscheiden, war es ein großes Erdbeben oder fuhr man auf der Eisenbahn in einem Abteil 4. Klasse.

Den einen meiner beiden Zimmergenossen kennt ihr ja schon, wenigstens dem Namen nach, den Heinrich Mehl aus Metzingen. Im großen ganzen war er ein ganz guter Kerl, aber er war furchtbar jähzornig, auch ein Egoist, wie es im Buch steht. Wo er glaubte, einen übers Ohr hauen zu können, dort tat er es. Endlich tat er sich ungeheuer viel auf seinen Vormarsch zu gute, den er 1914 von Mont-Médy aus mitgemacht hatte. Mindestens hundertmal erzählte er uns ausführlich, daß sie damals mit einem Gewehr ausgerüstet waren und regelrechte Gewehrinstruktion erhalten hatten. Dann folgte regelmäßig eine ganze Reihe mehr oder weniger glaubhaften Heldentaten ein, für die er sogar zum eisernen Kreuz vorgeschlagen worden sei. Die franz. Uniform, die er mir glücklich aufgehängt hat, habe er einem gefallenen franz. Korporal persönlich vom Leib runtergezogen, auf ähnliche Weise habe er das Gewehr erbeutet u.s.w. Andererseits aber machte er sich verdient, indem er unser „Mädchen für Alles“ war. Während der kalten Jahreszeit sorgte er für Brennholz, auch erbarmte er sich von Zeit zu Zeit unserer Bude, indem er eine Generalreinigung abhielt.

Entschieden sympathischer war mir mein anderer Zimmerbewohner, ein schon bejahrter Mann namens Wilhelm Fallegger aus Eßlingen, seines Zeichens ein Friseur. Mit ihm ließ sich wenigstens ein vernünftiges Wort reden, was mit Mehl schlechterdings unmöglich war. Wie die meisten seiner Kollegen besaß er einen unverwüstlichen Humor. Immer hatte er einige faule Witze auf Lager oder zum mindesten eine selbsterfundene sensationelle Neuigkeit, in die Soldatensprache übersetzt: einen „Latrinenbefehl". Durch die letztere Eigenschaft war er allmählich eine stadtbekannte Persönlichkeit geworden. Seinen geistreichsten Witz, den er jedem neuen Kunden beim Einseifen zu Gemüte führte, möchte ich doch hier wiedergeben. Er erzählte nämlich, in Stuttgart sei ein Friseur verhaftet worden. Auf die neugierige Frage: weshalb, lautete jedesmal die Antwort: Weil er einem Kahlköpfigen die Haare geschnitten hat.

Als ich ihn übrigens näher kennen lernte, bemerkte ich bald, daß auch er nicht von Sorgen verschont blieb, ja er machte an manchen Tagen einen fast schwermütigen Eindruck; er war nämlich leider ein leidenschaftlicher Verehrer des Weines und der Frauen. Ich machte ihm daher auch verschiedentlich Vorstellungen, aber schließlich konnte ich mich mit meinen 19 Jahren doch auch nicht als Sittenrichter aufspielen gegenüber einem Mann von über 40 Jahren.

II. Feldpostbriefe in chronologischer Ordnung

In Mannheim, 21. 4. 1915

Liebe Eltern!

Wir sind nun glücklich in Mannheim gelandet. Wir haben den Weg gemacht: Bietigheim, Mühlacker, Bretten, Bruchsal. Von dort sollten wir anfänglich mit einem Transportzug direkt nach Rethel kommen. Wegen Platzmangels benützen wir aber den Eilzug Heidelberg-Mannheim, der um $11\frac{1}{2}^{h}$ hier ankam. Hier schlafen wir nun in einem Rotkreuzlokal im Bahnhof auf Strohsäcken oder Matratzen. Im übrigen sind wir lustig und vergnügt. Es ist nur schade, daß es Nacht war während der Fahrt. Die nächste Karte folgt morgen.

Einstweilen seid herzlich gegrüßt von Eurem Ottmar. Viele Grüße an alle andern.

Reise am Rhein, 21. 4. 1915

Liebe Eltern!

Die Nacht ist nun glücklich vorbei und wir haben auch auf unseren Strohsäcken ganz gut geschlafen. $4\frac{1}{2}^{h}$ standen wir auf und nahmen in der Bahnhofswirtschaft eine Tasse Kaffee. Um 5^{35h} gings weiter in der Richtung Mainz-Köln. Anfangs ist das Gelände topfeben und stellenweise sumpfig. Vor allem aber fallen die ungeheuer vielen Fabriken auf. Wir machten also die Strecke Mannheim – Lampertsheim – Biblis – Großgerau. Dort hatten wir eine Viertelstunde Aufenthalt. Dann gings hinüber nach Mainz. Wir sind über den Neckar und Main gefahren. Das Schönste war bis jetzt entschieden die Fahrt über die Rheinbrücke bei Mainz. Dies war ein einzigartiger Anblick. Unzählige große und kleine Schiffe und Flöße bewegten sich auf dem Wasser. Auch die Gegend von Bingen ist großartig. Rechts hat man den Rhein mit seinem interessanten Schiffsverkehr, links herrliche Wälder und Höhenzüge mit zahlreichen Burgen und Felsparterren. Nächste Karte folgt.

Herzliche Grüße an Euch alle! Euer Ottmar

Erste Eindrücke von Rethel, 26. 4. 1915

Liebe Eltern!

Endlich komme ich dazu Euch zu schreiben. Eigentlich wollte ich es schon gestern abend tun, aber ich ging mit Walter am Aisne-Kanal spazieren. Also wir Württemberger wohnen in der Hindenburgstraße in einer Schnapsbrennerei. Wir sind hier 15 Mann. Der Ton ist äußerst kameradschaftlich und der Grundsatz: Was dein ist, ist auch mein, gilt im vollen Umfang. Morgens ist um 6^h Tagwach, am Brunnen im Hof wäscht man sich. Um 7^h muß man in seiner Baracke sein. Ich bin in Neurethel, im Gegensatz zu Altrethel, das auf dem Berg liegt. Meine Typhuskranken sind bis auf 2 nur noch leicht krank. Der Dienst ist nicht übermäßig, nur das Schruppen habe ich ganz gewaltig auf dem Zug. Die Kost ist jetzt bedeutend besser. Bis jetzt haben wir Linsen mit Speck, Maccaroni und sauren Braten und breite Nudeln mit saurem Braten gehabt. Die Portionen sind aber so groß, daß man 3 Tage davon essen könnte. Im übrigen lebt man von Butter, Speck, Käse, Hackfleisch und dgl. und Kaffee, Tee oder Kakao. Der Abend ist das Schönste. Um 7^h haben wir frei. Dann gehen wir an der Aisne spazieren, machen ein Spiel, schriftstellern auch gelegentlich einmal.

Jetzt hätte ich aber fast das Wichtigste vergessen, Ihr wolltet ja wissen, was Walter gemacht hat. Er war natürlich nicht wenig erstaunt, behauptete jedoch, er habe es sich halb gedacht.

Hinterdrein brummte er, wir hätten es ihm schreiben sollen, dann hätte ich Essig und Öl und anderes mitbringen können. Mit der Liegerei wäre es allerdings besser gewesen, dann könnten wir beisammen schlafen und so sind wir in zwei verschiedenen Stuben.

Heute haben wir einen wundervollen Tag gehabt, der Himmel völlig wolkenlos, in aller Früh wimmelte es am Himmel von Fliegern mit ihrem unaufhörlichen Geknatter.

Mit meiner Schwester komme ich gut aus, sie ist katholisch und kommt von Westfalen. Morgen habe ich einen freien Tag, da will ich einmal einen Pudding fabrizieren. Jeden 5. Tag haben wir nämlich frei. Zum Photographieren bot sich bis jetzt leider keine Gelegenheit, da es natürlich keinen Photographen hier gibt, aber es wird sich schon noch finden.

Einiges solltet Ihr mir übrigens noch schicken, einen Taschenspiegel, einen feldgrauen Schal, Spielkarten zum Zeitvertreib. Morgen gehe ich wahrscheinlich auf die alten Schlachtfelder und suche nach Kriegserinnerungen. Vielleicht finde ich ein Franzosenkäppi. Für heute will ich schließen.

Es grüßt Euch alle herzlich Euer Ottmar

Funde auf dem Schlachtfeld, 6. 5. 1915

Liebe Eltern!

Die beiden Pakete habe ich erhalten, ebenso Walter, besten Dank dafür. Außer dem Kaffee ist nichts mehr übrig. Mit der Brille pressiert es nicht, meine alte <ist> mir kürzlich am Bügel zerbrochen. Walter gab mir den Rat, ich solle mir vom Augenarzt eine geben lassen und zwei Tage darauf hatte ich auch eine neue.

Mir geht es immer gut. Ich habe wirklich ziemlich leichten Dienst. Morgen habe ich wieder frei und 3 Tage darauf auch. Am Montag gehe ich wahrscheinlich nach Charleville, um für Walter und mich Angelzeug zu holen. Auf meinem letzten Ausflug in Richtung Novy fand ich auf einem kleinen Hügel einen vollständigen, gut erhaltenen Reitsattel, etliche hundert leere Patronen, ein Luntenfeuerzeug und ein kugelförmiges Stück Eisen mit einem Schweif nach vorn und hinten. Ich halte es für eine Kugel (Durchschnitt 6 cm).

Unsere Löhnung haben wir am 1. erhalten; auch bekommen wir alle 5 Tage 10 Zigarren und 10 Zigaretten. Erstere verschenke ich gewöhnlich an Soldaten.

Bei uns ist eben das elektrische Licht ausgegangen. Irgend jemand, der uns einen Schabernack spielen wollte, hat die Leitungsdrähte durchschnitten. Aber in einer ½ Stunde war der Schaden wieder gut.

Heute, 7. 5. habe ich also frei. Um 7^{h} stand ich auf, machte den Stubendienst, d. h. kehrte unser Zimmer aus und ging dann zum Frühstück ins Lazarett. Dann habe ich mich ins Gras gelegt in unserem Garten. Es ist jetzt alles im schönsten Grün und dazu prächtig Wetter. Ein besonderer Schlaumeier hat den Garten auch schon nutzbar gemacht, indem er Salat setzte und Monatsrettich anpflanzte. Vielleicht wir vor Euch das Vergnügen, sie zu essen. Nach dem Mittagessen bin ich mit einem Kameraden fischen gegangen. Gesehen haben wir genug, aber keinen Schwanz gefangen.

Jeden Abend um $9\frac{1}{2}^{h}$ wandern wir an die Post, um das neuste Telegramm zu lesen. Die Nachrichten wirklich sind ja recht erfreulich.

Da hausen ist man fast noch gespannter als zu Hause. Reims fällt wahrscheinlich bald, es wird schrecklich bombardiert.

Herzliche Grüße an alle Ottmar

Barackenalltag, 26. 5. 1915

Liebe Eltern!

Mein Brief hat sich zwar etwas verspätet, aber er kommt. Einerseits dachte ich nämlich, Walter werde auf das Paket hin geschrieben haben, andererseits wollte ich das Paket schicken. Er wird dafür wahrscheinlich auch länger.

Zuerst noch nachträglich besten Dank für das Paket. Wie der Gugelhupf geschmeckt hat, weiß ich zwar nicht. Das ist so zugegangen: Am gleichen Tag, an dem Walter sein Paket erhielt, bekam ich von Fräulein Belscher ein Paketchen, auch mit etwas Gebackenem. Ich ließ Walter nun sein Paket ganz. Erst am andern Tag, nachdem er beide Pakete leergegessen hatte, erzählte er mir, er habe von Fräulein Belscher auch eins bekommen. Aber ihm zum Possen kam von Onkel Hermann am Abend desselben Tages an mich ein Paket Keks und ein zweites mit einer Büchse Ochsenschweifsuppe. Natürlich bekam er jetzt nichts. Von Herrn Herzog haben wir beide kürzlich je ein Päckchen mit Brötchen und Äpfeln bekommen. Ich habe mich natürlich schon bei allen bedankt. Von Daniel Grimm und Betton habe ich auch schon einige Karten erhalten. Nun fort mit diesem Thema.

Du hast gefragt, ob ich auch in Berührung komme mit meinen Kranken. Ich komme allerdings mit ihnen in Berührung, insofern ich ihnen die Betten machen, eine kalte Packung und gelegentlich einen Einlauf machen darf. Außerdem darf ich ihnen helfen Läuse fangen. Ich wundere mich nur, daß ich selbst noch keine feldgrauen Bienchen habe. Der größte Züchter ist jetzt glücklicherweise in eine andere Baracke verlegt worden. Aber wir haben immer noch mehr als genug. Es wundert mich aber auch gar nicht bei dieser liederlichen Desinfektion in der Wäscherei. Als ich da kürzlich ein frisches Hemd auseinander falte, um es einem Kranken anzuziehen, da krabbelt auch schon so ein graues Vieh darin herum.

Im übrigen aber läßt unsere Baracke nichts zu wünschen übrig, haben doch unsere zwei Stationsärzte selbst meine Baracke für die schönste erklärt. Ich habe sie aber auch fein herausgeputzt. Den Boden vor den beiden Eingängen, der bei Regenwetter eine einzige schmierige Masse bildet, habe ich schön mit roten und gelben Ziegelsteinen gepflastert. Auch die Anlägchen um die Baracke herum sind mit Ziegelsteinen eingefaßt und der Boden mit Kohlenstaub geschwärzt. In meiner Baracke habe ich lauter nette Leute, meist Gefreite und einen Wachtmeister. Letzterer ist der einzige, der das Bett noch ganz hüten muß. Die andern sind fast alle gesund.

In meiner Freizeit mache ich Damebrett und Mühlenspiel mit ihnen, was sie leidenschaftlich gern spielen. Wirklich ziehen sie es über Mittag allerdings vor, ein Schläfchen zu halten, aber es ist nicht zum Verwundern. Es geht mir bei dieser Backenhitze fast auch so. Ich suche mir dann eben was zum Lesen und sitze vor der Baracke bis $2\frac{1}{2}^{h}$, d. h. bis es Zeit ist Tee, Milch, Zwieback, Butter und Eier zu holen.

Leider ist das Verhältnis zu einer meiner Schwestern nicht so günstig. Es ist eine katholische Schwester vom Johanniterorden, eine Westfälin. Sagt sie da kürzlich, ich machte eben Betten, ich solle mich mehr beeilen, es gehe ja gar nicht voran, aber anstatt selbst mit Hand anzulegen, schrieb sie Briefe. Ein andermal bat ich sie eine Sublimatpastille zu Desinfektion der Hände in das Waschbecken zu werfen, damit sie sich auflöst, während ich das Essen holte. Ich wußte zudem nicht, wo sie die Pastillen aufbewahrte. Da gab sie zur Antwort: „Ach, das können Sie ja selber tun nachher." Dagegen war ich gut genug, um ihr Blumen in die Kirche zu tragen, damit sie auf Pfingsten geschmückt werden könnte. Ich hätte es natürlich auch rundweg verweigern können, tat es auch nur um den ohnehin gefährdeten Frieden nicht sogleich zum Bruch zu bringen. Auch mit meinem Stationsführer lebe ich auf etwas gespanntem Fuß. Holt er mich kürzlich mitten vom Frühstück, wir Pfleger essen alle in einer bestimmten Baracke, um ein Stückchen Papier vor meiner Baracke aufzulesen. Nun ich rege mich ja weiter nicht darüber auf. Dagegen komme ich mit meiner anderen Schwester, auch einer Nonne, um so besser aus. Sie hilft oft beim Bodenschrubben, Bettenmachen, Spülen, was die andere alles nicht tut.

Am Pfingstsamstag hatte ich große Wäsche, weil <ich> auf den Pfingstsonntag keinen frischen Drillichanzug mehr <hatte>. Aber ich habe es nicht so umständlich gemacht wie Ihr, daß ich ihn vorher eingeweicht hätte. Mit einer guten Wurzelbürste, Seife und Wasser ist er auch ziemlich sauber geworden. Allerdings habe ich auch über eine Stunde gebürstet. Weil es an jenem Tag besonders heiß war, haben wir abends gebadet. Die Aisne fließt ja direkt an unserem Garten vorbei. Das Wasser ist aber an den tiefsten Stellen nicht viel über einen Meter tief. Plötzlich entdecken Walter und noch einer unter einem Weidenbusch eine prächtige Reuß mit etwa dreißig Fischen. Leider war aber der größte, ein etwa Fünfpfünder kaputt, weil der Kasten wahrscheinlich schon sehr lange im Wasser lag. So gab es noch am selbigen Abend ein großartiges Fischessen, das bis ½11^{h} dauerte.

Am Pfingstsonntag war, wie schon die vorhergehenden Tage, prächtiges Wetter, nur daß mittags eine unerträgliche Hitze herrschte. An diesem Tag kam uns der Dienst besonders herb an. Wir hätten eben viel lieber einen Pfingstausflug gemacht, was Ihr zuhause wohl auch getan habt. Um 11^{h} war Gottesdienst in der Kathedrale. Sie war schön geschmückt und auch die Predigt den Zeiten angepaßt. Zur Feier des Tages gab es sogar einen Nachtisch, der in ein paar gekochten Zwetschgen bestand.

Mittags ereignete sich ein bedauerlicher Unfall. Um 1¾^{h} wurden wir durch einen fürchterlichen Knall aufgeschreckt. Als wir nach der Ursache forschten, fanden wir einen Soldaten zwischen Baracke 22 und 23, halb bewußtlos und blutüberströmt. Es stellte sich heraus, daß er an einer Granate, die nicht krepiert war, hatte den Aluminiumring wegmachen wollen. Offenbar traf er dabei mit dem Hammer den Zünder, so daß die Granate explodierte. Dem armen Kerl hatte es die linke Hand vollständig weggerissen, ferner hatte er an beiden Füßen und am Kopf schwere Verletzungen davongetragen. Er wird jedoch mit dem Leben davonkommen. Jetzt ist solch gefährliches Spielzeug natürlich strengstens verboten, aber dieser Unfall ist schon passiert.

Mein kürzliches Abenteuer will ich euch doch auch noch geschwind erzählen. Grade heute vor 10 Tagen hatte ich frei. Wie ich etwa um 9^{h} zum Vesper ins Lazarett gehe, bemerke ich, wie ein schöner Wolfshund fortwährend hinter mir drein läuft. Ich geh in die Küche und habe dort meinen Kakao, auch da geht er mit. Ich geh in die Pflegerbaracke und vespere und der Hund wartet vor der Tür, eine volle Viertelstunde. Auf dem Heimweg geht er nicht von mir weg. Unterwegs werden mir auch schon von Soldaten Angebote für ihn gemacht. Das ging so fort, bis am dritten Tag zwei Kameraden von zwei Schutzleuten kurz nacheinander aufgehalten wurden und nun stellte sich heraus, daß er dem Oberpolizeiwachtmeister gehörte. Wir hatten nämlich angenommen, er habe einem Franzosen gehört, der ihn wegen der hohen Hundesteuer, 4 Mark monatlich, fortgejagt habe. Als ihn abends der Bursche abholte, ging er nur ungern fort von uns. Wir sagten dem Burschen, sein Herr solle auch ein ordentliches Trinkgeld schicken, aber gekommen ist bis heute nichts.

In letzter Zeit haben wir abends öfter Schach gespielt. Ich habe nämlich aus Korken Figuren geschnitzt. Das Ästhetische ist zwar etwas zu kurz gekommen, es schadet aber auch gar nichts, wenn sie nur ihren Zweck erfüllen. Ich bringe sie einmal als Andenken mit.

Nun, wie sieht es denn auch bei Euch aus? Hat sich Hermann für den Mistgabelstudent oder für den Lokomotivenschornsteinfeger entschlossen? Die Bildchen sind ganz gut, nur siehst Du auf dem von Dir allein wie eine alte Tante aus. Ich schicke hier in dem Liederbüchlein eine Photographie von uns 12 Neuangekommenen. Ich hoffe jedoch bis zum nächsten Mal ein Bild von mir allein schicken zu können.

Ich hätte auch gern einen geschnitzten Stein mitgeschickt, aber das Päckchen wäre viel zu schwer geworden. Auch wäre es wahrscheinlich zerbrochen. Die Kranken machen nämlich aus einer Art Kreidestein, wie man sie in dieser Gegend häufig findet, ganz hübsche Sachen. So habe auch ich von einem meiner Soldaten einen solchen Stein erhalten. Es ist ein Eisernes Kreuz darauf eingemeißelt, darunter ein französisches und ein deutsches Infanteriegeschoß eingebettet. Das hat etwa folgendes Aussehen: <*Bleistiftzeichnung*>. Walter muß ihn, wenn er in Urlaub fährt, mitnehmen.

Gestern war ein großer Festtag bei uns. Der König von Sachsen hatte seinen Geburtstag, der natürlich vom 8. sächsischen Armeekorps besonders gefeiert wurde. Mittags spielte die Musik in den Lazaretten zur Aufheiterung der Kranken. Abends gab es sogar Bier und zwar bekamen wir 80 Pfleger einen ganzen Wassereimer voll. Ich will nur so viel sagen, daß einen Dags davon wenigstens niemand bekommen hat. Uns Württemberger ließ der König gütigst 10 Mark überweisen, um sie zu vertrinken. Da aber das Glas Bier 25 Pfennig kostet und wir 400 Mann sind, so kommt auf den Mann, wie ausgerechnet, *ein* Glas Bier. Unser Zugführer hat deshalb schon gesagt, daß es das beste sei, man bewahre das Geld auf, bis unsere längst erwarteten Rotkreuzmedaillen kommen. Dann will er auf seine Kosten ein kleines Fest geben und dazu auch die 10 Mark verwenden.

Nun muß ich aber schließen, sonst wird das Päckchen zu schwer und ich denke, Ihr seid jetzt auch entschädigt mit einem 12 (!!) Seiten langen Brief. Papa soll sich die Zigarren gut schmecken lassen.

Es grüßt Euch also alle herzlich Euer Ottmar

Große Wäsche, 6. 6. 1915

Liebe Eltern!

Diesmal kommt der Brief pünktlicher als das letztemal. Wird aber auch nicht so lang. Die Karte habt Ihr wohl erhalten. Von Tante Amalie ist dieser Tage auch ein Päckchen mit Lebkuchen gekommen. Die Photographie vom Posthörnle habe ich erhalten. Die Frau ist Frau Hirschwirt, den Mann kenne ich nicht. Die Platte scheint jedoch etwas flau zu sein. Es freut mich, daß mein Paket angekommen ist. Ich hatte nämlich vergessen „Feldpost" auf die Adresse zu schreiben. Es wäre ja nur um den Brief gewesen, den ich hätte noch mal schreiben dürfen. Im Lauf dieser Woche wird das zweite Paket abgehen. Auch mein übriges Geld werde ich diese Woche schicken. Ein Ringchen will ich dann auch mitschicken. Es ist nämlich aus einem französischen Infanteriegeschoß gemacht, aber es ist gleich schrecklich schmutzig und verliert sofort den Glanz, weshalb es das beste sein wird, wenn er vergoldet wird. Auch ein paar Schrapnellkugeln und ein Sprengstück von einem Zünder packe ich hinein.

Heute habe ich schon ein gewaltiges Stück Arbeit hinter mir. So intensiv habe ich wohl noch nie an einem Sonntag gearbeitet, außer wenn ich ein besonders schweres Argument zu machen hatte. Ich habe nämlich Generalwäsche gehabt. Zu diesem Zweck habe ich in aller Früh unseren großen Waschkessel geheizt, an Brennmaterial fehlt es ja nicht. Man steigt einfach in den Keller und holt sich ein leeres Faß, das man solange mit der Axt bearbeitet, bis es kurz und klein geschlagen ist. Wenn der Vorrat an leeren Fässern auf die Neige geht, leert man die vollen aus, die zu Hunderten daliegen. Man muß vorher schon bis ans Knie im Schnaps oder Bier waten. Ich habe also mit viel Ausdauer und Geduld zwei ganze Drillichanzüge und noch eine Drillichhose, ferner 2 Hemden, 3 Unterhosen, 2 Handtücher, 4 Taschentücher gewaschen. Da staunt Ihr, nicht? Besonders das eine Handtuch von Walter verursachte Qualen. Er hatte es scheints längere Zeit als Glanzbürste oder so was benützt. Ihr werdet denken, das ist ein schöner Sabbatschänder, aber wenn der Sonntag im Kalender nicht angezeichnet wäre, wüßte man es kaum. Des Dienstes ewig gleich gestellte Uhr kennt keinen Unterschied zwischen Sonntag und Werktag. Gut Wetter zum Trocknen habe ich auch heute. Es ist nämlich wieder einmal eine Bruthitze und heute Abend werde ich trotz des Verbotes baden.

In den letzten Tagen habe ich auch zwei neue Kranke in meine Baracke bekommen, wovon der eine im schönsten Stadium liegt. Die halbe Zeit sitzt er auf dem Schieber (Steckbecken).

Dazwischen hinein spuckt er auch mal wieder. Darüber hinaus bekommt er sehr häufig Stirn- und Brustpackungen, außerdem viele Halswickel und kalte Umschläge um den Kopf, so daß er allein einen Pfleger vollauf beschäftigen könnte. Weil er ziemlich Fieber hat, verlangt er natürlich auch viel zu trinken, wobei ihm das Mineralwasser nie kalt genug ist, so daß man fortwährend frisches Wasser vom Brunnen holen muß. Wirklich habe ich einen neue Schwester, namens Martha, die eine, mir weniger sympathische, ist 14 Tage in Urlaub, die neue ist eine ganz nette und freundliche Schwester. Letzten Donnerstag brachte ich ihr 3 Blumenboukette, die ein Soldat von meiner Baracke gebracht hatte, auf ihre Wohnung, die ich nebenbeibemerkt mit der unseren nicht vertauschen möchte. Zu meinem größten Erstaunen schenkte sie mir ein Gläschen Likör ein und verehrte mir 4 hochfeine Zigarren.

Und wie sieht es denn auch bei Euch aus? Die Kirschen werden ja schnell reifen bei der Hitze, wir essen ja schon die ersten Prestlinge. Steht das übrige Obst auch gut? Die Ernte wird auch schön stehen. Hermann hat also keine Freude am Stallmisten; ich wünsche ihm viel Glück, er soll die Pfoten nirgends in die Räder bringen. Laßt auch bald mal wieder was von Euch hören.

Es grüßt Euch alle herzlich Euer Ottmar

<*In großer Schrift ein Zusatz von Walter:*>

Ottmar hat Euch ja den schönsten Brief geschrieben, da kann ich ruhig noch eine Weile warten. Gehen tut es mir auch gut.

Also die besten Grüße Euer fauler Walter <*Das „fauler" hat Ottmar eingefügt.*>

Der Drückeberger, 11. 6. 1915

Liebe Eltern!

Besten Dank für das liebe Päckchen und die Karte von Heidelberg. Die Kirschen im ersten Päckchen waren gut erhalten, während die paar in diesem sämtlich verfault waren. Ihr könnt es also ruhig noch mal riskieren. Leider kann ich Euch das Bildchen immer noch nicht schicken. Der Photograph ist ein schrecklicher Langweiler und Drückeberger. Jeden Tag weiß er eine andere Ausrede. Auch macht er

Portraitaufnahmen überhaupt sehr ungern. Ich habe deshalb schon zu Walter, der um den 20. des Monats in Urlaub fahren will, gesagt, er müsse mir einen Apparat mitbringen.

Letzten Montag schnie es den ganzen Tag trotz der größten Hitze, aber nicht Schnee, sondern die beflügelten Samen einer Weidenart, der aber an Größe und Gestalt völlig den Schneeflocken glich. Mittags kam ein Etappengeneral, um das Lazarett zu besichtigen, aber wie es alle diese hohen Herren machen, beachtete er die Sache selbst kaum und sprach nur mit dem Oberstabsarzt, obgleich schon 8 Tage fieberhaft gearbeitet wurde, um dem Lazarett ein möglichst sauberes und gefälliges Aussehen zu verleihen. Jetzt haben wir vor unserer Baracke noch ein wundervolles Gartenhäuschen errichtet nach Art der Schweizer Hütten.

Heute sind wieder 4 Mann von meiner Baracke fortgekommen, darunter ein Mordsdrückeberger. Seit Januar treibt er sich im Lazarett herum, ohne daß ihm das Geringste fehlte. Wenn er gemessen wurde, hatte er immer Fieber. Er rieb nämlich das Thermometer solange am Hemd, bis es auf 38°C oder noch höher gestiegen war. Auch hatte er nur alle 4 Tage einen Stuhlgang, obgleich er aß wie ein Räuber, aber ich bin ihm auf die Schliche gekommen. Er holte nämlich fast jeden Tag Blumen für die Schwester, um sich deren besondere Gunst zu erwerben. Dabei setzte er sich dann hinter eine Hecke, besorgte dort seine Sachen. Neulich sollte ich eine Stuhlprobe von ihm zur Untersuchung aufs Laboratorium bringen. Ich sagt ihm mittags um 12^h, bis 4^h solle er das Röhrchen füllen. Da entgegnete er mir, er könne nicht auf Kommando sch... Ich sehe nun auf der Fiebertabelle nach, wann er angeblich den letzten Stuhl gehabt hatte und finde, daß er seit 3 Tagen keinen mehr hatte. Da drohte ich ihm, er bekomme 3 Löffel Rizinusöl und einen Einlauf dazu, wenn das Röhrchen nicht fertig sei bis 4^h. Da ging es auf einmal. Er hatte sich nämlich deshalb so dagegen gesträubt, weil diejenigen felddienstfähig geschrieben werden, von denen 3 Proben resultatlos sind und denen sonst nichts fehlt. Und so hat ihn endlich doch das Schicksal ereilt. Seine Kameraden verachteten und verspotteten ihn auch bei jeder Gelegenheit.

Gestern habe ich mit einem Kameraden einen abgelegenen französischen Bauerhof aufgesucht, wo wir unser Kochgeschirr mit Milch gefüllt haben. Aber ich glaube, in Stuttgart könnte man sie fast ebenso teuer kaufen. Sie verlangt nämlich 20 Pfennig für das Liter. Heute ist sie nun schön sauer und vorzüglich gegen den Durst bei dem heißen Wetter.

Von uns 12 Neuangekommenen ist schon einer nachhause geschickt worden, weil er wiederholt Herzkrämpfe bekommen hatte. Auch 2 andere sind schon ein paar Tage im Bett gelegen. Walter und ich sind immer wohl und munter.

Seid alle herzlich gegrüßt von Eurem Ottmar.

Papa soll nicht mehr als 2 Zigarren rauchen täglich, dann reicht es bis zum nächsten Mal.

Postsperre, 12. 7. 1915

Liebe Eltern!

Da aus bestimmten Gründen die Post hier bis zum 10. 7. gesperrt wurde, so konnten wir Euch bis dahin keine Nachricht geben. Ich hoffe jedoch, daß Euch das Paket und die Karte erreichen. Walter und mir geht es gut.

Mit herzlichen Grüßen Euer Ottmar

Die faule Rotkreuz-Schwester, 14. 6. 1915

Liebe Eltern!

Vielen, vielen Dank für die beiden Päckchen! Ich glaubte schon, die letzte Sendung sei verloren gegangen. In der letzten Zeit kam regelmäßig alle fünf Tage ein Paket. Als nun Dienstag, am 5. Tag nichts kam und am 6. auch nichts, war ich doch etwas enttäuscht. Um so angenehmer überrascht war ich natürlich, als am nächsten Tag gleich 2 da waren. Es geht einem hier außen grade so wie Euch zuhause, wenn man etwas bekommt. Wenn man abends von des Tages Last und Hitze heimkommt, gilt eben der erste Blick jedesmal dem Schränkchen, wo die Post aufgestapelt ist. Da ist natürlich die Freude groß, wenn etwas da ist.

Onkel Hermann hat den ganz vernünftigen Einfall gehabt, ein Fläschchen Himbeersaft zu schicken. Morgen wollen wir ein großartiges Gartenfest abhalten. Unsere Schreinerei hat eine lange Festtafel unter etlichen schönen Bäumen errichtet. Das nötige Bier kommt heute Abend von Charleville, 3 Faß hoch. Auch dreißig Lampions sind zur Beleuchtung da. Abends um 8^{h} soll es beginnen, aber noch viel lieber möchte ich an diesem Abend bei Euch im Gartenhaus sitzen. Sei's nur um 6 Wochen, so kann ich mir diesen Luxus auch gestatten, wenn ich will, aber ich weiß noch nicht, ob ichs mache.

In der letzten Zeit ist hier sogar ein großartiges Schauspielhaus errichtet worden. Eintritt für die Mannschaften 10 Pfennig, für die Herrn Offiziere 30 Pfennig. Es wird natürlich fleißig besucht. Ich war auch einmal drin. Es werden fast durchweg humoristische Stücke gegeben, so daß es fortwährend etwas zum Lachen gibt. Daneben werden aber auch prächtige Landschaftsbilder gezeigt. Immerhin trägt das Kino dazu bei die gute Stimmung bei den Kranken zu erhalten. Auch tut es einem ganz gut, wenn man einmal etwas zu lachen hat, nachdem man sich den lieben, langen Tag nichts als geärgert wie einmal wieder heute.

Ich bin nämlich nicht mehr auf meiner alten Baracke 51, sondern ich bin jetzt Wechselmann, d. h. ich habe in bestimmter Reihenfolge in 5 Baracken Dienst, wenn dort die Pfleger ihren freien Tag haben. Ein neues Übel ist, daß wir jetzt jeden 6. Tag, nicht mehr jeden 5. wie früher <frei haben>.

Heute hatte ich also in Baracke 43 Dienst. Die Schwester dort ist eine Rotkreuz-Schwester, ein sogenanntes Dornröschen. Gleich wie ich hineinkomme, fällt mir der schrecklich schmutzige Fußboden auf. Auf meine Frage, wann der Boden das letzte Mal gescheuert worden sei, sagten die Kranken, in dieser Woche überhaupt noch nicht. Und heute ist Samstag. Ebenso war es mit dem Klosett. Die Baracke würde nicht einmal ausgekehrt werden, wenn die Kranken es nicht selbst täten, obgleich ein Pfleger da ist. Aber am allerschönsten sah es auf dem Tischchen aus, wo die Butterbrote gestrichen und das Essen ausgeteilt wird. Die Farbe des Wachstuchs, das darauf lag, war tatsächlich vor lauter Schmutz nicht zu erkennen. Mit Wurzelbürste und Seife konnte ich dann feststellen, daß es in besseren Tagen einmal weiß war. Das Gefäß für Butter wurde offenbar überhaupt nie gespült. Ranzige und frische Butter lagen friedlich beieinander. Neben der Butter stand ein Teller Schmierseife, Kerzenstumpen und anderer Unrat. Um das Bild zu vervollständigen, krabbelten in allen Schüsseln, besonders an Zucker, Ameisen in Masse herum.

Nun, die ehrwürdige Schwester selbst, etwas Fauleres, Dümmeres und Eingebildeteres kann man sich nicht leicht vorstellen. Morgens kommt sie statt um 7^h, wenn sie früh dran ist, um 8^h. Es fällt ihr aber nicht ein das Geschirr zu spülen, obwohl das natürlich ihre Sache ist. Ebensowenig hilft sie beim Brötchen richten, Essen austeilen. Ihre ganze Tätigkeit besteht darin, Briefe zu schreiben, Romane zu lesen und mit den Soldaten sich zu unterhalten. Das sind dann die feinen Damen, die mit den Ärzten Arm in Arm gehen und auf hundert Meter im Umkreis Veilchendüfte verbreiten. Das ist so ungefähr das charakteristische Bild einer Baracke, in der eine Rotkreuz-Schwester hilft. Wahrhaftig ein gewaltiger Unterschied zu meiner bisherigen Baracke, in der alles immer blitzblank war. Ebendahin ist, kurz bevor ich ging, ein Neuer gekommen. Dieser hat es ebenso gemacht wie Professor Hartmann 1870. Er hat sich nämlich im Schützengraben an Homers Odyssee und Illias ergötzt.

Wirklich ist hier unten eine ewige Wassernot, so daß das Wasser für Kaffee und Tee schon öfters hergeführt werden mußte. Dem wird es auch zu verdanken sein, daß wir den Kaffee und Tee morgens und abends nicht mehr im Lazarett fassen, sondern selbst brauen müssen. Wir haben zu dem Zweck einen Kessel mit 54 Liter in die Waschküche geschafft. Dann muß man immer um $^{1}/_{2}6^{h}$ aufstehen und Kaffee machen. Die Kaffeeschüsseln hat ein zusammengeschossenes Porzellanlager geliefert. Als die Russen den Schutt wegräumten, kamen Hunderte von Tellern, Schüsseln, Steinkrügen und dgl. zum Vorschein. Ich habe mir auch zwei Teller, etliche Kaffeeschüsseln, 2 Eierbecher und 2 Steinkrüge mitgenommen. Heute Mittag nach dem Essen war ich eine Zeitlang in meiner alten Baracke. Da bringt auf einmal einer einen ganzen Eimer Kirschen und weiße Träuble, die sie in einem französischen Garten gemaust haben. Beides war ganz gut. Da habe ich wahrscheinlich mehr Kirschen gegessen als Walter, der vielleicht gar keine bekommen hat.

Jetzt muß ich schließen, weil es Zeit ist zum Kaffee holen ($2^{1}/_{2}{}^{h}$). Laßt auch bald wieder etwas von euch hören und vergeßt mich nicht, während der 14 Tage!

Es grüßt Euch alle herzlich Euer Ottmar

Walter soll die Mundharmonika nicht vergessen! Eine schöne, doppelte soll es sein!

Der Photographenapparat, 14. 7. 1915

Liebe Eltern!

Endlich komme ich auch mal wieder dazu, einen Brief zu schreiben. Wirklich hat man nämlich kaum Zeit, so streng ist der Dienst. Freie Tage gibt es voraussichtlich überhaupt nicht mehr. Ich habe nun schon 14 Tage Dienst gehabt ohne einen freien Tag. Zudem war der Dienst im Vergleich zu jetzt das reinste Kinderspiel. In den Baracken 70 Mann, alle im Bett. Bis nur alle Betten gemacht sind morgens, dann muß das Geschirr gespült werden, der Boden geschrubbt werden, dann muß man ein paar mal aufs Laboratorium rennen, um die

Stuhluntersuchungen für den Arzt zu holen. So gehts den ganzen Tag fort, so daß man am Abend nicht mehr besonders unternehmungslustig ist und sich zeitig aufs Ohr legt. Da war es eine äußerst angenehme Abwechslung, als Walter vom Urlaub zurückkam.

Vielen, vielen Dank für die schönen, guten Sachen! Das Gesälz war eine sehr wohltuende Abwechslung neben dem ewigen Speck und Edamer Käse. Auch der Honig ist ausgezeichnet. Besonders auch Luise vielen Dank für den guten Zitronensaft, der bei der herrschenden Hitze doppelt gute Dienste leistete. Auch Hermann meinen besten Dank für die schöne Mundharmonika, auf der ich jetzt jeden Abend im Garten blase. Mit dem Apparat bin ich sehr zufrieden und ich schicke Euch hier die erste Probe, die ich gemacht habe. Das Bild stellt das Innere der Baracke 40 dar, in der ich jetzt wieder ständig bin. Walter hat bald das ganze Material wegphotographiert. Ich wäre Euch sehr dankbar, wenn Ihr im nächsten Paket etwa 10 Dutzend Postkarten schicken würdet, die Hälfte etwa Pulagaslichtpapier: matt, weiß. Wie ichs mit den Platten machen soll, weiß ich nicht. Vielleicht ging es, wenn ein Dutzend in 2 Schachteln verteilt würden.

Vorgestern ist schon wieder einer von uns mit dem Krankenzug nach Deutschland geschickt worden. Wahrscheinlich komme ich nach Ablauf des ersten Vierteljahrs auf 10 Tage. Schade, daß ich mit Walter am 21. 7. noch nicht fahren kann. Drei von uns 12 Neuen ist der Urlaub auf Ende dieses Monats schon genehmigt.

Ich muß jetzt schließen, weil es Zeit zum Schlafen ist.

Also für heute alle zusammen herzlich gegrüßt von Eurem Ottmar.

Erster Rückblick, 23. 7. 1915

Liebe Eltern!

Besten Dank für das liebe Päckchen! Es hat mir gut geschmeckt. An Frau Köhler habe ich eine Karte geschrieben.

Heute – auch an einem Freitag – vor einem Vierteljahr sind wir hier angekommen. Wenn ich so zurückdenke, ist die Zeit doch wie im Flug vergangen. Die letzten Stunden des gemeinsamen Beisammenseins in Stuttgart sind mir noch so genau in Erinnerung, als wärs gestern gewesen. Und doch hat sich in diesem Vierteljahr manches ereignet. Zuerst lange Zeit ständig in Baracke 51, dann 14 Tage Wechseldienst, dann 3 Wochen ständig in Baracke 40 und jetzt ständige Nachtwache. Der Dienst beginnt abends 7^h und geht bis morgens 7^h. Der Nachtdienst an sich ist im allgemeinen leichter als der Tagesdienst.

Eimer tragen, Boden schrubben und dergleichen fällt natürlich weg, aber trotzdem halte ich den Nachtdienst für mindestens so anstrengend wie den Tagesdienst. Erstens ist der Schlaf viel unregelmäßiger. Wenn man morgens gegen 8^h ins Quartier kommt und gerade im besten Schlafe liegt, so soll man schon wieder das Mittagessen fassen. Nachher ist es natürlich auch nicht mehr viel mit dem Schlaf. Bleibt man dagegen über Mittag liegen, so hat man kein Mittagessen. Eins kommt eben immer zu kurz. Auch die Zeit vom 1. bis 22. ist rasend schnell vorbeigegangen. Schade, daß Walter gehen mußte, es war eben doch schön, solange er noch da war. Bin begierig, wie sich die Sache weiter entwickelt. Schreibt auch, sobald Ihr etwas wißt.

In letzter Zeit habe ich etliche Aufnahmen gemacht, unter anderem von meiner bisherigen Baracke 40. Sie ist jedoch nicht besonders gut, weil der Apparat nicht eingestellt werden konnte und der Pfleger, der geknipst hatte, zu kurz belichtet hatte. Das andere Bild stellt eine Wasch- und Putzszene im Hof vor. Da sich hier ein Buchladen, der auch etliche photographische Artikel führt, aufgetan hat, so kann ich meinen Bedarf notdürftig decken. Aber gerade das Notwendigste, die Platten, sind nicht zu haben. Ich lasse mir deshalb von einem Kameraden, der in Urlaub gefahren ist, etliche Dutzend mitbringen. Der Entwickler ist schändlich teuer. Wenn Ihr deshalb gelegentlich einmal ein Fläschchen schicken könntet, wäre ich sehr dankbar.

Ich will jetzt schließen. Es ist $\frac{1}{2}2^h$ und ich habe keine recht Lust mehr zum Schreiben.

Seid also für heute alle herzlich gegrüßt von Eurem Ottmar

Sehnsucht nach Ferien, 31. 7. 1915

Liebe Eltern!

Für die beiden Pakete danke ich bestens! Die Brötchen waren vorzüglich! Habt sie aber nicht selbst gemacht? Ist Walter schon gemustert? Bin sehr gespannt, was aus ihm wird. Das Etappenpaket kann ich erst nächsten Samstag abschicken, weil der Delegierte Wohlfahrt in Urlaub ist. Morgen beginnen also die großen Ferien. Ich würde 6 Wochen Urlaub auch nicht verschmähen. Brief folgt.

Herzliche Grüße an alle Ottmar

In der Dunkelkammer, 10. 8. 1915

Liebe Eltern!

Endlich komme ich zu dem versprochenen Brief. Besten Dank für den Entwickler. Ich habe mich seither mit Entwicklerpatronen beholfen. Das Haus habe ich photographiert. Von den beiden Platten und Walter konnte ich bis jetzt keine Abzüge machen, da Sinn und Himmelein in Urlaub sind und ich sie trotz eifrigstem Suchen nirgends finden konnte.

Das längst erwartete Ereignis ist endlich eingetroffen: die Ordensverteilung. Rotkreuzmedaillen wurden verteilt, wo von 3 nach Charleville kamen. Die übrigen erhielten Hanselmann, Himmelein, Sinn, Vogler, Schwenk, Kühnhöfer, Fritz, Walter und Jauch. H. Rot erhielt das Eiserne Kreuz II. Klasse. Zur Beglaubigung werde ich eine Photographie schicken. Wirklich ist es mit dem Photographen wieder so ziemlich aus, da ich wieder Tagesdienst habe und zwar als Wechselmann Baracke 2–25, lauter Rotkreuzschwestern, eine so faul wie die andere. Unter anderem habe ich auch die Ehre mit dem Sanitäterschreck, einem Schubiack <*ugs.: für niederträchtiger Mensch, Lump*> in Schwesterntracht. Sie ist wegen ihrer Tyrannei allgemein bei den Pflegern gefürchtet. Ich kam so leidlich mit ihr aus. Solange ich Nachtwache hatte, habe ich in meiner Dunkelkammer elektrisches Licht eingerichtet. Die Birne habe ich des Nachts um ½2^{h} unter Lebensgefahr aus einem Gartenhaus requiriert. Photographische Platten habe ich jetzt vollauf genug, wenn nur das Gaslichtpapier nicht so teuer wäre. 65 Pfennig für ein Paket ist eben etwas viel.

In letzter Zeit ist hier in unserem Quartier eine Läusepidemie ausgebrochen. Alles saß da und lauste. Gegenwärtig ist es wieder besser, aber die Teppiche und Strohsäcke sind nun schon verlaust und es wird schon noch eine Weile dauern, bis wir sie wieder los sind. Ein Fläschchen Fenchelöl dürfte vielleicht gute Dienste leisten.

Mit dem Urlaub Ende des Monats, auf den wir uns beiderseits gefreut haben, ist es leider nichts. Es ist eine neue Verfügung herausgekommen, wonach die Pfleger überhaupt nicht mehr das Recht haben, Urlaub zu beanspruchen. Es kann ihnen bei guter Führung nach einem halben Jahr Urlaub erteilt werden. Sonst nur in ganz dringenden Fällen oder wenn vom Arzt als erholungsbedürftig geschrieben. So müssen wir eben warten, bis das andere Vierteljahr herum ist, bis Anfang November, wenn wir nicht noch vorher heimkommen. In Rußland fällt ja gegenwärtig eine Festung um die andere.

Das Paket mit Walters Wäsche konnte ich bis jetzt nicht fortschicken, da der betreffende Delegierte in Urlaub war. Von Frau Steiner kam vor 8 Tagen ein Paketchen mit Trockenobst für Walter. Ich bedanke mich in seinem Namen.

Heute Nacht ging ein sehr schweres Gewitter über Rethel nieder. Vermutlich hat es in unserer unmittelbaren Nähe eingeschlagen. Es ging nämlich ein greller, bläulicher Strahl nieder und gleich darauf ein betäubendes Krachen, daß das ohnehin schlecht fundierte Haus in allen Fugen zitterte. Am anderen Morgen bemerkten wir, daß auf dem Kamin unserer Brauerei der Schlotfeger, der tags zuvor noch da war, verschwunden war. Es hatte aber auch in beiden vorhergehenden Tagen eine entsetzliche Hitze geherrscht, 39–40°C. Die Ernte wird jetzt so ziemlich vorbei sein. Dagegen wird die Beerenernte beginnen. Auch die Pflaumen werden reif sein. Wir haben sogar schon Frühtrauben.

Wie geht es Euch? Wie geht es auch Kurt? Ist er noch in Laufen oder ist die Lateinschule vollends eingerostet? Wirklich hat ers ja schön, zumal die Vakanz kaum begonnen hat. Macht Hermann rechte Fortschritte? Hat er am Ende gar schon eine großartige Erfindung gemacht? Falls die Karten zu spät kommen sollten, gratuliere ich den Geburtstagskindern schon heute und wünsche, daß sie das nächste Jahr in Frieden Geburtstag feiern können. Die versprochenen Kuchen werde ich dann an der Kerbe essen. Einen Wunsch habe ich auch noch. Falls Walter noch das Militärbrotmesser hat, so schickt es auch gelegentlich. Anderenfalls könnt ihr mir ein ganz normales Taschenmesser mit nur einer Klinge schicken, da hier nichts Vernünftiges zu haben ist.

So seid nun alle herzlich gegrüßt von Eurem Ottmar

Auf baldiges Wiedersehen!

Rotkreuzmedaille für Walter, 21. 8. 1915

Liebe Eltern!

Eine freudige Nachricht habe ich für Walter. Am Montag, den 23. 8. bekommt er die Rotkreuzmedaille. Sie wird ihm nach Tübingen geschickt. Schreibt mir daher sofort seine Adresse! Es wundert mich, daß Ihr noch gar keine Post von mir erhalten habt. Ich habe ebenfalls seit der Sendung Brezeln vom 8. 8. keine Post mehr erhalten außer der Karte mit dem Vermerk, daß Ihr schon längere Zeit keine Nachricht mehr von mir habt. Von mir sind in der Zwischenzeit 4 Karten und ein Brief abgegangen. Ich kann mir das nur denken, daß die Post wieder gesperrt ist. Vergeßt die Adresse nicht!

Mit herzlichem Gruß Ottmar

Etappenpaket heute abgesandt.

Schwere Angriffe und viele Verwundete, 27. 9. 1915

Liebe Eltern!

Endlich komm ich mal wieder zu einem Brief und zwar deshalb, weil ich heute Nachtwache habe. In den letzten 8 Tagen habe ich nicht weniger als 3mal die Station gewechselt. Unter anderem war ich auch 3 Tage auf der Abgangsstation, wo es mir ganz gut gefallen hätte. Jetzt schiebe ich voraussichtlich wieder längere Zeit Nachtwache. Es ist gegenwärtig alles stark belegt. Täglich kommen 15–20 Autos mit Verwundeten aller Art. Und gerade jetzt fehlt es sehr an Pflegern. So mußte ich z. B. heute 24 Stunden Dienst auf einmal machen, Tages- und Nachtdienst. In den beiden Baracken, die ich zu versorgen habe, sind meist an Gasvergiftung Erkrankte, Verschüttete, Leute mit Nervenschock oder dgl. Etliche haben dadurch die Sprache, andere das Gehör eingebüßt, wahrscheinlich jedoch nicht dauernd. Es ist dies aber auch gar kein Wunder, wenn man an das entsetzliche Artilleriefeuer von Freitag und Samstag denkt. So was habe ich vorher noch nie gehört, ein ununterbrochenes Donnern heftigster Art, das von besonders schweren Geschützen von Zeit zu Zeit unterbrochen wurde, so daß unser Quartier jedesmal leicht zitterte. Die Franzosen beschossen auch etliche Feldlazarette, unter anderem Béneville und Isel. Diese wurden natürlich sofort geräumt und die Kranken zu uns nach Rethel geschafft.

Wie in der Zeitung zu lesen war, haben Euch die Herrn Franzosen auch mal einen Besuch abgestattet. Da werden aber die Stuttgarter einen ordentlichen Schrecken bekommen haben.

Ich lege hier wieder etliche Bilder bei. Die Kirche ist die von Bani (rechts von der Flugstation). Sie ist im Hintergrund der Pferdeweide nochmals zu sehen. Die beiden andern Aufnahmen sind vom Kanal.

Will sehen, wann ich in Urlaub fahren kann. Vorerst bei dem Pflegermangel darf natürlich keiner gegeben werden. Aber das kann in 8–14 Tagen wieder anders sein. Obst brauch Ihr mir keins zu schicken, da wir uns hier jederzeit holen können, soviel wir wollen. Einen Nußbaum haben wir sogar im Garten, Kartoffeln hat man auf freiem Felde, so daß wir schon etliche Male Brotsuppe mit Kartoffeln machen konnten. Mit der Traubenlese wird es bei dem Regenwetter nicht viel sein. Was treibt auch Walter? Ist er immer noch zuhause? Und wie gefällt es denn Kurt in Heilbronn?

Soviel ich weiß, ist die Post gegenwärtig wieder gesperrt, weshalb der Brief vielleicht ziemlich lange unterwegs ist.

Es grüßt Euch alle herzlich Euer Ottmar

Ein schwerer Nervenschock, 29. 9. 1915

Liebe Eltern!

Schon wieder ein Briefchen. Ich habe ja Zeit wirklich während der Nachtwachen. Die Karte von Papa habe ich erhalten. Ich ging noch am selben Abend auf den Bahnhof, aber ein Paket war nicht abgegeben worden. Entweder ist Herr Bader noch gar nicht durchgekommen oder mußte er eine andere Strecke fahren. Will morgen noch mal nachsehen.

Walter ist also noch in Kirchheim. Wird wohl auch tüchtig Trauben essen. Gestern waren Himmelein und ich auf der Kirchturmspitze und haben 2 Aufnahmen von der Stadt gemacht.

Heute nacht habe ich eine verhältnismäßig leichte Wache. Ich habe nur die eine Baracke 53. Gestern hatte ich noch Baracke 45. Dort liegt unter anderem einer mit schwerem Nervenschock. Er bildet sich offenbar ein, im Schützengraben zu sein. Er schneidet fortwährend die angstvollsten Grimassen. Bei jeder Bewegung fährt er erschreckt zusammen, schlüpft unter die Decke oder will aus dem Bett springen. Dann horcht er wieder gespannt einen Augenblick. Wenn dann gerade in diesem Augenblick geschossen wird, dann ist er fast außer sich und man wird kaum mehr mit ihm fertig. Ein anderer hat völlig die Sprache verloren. Er kann nur noch den Kanonendonner nachahmende Laute ausstoßen. Auf jede Frage kommt sein „wau, wau“, das sich oft bis zum Brüllen steigert. Dabei scheint er doch nicht ganz ohne Bewußtsein zu sein. Auf die Frage, wie er heiße, kam zuerst sein Wau, dann streckte er mir sein Verwundungsbuch hin. Andere haben das Gehör verloren und so geht es fort. Die Mehrzahl wird jedoch in absehbarer Zeit geheilt werden. Dabei regnet und stürmt es noch die ganze Nacht, so daß das Wasser an verschiedenen undichten Stellen der Baracke hereintropfte.

Die übrige Zeit vertreibe ich mir eben durch Lesen oder vespere dazwischen hinein. Im übrigen geht es mir gut. Gesund bin ich auch immer, was die Hauptsache ist.

Es grüßt Euch alle herzlich Euer Ottmar

Geschenke zum Geburtstag der Königin, 3. 10. 1915

Liebe Eltern!

Kaum war ich mit dem letzten Brief fertig, da wurden uns plötzlich 110 Zugänge hereingeworfen. Da kam natürlich Leben in die Bude. Zuerst mußte tüchtig geheizt werden. Dann wurde ein Koch geweckt, damit er Suppe und Tee warm machte. Natürlich waren sie alle todmüde, so daß sie fast während dem Ausziehen einschliefen. Und wie es aussah nachher. Tornister, Helme, Stiefel, Kleidungsstücke, alles lag bunt durcheinander.

Heute sind auch die Liebesgabenpakete zu Ehren des Geburtstags der Königin eingetroffen. In meinem Paket waren 1 Hemd, 1 Handtuch, 1 Taschentuch, 1 Paar Handschuhe, 1 Mundharmonika, 1 Taschenspiegel, eine Schokoladentafel und 1 Luntenfeuerzeug. Bei anderen war auch ein Taschenmesser oder Taschenlaterne.

Wegen des Pakets war ich heute noch mal auf dem Bahnhof, aber mit demselben Erfolg. Schickt mir bitte baldigst 100 Zelluloidinpostkarten, das Geld wird ja angekommen sein.

Gestern wurde auch etliche Kilometer von hier ein französische Luftschiff abgeschossen. 1 Offizier war tot, 3 verwundet. Ihr werdet wirklich immer feste Trauben lesen. Ich täte das auch lieber, als ewig Nachtwache schieben ohne jede freie Nacht. Mache wahrscheinlich bald wieder Tagesdienst. Bin immer gesund.

Es grüßt Euch herzlich Euer Ottmar

Reisigklau im Schloßpark Nanteville, 8. 10. 1915

Liebe Eltern!

Besten Dank für die beiden Kuchenpäckle. Der Kuchen war noch ausgezeichnet, obgleich das eine Päckle erst heute, Freitag, angekommen ist, also fast 8 Tage alt. Das Paket von Herrn Bader habe ich noch nicht erhalten, ist aber auch gar nicht verwunderlich, da an einen Urlaub für ihn oder einen Kameraden kaum zu denken ist. Daß Ihr noch keinen Brief erhalten habt, sollte mich wundern. Ich habe seit dem 20. 9. drei Briefe, mit diesem vier, abgeschickt.

Gestern habe ich endlich mal eine Freinacht gehabt. Da schläft man eben ganz anders als bei Tag. Ich bin erst um ½10^{h} aufgewacht. Bei Tag schläft man doch nur vormittags.

Gestern waren wir zu zweien um Tannenreisig, um unser Quartier auf der Königin ihren Geburtstag zu dekorieren. 6 Kilometer sind wir mit einem Schubkarren am Kanal entlang gefahren. Unterwegs haben wir verschiedene leere Häuser visitiert. Mein Kamerad suchte nach einer Weste oder Jacke und fand schließlich einen nagelneuen Hochzeitsfrack, den die Franzosen vorher durch Schnitte in den Rücken verdorben hatten. Ich entdeckte inzwischen ein tadelloses Klavier. Alle Saiten waren noch ganz. Es war nur schade, daß wir es nicht mitnehmen konnten. Auch eine schöne Kommode mit einer Marmorplatte war noch da. Schließlich kamen wir nach Nanteville. Unmittelbar an dieses Heft schließt sich ein einigermaßen schöner Park an mit einem großen Teich, auf dem sich ein Schwan tummelt. Da wir immer noch keine Tanne gefunden hatten, beraubten wir schließlich eine Edeltanne im Park ihrer schönsten Zweige auf die Gefahr hin, von einem Offizier erwischt zu werden und 3 Tage ins Loch zu fliegen. Dies geschah zwar nicht. Die Strafe folgte trotzdem auf dem Fuße. Wie ich nämlich über die Umzäunung steige, bleibe ich am Stacheldraht hängen und reiße ein gleichschenkliges, rechtwinkliges Dreieck in die Hose, dessen Katheten mindestens 20 Zentimeter betrugen. Zum Glück hatte ich meinen Brotbeutel bei mir, so daß ich vorerst wenigstens den Schaden notdürftig decken konnte. Heute machte ich mich an die Aufgabe, das Loch zu flicken. Auf der Bühne fand ich einen alten Schlafsack. Aus diesem schnitt ich ein entsprechendes Stück heraus zum Unterlegen. Ich denke, daß ich die Hose am Sonntag wieder anziehen kann.

Sonntag abend ist also großes Festessen: Braten, Kartoffelsalat und Bier. Wahrscheinlich bin ich an diesem Abend „krank“. Im übrigen geht es mir gut.

Mit herzlichem Gruß allseits! Ottmar

Besonderen Dank für den schönen, langen Brief.

Versetzung nach Altrethel, 25. 10. 1915

Liebe Eltern!

Heute habe ich mal wieder Zeit zum Schreiben. Ich habe Nachtwache gehabt, bin jedoch während der Wache selbst nicht dazu gekommen, weil ich 2 Baracken und somit 4 Öfen zu versorgen hatte.

Also zunächst herzlichen Dank für die lieben Paketchen der letzten Zeit, besonders auch für die herzlichen Glückwünsche zu meinem Geburtstag. Es hat sich inzwischen schon wieder manches verändert. Nachdem ich nun in ganz Neurethel herumgekommen bin, bin ich vor 8 Tagen auf Himmeleins (aus unserem Zug) Station nach Altrethel gekommen. Es gefällt mir jedoch nicht besonders. Die Schwester ist ein zweiter „Sanitäterschreck" und soll schon über 20 Pfleger gehabt haben.

Gestern kam unsere Winterwäsche; 1 schönes Hemd, 1 wollene Jacke, 1 Paar Handschuhe und 1 Paar Socken.

Am 21. kommen auch wieder 3 Ersatzleute, darunter mein Stubengenosse von der Karlshöhe, Bohnenberger. Er war natürlich sehr erfreut, gleich einen Bekannten zu finden. Es geht immer noch recht streng her. Das Lazarett ist ständig überfüllt, so daß ein Teil der Kranken in einer Scheune untergebracht werden muß. Alle 2 Tage werden die Baracken zur Hälfte oder darüber geleert und die Kranken mit Kranken- oder Lazarettzug nach Deutschland geschickt. Aber 10 Minuten darauf ist schon wieder alles voll belegt.

Ende dieser Woche gibt es wieder Urlaub, so daß ich bestimmt hoffe im Laufe des nächsten Monats kommen zu können.

Mit herzlichem Gruß Ottmar

Falscher Verdacht, 13. 11. 1915

Liebe Eltern!

Da ich letzte Nacht Wache gehabt habe, will ich wieder mal einen Brief schreiben. Solange ich Tagesdienst habe, ist die Zeit eben furchtbar knapp bemessen. Tagsüber ist man immer vollauf beschäftigt. Wenn man dann um ½8^{h} heimkommt und das Abendbrot gegessen hat, ist es 8^{h}. Müde ist man dann auch. So macht man ein Stündchen einen Gaigel und legt sich dann in die Klappe. Den Kuchen und Ochsenmaulsalat habe ich erhalten. Besten Dank dafür! Besonders auch für den lieben Brief. Von Tante Elsa bekam ich vor etlichen Tagen eine Büchse Marmelade. Von Walter habe ich auch nachträglich ein Geburtstagspäckchen bekommen mit einer Streichwurst, einer Tube Tafelsenf und Tafel Schokolade.

Die Königin-Geburtstagsfeier war nicht von einer bestimmten Person, sondern von Württembergischen Landesverein des Roten Kreuz gestiftet. Schließlich habe ich durch Vermittlung meines früheren Rektors Hüfle die vierte Liebesgabe deutscher Hochschüler „Unter deutschen Eichen“ erhalten. Es ist dies ein Bändchen von 270 Seiten und zum Teil sehr schönen Sachen.

Neulich bin ich auch um billiges Geld zu einem französischen Fahrrad gekommen. Es besitzt zwar keine Bremse, die jedoch leicht durch den Schuh ersetzt werden kann. Wenn ich es nur zuhause hätte, Hermann und Kurt hätten immer ihren Spaß damit. Ich habe nur den Schlauch zur Fahrradpumpe verloren, weshalb ich für die Zusendung eines solchen sehr dankbar wäre.

Bei der letzten Nachtwache wäre ich fast in Ungelegenheiten gekommen. In derselben Nacht ist im Kohlenmagazin eingebrochen worden und der Verdacht fiel, wie ist mir heute noch rätselhaft, auf mich. Natürlich protestierte ich dagegen, ebenso mein Stationsführer. Schließlich sollten die gesamten eine Strafnachtwache bekommen, was jedoch bis jetzt nicht geschehen ist und auch nicht geschehen wird.

Mit dem Urlaub ist es immer noch eine zweifelhafte Sache. Morgen kommt ein Kamerad, der etliche Wochen krank gewesen ist, zurück. Diesen will der Zugführer als Ersatzmann dabehalten, wenn einer in Urlaub fährt. Wenn die Sache so weit klappt, fahren jedoch erst zwei andere Kameraden, die älter sind als ich, nacheinander in Urlaub, so daß ich 4 Wochen später, also Mitte Dezember, fahren könnte. Vorausgesetzt, daß nicht etwas anderes dazwischen kommt.

Das Bildchen, das ich in einem anderen Kuvert schicke, zeigt das Gartenhäuschen zwischen Pfleger- und Schwesternkasino. Sonst habe ich in letzter Zeit bei dem kalten, nassen Wetter nicht viel photographiert. Sonst geht es mir gut.

Mit herzlichem Gruß an alle Ottmar.

Überraschender Nachtdienst, 14. 11. 1915

Liebe Eltern!

Eben schrieb ich gestern Abend die Adresse zu dem Brief, da kam eine Ordonnanz vom Oberzugführer mit der Hiobsbotschaft, ich müsse in Neurethel für einen krank gewordenen Nachtwache machen. Schleunigst mußte ich mich anziehen, denn es war schon ¾7^{h}. Außerdem hatte ich tagsüber fast gar nicht geschlafen, da ich damit gerechnet hatte bei Nacht ausschlafen zu können. Heute weiß ich nun wieder nicht, was ich zu tun habe. Wenn mir nichts besonderes gesagt wird, mache ich jedenfalls keine Nachtwache. Der Vertretungsdienst für die Urlauber ist heute gekommen, so daß der eine in nächster Zeit fahren <kann>. Unter Umständen könnte ich über Weihnachten Urlaub nehmen, was natürlich sehr schön wäre.

Das Paket mit Backwerk und Schokolade habe ich erhalten. Besten Dank dafür! Fräulein Belschner habe ich geschrieben.

Mit herzlichem Gruß Ottmar

Die „Freuden" des Wechseldienstes, 19. 11. 1915

Liebe Eltern!

Die beiden Pakete mit Kuchen habe ich erhalten. Besten Dank dafür! Ich hatte am selben Tag Nachtwache und war erst um ½7h aufgewacht, so daß ich keine Zeit mehr hatte zum Öffnen. Da hab ich es einfach mit auf die Nachtwache genommen und die Nacht über das eine Paket ganz und das andere halben aufgegessen. Am andern Tag kam dann ein schöner, langer Brief. Die Dekoration des Altars am Ernte- und Herbstdankfest mag schön gewesen sein. Es freut mich, daß es Dir auch heuer wieder so gut gelungen ist. Gegenwärtig habe ich keine Nachtwache mehr. Ich darf nun wieder den angenehmen Wechseldienst machen. Jeden Tag in einer anderen Baracke. In jeder Baracke ist das Zeug an einem anderen Platz, so daß man sich nie richtig auskennt. Auch die Kranken und Schwestern lernt man nie kennen bei 10–12 verschiedenen Baracken. Ich war beim Lazarettinspektor und er versprach mir, mit dem entsprechenden Stationsführer zu sprechen, aber offenbar hat er vergessen, so daß es beim Alten bleiben wird. Solange ich jetzt Nachtwache habe, bin ich eigentlich noch nie in eine besondere, schwierige Lage gekommen außer einer schweren Lungenentzündung. Überhaupt vergeht einem gegenwärtig fast die Freude und Liebe zur Arbeit, denn was wirklich ins Lazarett kommt, sind größtenteils Drückeberger, die sich zudem recht frech aufführen und einem Schwierigkeiten in den Weg legen. Einer benahm sich kürzlich dermaßen frech gegen den Pfleger, daß dieser ihn dem Stationsarzt meldete, der ihm 3 Tage Loch gab. Bei der Visite liegen sie todkrank im Bett und es fehlt ihnen überall. Nachher findet man die Herren in der Sachsen- oder Bayernbeize oder im Kino.

Ich will sehen, wie es mit dem Urlaub wird. Der eine kommt am 26. 11., dann fährt der Zweite und kommt am 10. 12. wieder. Dann käme ich. Ich müßte dann aber gerade am Heiligen Abend wieder fort, wodurch natürlich beiderseits die Weihnachtsfreude getrübt würde. Ich will deshalb versuchen, ob ich nicht etliche Tage später fahren kann. Wenn Schneck solche Fortschritte macht in der Schreibkunst, soll er mal einen kleinen Brief schreiben. Ich bringe ihm dann etwas mit. Unser Zugführer Landrichter Roth aus Heilbronn ist zum Staatsanwalt befördert worden und kommt in nächster Zeit weg. Wer an seine Stelle tritt, wissen wir noch nicht. Der Gruppenführer Himmelein, der vielleicht an seine Stelle tritt, ist gegenwärtig krank, ebenso 4 andre Kameraden. Mir geht es gut. Bin wenigstens immer gesund.

Seid nun alle herzlich gegrüßt! Auf baldiges Wiedersehen! Euer Ottmar

Dienst im Erholungsheim, 30. 11. 1915

Liebe Eltern!

Heute finde ich mal wieder Zeit zum Schreiben. Ich habe den Schauplatz meiner alten Tätigkeit ganz verlassen und bin nun in ein ganz neues Lazarett versetzt worden, in die sogenannte Mädchenschule. Dieses Lazarett hatte lange Zeit als Haut- und Tripperstation gedient und ist nun in eine Art Erholungsheim verwandelt worden. Bis jetzt sind 3 Zimmer belegt mit insgesamt 40 Mann. Der Betrieb ist ähnlich wie in einer Kaserne. Sie müssen ihre Zimmer selber fegen und wischen, selbst das Essen holen und das Geschirr aufwaschen usw., so daß ich selbst nicht viel zu tun habe. Ich gebe nur die Anleitung und schreibe die Zettel für all das Verschiedene, was tagsüber gefaßt werden muß. Aber trotzdem würde mir der Posten nicht auf die Dauer gefallen. Man ärgert sich den ganzen Tag mit der Gesellschaft. Jeder drückt sich eben um die Arbeit, so gut er kann.

Am 13. oder 14. abends werde ich hier wegfahren. Um ½10^{h} vormittags bin ich in Stuttgart und werde dann 1^{29h} in Kirchheim sein.

Besten Dank für den Brief und die beiden Pakete! Von Herrn Herzogs habe ich ein Paket mit Backwerk bekommen, von Schultheiß Maier 2 Schokoladetafeln und ein Büchlein: „Tagebuch eines bösen Buben". Gestern haben wir auch etwas Bier getrunken. Am Schluß ging es, wie jedesmal, etwas saumäßig zu.

Mit herzlichem Gruß Ottmar Auf baldiges Wiedersehen!

Zurück in Rethel, 27. 12. 1915

Liebe Eltern!

Bin wieder gut hier angekommen. Um ½4^{h} war ich in Charleville und fuhr mit dem fahrplanmäßig um 6^{h} gehenden Zug weiter, der jedoch über eine ½ Stunde Verspätung hatte, so daß ich um 8½^{h} hier war.

Werde in den nächsten Tagen mit noch 2 von meinem Zug gemustert. Über die Zeit der Einziehung ist noch gar nichts bekannt. 70% vom Zug sind kriegsverwendungsfähig, 50% sollen eingezogen werden.

Mit herzlichem Gruß Ottmar

Musterungstermin, 28. 12. 1915

Liebe Eltern!

Wünsche Euch allen ein glückliches Neues Jahr und wünsche, daß Ihr immer gesund bleibt. Am 2. 1. müssen wir 3 Urlauber zur Musterung. Vom hessischen Landesverein vom Roten Kreuz hat jeder ein Paket bekommen: Keks, Brieftasche und Konservenbüchse. Von Onkel Hermann habe ich „Klassisches Liederbuch von Emmanuel Geibel“ bekommen.

Mit herzlichem Gruß! Ottmar

Ein unerfreuliches Ergebnis, 2. 1. 1916

Liebe Eltern!

Heute war der große Tag der Musterung. Im ganzen warens etwa 150 Mann. Glücklicherweise kamen wir 3 Württemberger ziemlich bald dran. Zuerst kamen etliche Schlesier, weil der untersuchende Oberstabsarzt selbst einer ist. Dann kamen wir und zuletzt die Sachsen. Bei der Musterung spielte sich folgendes Gespräch zwischen mir und dem Oberstabsarzt ab. „Waren Sie schon mal krank?“ „Nein, H.O.“ „Hatten Sie mal Gelenkrheumatismus?“ „Nein, H.O.“ „Wie alt sind Sie?“ „19 Jahre, H.O.“ „So sehen Sie aus, gehen Sie auf die Augenstation!“ Ich ließ meine Augen untersuchen und das Endresultat war – ich war wie aus den Wolken gefallen – nicht verwendungsfähig. Es ist mir ganz unverständlich, warum ich nicht verwendungsfähig sein soll. Ich hab mich schon gefreut, endlich vom Roten Kreuz loszukommen und nun bin ich dazu verurteilt, während der ganzen Kriegszeit diesen faden Dienst zu machen.

Wenns mir zu dumm wird und der Krieg noch zu lange dauert, dann melde ich mich noch mal freiwillig. Vielleicht werde ich dann genommen. Es wäre eben auch in der Hinsicht günstig, wenn ich jetzt noch ein halbes Jahr Soldatenlos tue, dann hätte ich damit gleich mein Einjähriges abgedient. Aber nun läßt sich vorerst eben nichts machen.

An Sylvester wars ganz schön bei uns. In allen Sälen und Baracken gab es Punsch, Zwieback, Keks und dgl., wovon wir natürlich auch unser Teil bekamen. Dann gab es in der Pflegerstube wieder Punsch und endlich noch mal im Quartier. Der Zugführer, ich und etliche andere Kameraden kauften ein Dutzend Flaschen Rumessenz und brauten ein hochfeines Getränk. Allerdings gings auch diesmal nicht ganz friedlich aus. 2 von unsrer Stube johlten bis $^{1}/_{2}3^{h}$, so daß der Zugführer sie noch zur Ruhe verweisen mußte.

Seit ich wieder hier bin, habe ich auch wieder ein Paar Schnürschuhe und Rohrstiefel gefaßt. Sinn war noch ein paar Tage auch hier und läßt Euch alle, besonders Walter, herzlich grüßen.

Heute Abend war noch mal große Neujahrsbescherung. Unter die Kranken und uns 3 Pfleger wurden Pakete verlost.

In meinem war ein Taschenmesser, eine kurze Pfeife, ein Päckchen Tabak, ein geschnitztes Zigarrenröhrchen, Hosenträger, Briefpapier und ein Taschentuch.

Liebe Mutter, den Brief habe ich heute Abend erhalten, er hat mich sehr gefreut. Meine beiden Karten werdet Ihr wohl erhalten haben. Das Bildchen ist sehr nett geworden und freut mich immer wieder.

Seit 22. 12. bekommen die Urlauber 21 Mark Verpflegungsgeld. Wäre ich 8 Tage später gefahren, so hätte ich es auch bekommen. Onkel Hermann hat mir geschrieben, daß er in dieser Woche zu Euch kommen will. Wenn er noch da ist, könnt Ihr ihm sagen, daß ich das Buch erhalten habe und ihm nochmals bestens danke. Nun weiß ich nichts Neues mehr.

Es grüßt Euch alle herzlich Euer Ottmar

Walter wird wohl noch da sein.

Das Fahrradventilschläuchle, 12. 1. 1916

Liebe Eltern!

Das Paket mit Lebkuchen habe ich erhalten. Da es voraussichtlich die letzten sind in diesem Jahr habe ich sie mit besonderem Verstand gegessen. Zu dem Likör von Tante Amalie schmeckten sie vorzüglich.

Schreibt mir auch das nächste Mal, ob die 13 Mark für meine Brille angekommen sind. Gestern habe ich 20 Mark weggeschickt und heute Abend „Das Tagebuch des bösen Buben“. Hoffentlich kommt alles gut an.

Liebe Mutter! Heute habe ich deinen Brief erhalten. Er hat mich sehr gefreut und mich einigermaßen über mein Schicksal getröstet. Offenbar haben noch mehr außer mir den Gedanken, sich freiwillig zu melden. Heute kam ein Erlaß heraus, worin es hieß, es werden in nächster Zeit Angaben gemacht über die Zeit der Einziehung. Vollständig zwecklos sei es, sich freiwillig zu melden, da solche Gesuche gar nicht berücksichtigt werden. Ich habe gegenwärtig Nachtwache im Refektorium, aber nur 4 oder 5mal. Der Dienst hier unten ist zwar etwas anstrengend, gefällt mir aber ganz gut. Früher waren in dem Saal 6 Pfleger und 2 Schwestern, und jetzt grade noch die Hälfte, wovon ein Pfleger ständig Nachtwache hat.

Übermorgen fahre ich wahrscheinlich mit einem anderen aus unserem Zug, der auch mit im Saal ist, nach Charleville. Heute habe ich 2 Schwerkranke, einen mit schwerer Lungenentzündung und einen mit schwerer Nierenentzündung. Hier schicke ich ein Bildchen vom Saal mit, das übrigens nicht besonders gut geworden ist. Der, den ich knipsen ließ, nebenbei ein Zahnschlosser, belichtete zuerst nur 5 Sekunden in dem dunklen Saal. Da dies natürlich viel zu kurz war, rief ich ihm zu, er solle eben noch mal belichten und zwar 20 Sekunden diesmal, wie ich ihms ursprünglich gesagt hatte. So kommt, daß verschiedene doppelt und das ganze Bild unscharf geworden ist.

Mit meinem Fahrrad habe ich auch Pech gehabt. Der eine Schlauch hatte ein Loch bekommen, das denn auch bald geflickt war, aber nun konnte ich das Rad nicht aufpumpen, weil das Schläuchle nicht auf das Ventil paßt. Die Höhlung des Gewindes am Schläuchle ist zu kurz für das Ventil, so daß das Gewinde des Schläuchles die entsprechende Schraube des Ventils kaum noch erfaßt und beim Pumpen sämtliche Luft daneben geht. Vielleicht findet Hermann in Heilbronn ein solches Schläuchle oder kann er vielleicht ein solches in seiner Werkstatt um 3–4 Millimeter tiefer ausbohren. Ich wäre ihm sehr dankbar, weil man hier auch in Charleville keine solchen Schläuchle erhalten kann.

Seid nun alle herzlichst gegrüßt von Eurem Ottmar

Das angekündigte Kuchenpaket kommt wahrscheinlich morgen.

Ledige für die Seuchenstation, 22. 1. 1916

Liebe Eltern!

Heute langts nur ein Kärtchen. Brief folgt, wenn ich Zeit habe. Für das Paket danke ich bestens! Von morgen an bin ich wieder in der Seuche, weil ein Armeebefehl herausgekommen, wonach in der Seuche nur ledige Pfleger verwandt werden sollen wegen Ansteckungsgefahr. Auf diesen schlauen Gedanken hätten sie schon lang kommen können. Jetzt ist die Hauptsache vorbei, aber ich bliebe viel lieber oben in meinem Saal. Besonders hat es mich gefreut, daß sich Vater einmal zu einem Briefchen aufgeschwungen hat. Da die Zigarren schon in Rauch aufgegangen sind, muß ich eben bald mal wieder welche schicken.

Mit herzlichen Grüßen! Ottmar

Kaisers Geburtstag, 31. 1. 1916

Liebe Eltern!

Schon lange werdet Ihr auf den versprochenen Brief warten, aber ich hatte tatsächlich bis jetzt keine Zeit. Wie ich ja schon geschrieben habe, bin ich wieder einem Armeebefehl zufolge in der Seuche eingesetzt worden und gehöre nun dem Jungesellenbündlern. Gerade ich mußte natürlich wieder den angenehmen Wechseldienst erhalten. Der Stationsführer versprach mir, mich auf der Offiziersstation ständig zu machen, wo ich einen ganz angenehmen und verhältnismäßig leichten Dienst hätte. Bis jetzt ist jedoch nichts daraus geworden. Es gibt immer viel Arbeit, besonders, wenn abends noch Zugänge kommen, wird man vor ½8^{h} kaum fertig.

Heute habe ich nun einmal frei gehabt. Da unser Hausknecht gegenwärtig in Urlaub ist, mußte ich heute Zimmerdienst machen. Ich mache jetzt eben einen Eimer voll Kaffee auf heute Abend. Im übrigen habe ich heute kopiert. Meine feldgraue Soldatenhose habe ich heute auch gewaschen, gebügelt wird sie noch heute Abend.

Kaisers Geburtstag haben wir natürlich tüchtig gefeiert. Morgens von 7^{h} bis 8^{h} wurde mit allen Glocken zusammen geläutet. Um 11^{h} war Gottesdienst in der Kathedrale. Ein Divisionspfarrer hielt die Festrede. Dazwischen hinein trugen ein Chor von Pflegern und Schwestern unter der Leitung unseres Zugführers etliche Lieder vor. Nach der Kirche spielte die Regimentsmusik des Reserveregiments 122 auf dem Marktplatz. Der anwesende General schritt die Front ab, dann wurde die Parole ausgegeben. Der General hielt noch eine kurze Ansprache und brachte ein dreifaches Hoch auf den Kaiser aus. Abends gabs dann Bier und Punsch und die Verlängerung bis 12^{h}.

Ich will nur sehen, was sie mit Walter machen, wo er ausgebildet wird. Von uns ist bis jetzt noch keiner eingezogen worden. Jedoch sollen die Tauglichen von 18–20 in nächster Zeit eingezogen werden. Der Urlaub ist seit 27. 12. wieder gesperrt. Offenbar steht eine große Offensive von unsrer Seite bevor.

Von Tante Pauline habe ich eine große Dose Quittengesälz bekommen, von Luise eine Schachtel Kriegsbrot. Ich befürchte, daß die letzte Nachricht von hier verloren gegangen ist, denn die letzte Nachricht kommt vom 16. 1. und heute ist der 31. Mir geht es soweit ganz gut. Bin wenigstens gesund. Ihr hoffentlich auch alle. Da fällt mir eben ein, der Bohnenberger, der mit mir auf der Karlhöhe war und vor 6 Wochen gekommen ist, hat schon Typhus und scheints auch Rippenfellentzündung. Der Typhus scheint jedoch nur leichterer Art zu sein.

Mit herzlichem Gruß an alle! Ottmar

Zu Mutters Geburtstag, 2. 2. 1916

Liebes Mütterchen!

Zu Deinem heutigen Geburtstag gratuliere ich Dir herzlich! Möge Dich der liebe Gott noch recht lange erhalten. Vor allen wünsche ich Dir im neuen Jahr eine gute Gesundheit. Auch möge Dir das neue Jahr möglichst viel Freude bringen und die Zahl der trüben Tage eine möglichst geringe sein. Hoffentlich können wir Deinen nächsten Geburtstag alle zusammen zuhause feiern. Hier schicke ich Dir ein kleines Geburtstagsgeschenk. Es stammt von Charleville. Hoffentlich kommt es ganz an.

Heute habe ich auch das Päckchen mit Lebkuchen bekommen. Davon, daß ich Dir böse sei, weil längere Zeit nichts gekommen ist, kann natürlich gar keine Rede sein. Im Gegenteil hatte ich ein schlechtes Gewissen bei der Sache. Da ich ja noch einen Brief schuldig war, so dachte ich nicht anders, als Ihr sagtet Euch, solange der nicht schreibt, schreiben wir auch nicht. Den Brief habe ich gestern früh abgeschickt. Hoffentlich kommt er an.

Von Georg Geprägs habe ich gestern auch ein Päckchen bekommen mit 2 Rippchen, ein paar Zigarren und Zwieback. Papa soll sich die Zigarren gut schmecken lassen und Dir an Deinen Geburtstag eine gute vorrauchen. Wenn er diese geraucht hat, kommt eine frische

Sendung. Ich schicke beide Päckchen miteinander ab. Im übrigen ist alles beim alten und ich weiß nichts besonderes zu beschreiben.

Es grüßt Euch alle und besonders Dich, liebe Mutter, Euer Ottmar

Verleihung der Rotkreuzmedaille, 16 .2. 1916

Liebe Eltern!

Eure lieben Briefe so wie die beiden Pakete habe ich erhalten. Herzlichen Dank dafür! Daß meine Pakete so pünktlich ankamen, freut mich, besonders auch daß Dein Geburtstag, liebe Mutter im ganzen so schön verlaufen ist. Die Würstchen habe ich vorschriftsmäßig behandelt und sie haben so auch ganz vorzüglich geschmeckt. Von Onkel Hermann habe ich ein Paket mit Konditorwaren bekommen, von Tante Lechner eines mit einer Hartwurst, einer Schokoladentafel und „Tausendundeine Nacht". Wie ich Euch ja schon auf einer Karte mitgeteilt habe, habe ich Sonntag, den 6. Februar die Rotkreuz-Medaille bekommen. Unser Delegierter hat dabei eine kurze, kernige Ansprache gehalten, wobei er betonte, daß wir dem Vaterland mindestens ebenso gut dienen wie der Soldat mit der Waffe und daß wir unsre Medaille mit dem Stolz tragen sollen, <zu> dem die Verleihung einer Medaille durch den obersten Kriegsherrn berechtigt.

Gegenwärtig gibt es sehr viel Arbeit bei uns. Täglich eine Masse Zugänge, so daß man immer über die Zeit arbeiten muß und man am Abend ordentlich müde ist. Aber schwere Typhusfälle kommen nur mehr ganz selten vor. Die meisten, die gegenwärtig kommen, sind kurz gesagt Drückeberger.

Jetzt ist bald Königs Geburtstag, den wir natürlich feierlichst mit einem Faß Bier begehen wollen. Ein bestimmtes Programm haben wir noch nicht. In letzter Zeit haben wir immer sehr schlechtes Wetter gehabt, Sturm und Regen. Hoffentlich haben die paar Frostnächte den Knospen nicht zu sehr geschadet. Bei Euch wirds auch ähnlich sein. Das Ventil kann ich nicht gut schicken, weil ich den ganzen Schlauch schicken müßte, aber wie ich ja schon näher beschrieben habe, genügt es, wenn das Gewinde des Schläuchle um 3–4 Millimeter tiefer ausgebohrt wird. Ich schicke hier 3 Karten mit, die ein Soldat selbst gezeichnet hat. Sie sind alle 3 von derselben Ortschaft.

Damit will ich für heute schließen. Es grüßt Euch alle Euer Ottmar

Zensur, 5. 3. 1916

Liebe Eltern!

Die beiden Pakete mit Kuchen und Waffeln habe ich erhalten, ebenso den lieben Brief. Für alles meinen herzlichsten Dank! Daß Eure Arbeit für das Rote Kreuz so schön belohnt worden ist, freut mich herzlich und ich gratuliere Vater bestens dazu. Verdient habt Ihr ja beide eine Auszeichnung.

Gegenwärtig haben wir immer viel zu tun, wie Ihr Euch wohl denken könnt. Meine Baracke ist wirklich ständig voll belegt. In letzter Zeit habe ich einige Aufnahmen gemacht. Von meiner Baracke, in der ich jetzt ständig bin, schicke ich das nächste Mal ein Bild mit.

Zu Königs Geburtstag habe ich den ganzen Zug aufnehmen müssen. Der Delegierte steht auch mit drauf. Abends haben wir ein anständiges Faß Bier getrunken. Unser Zugführer hatte einige Lieder eingeübt und der Delegierte hielt eine Ansprache und brachte ein Hoch auf den König aus.

Das Wetter ist scheints bei Euch auch nicht besser wie bei uns. Bei uns regnets und schneits seit 8 Tagen und wir hatten einige Tage starkes Hochwasser. Ich will und kann leider diesmal nicht so ausführlich schreiben, weil die gesamte Post einer scharfen Zensur unterworfen ist. Sämtliche Briefe müssen offen abgegeben werden.

Schließlich möchte ich Dir, lieber Vater, schon im Voraus zum Geburtstag gratulieren, ich schreibe aber noch eine Karte. Das Geburtstagsgeschenk kann ich leider noch nicht schicken, da Pakete nicht befördert werden, aber ich denke, eine kleine Nachgeburtstagsfreude schadet auch nichts. Gepackt ist schon alles und sobald die Sperre aufgehoben wird, schicke ich es weg. Walter wird wohl vor seinem Physikum nicht mehr eingezogen werden. Wann das Examen ist, werdet Ihr wohl auch nicht wissen. Für heute weiß ich nun nichts mehr.

Es grüßt Euch alle recht herzlich Euer Ottmar

Revierkrank, 10. 3. 1916

Liebe Eltern!

Mit herzlichem Dank habe ich heute das Paket und die Karte erhalten, beide mit der Freudenbotschaft von Walters gelungenem Examen. Ich gratuliere ihm natürlich herzlich zu diesem schönen Erfolg und schicke ihm demnächst eine kleine Belohnung. Jetzt wird er sich aber erst einige Wochen erholen und auf seinen Lorbeeren ausruhen, bevor er sein neues Semester antritt.

Ich bin in letzter Zeit auch ein paar Tage revierkrank gewesen. Letzten Dienstag war ich schon den ganzen Tag nicht recht wohl und abends hatte ich eine so entzündeten Hals, daß ich fast kein lautes Wort mehr heraus brachte. Meine Schwester gab mir ein Fläschchen Wein mit zu einem Glühwein. Auf dem Heimweg hats mich aber trotz des Mantels gefroren wie einen nassen Pudel. Der Glühwein hat mich dann ordentlich aufgewärmt. Dann bin ich gleich ins Bett.

Am andern Tag bin ich zuhause geblieben und mittags an die neue Flugstation hinausgegangen, weil ich am nächsten Tag wieder in den Dienst wollte. Dabei habe ich mir scheinbar einen Schnupfen geholt, so daß ich auch am Donnerstag noch mal zuhause bleiben mußte. Überhaupt sind sehr viele Pfleger und Schwestern krank. Auch bei Euch drinnen muß die Influenza wieder Mode sein. Es ist aber auch kein Wunder bei dem Wetter, wirklich. Gestern ein lauer Frühlingstag, heute 7 Zentimeter Schnee. Wie mich heute morgen meine Schwester und die Patienten wiedersahen, da waren sie alle hocherfreut, daß die Sache nun wieder aus ist und alles wieder in die alten Geleise kommt und alles klappe. Heute bin ich nun auf Nachtwache, um mich vollends auszukurieren. Ich denke, in einigen Tagen wieder den Dienst in meiner alten Baracke antreten zu können. Ich schicke diesmal ein Bild davon mit. Es ist heute eine schöne, kalte, sternenhelle Mondnacht, aber die ehernen Stimmen der Kanonen sprechen wieder einmal eine unheimliche Sprache. Eben erinnert mich mein vierbeiniger Pflegling daran, daß er auch noch am Leben ist. Es ist ein Sanitätshund.

Von Tante Elsa habe ich auch ein Paketchen Schokolade bekommen. Wie Ihr seht, geht es mir soweit ganz gut. Bin auch so ziemlich wieder gesund, was ich auch von Euch allen hoffe.

Mit herzlichem Gruß Euer Ottmar

Tod eines Genickstarrkranken, 13. 3. 1916

Liebe Eltern!

Gestern war ich in Gedanken mehr bei Euch zuhause als hier, da ich doch Vaters Geburtstag tüchtig mitfeiern mußte. Walter ist doch sicher noch in Kirchheim, so daß ihn die beiden Photographien erreichen werden, die ich gestern weggeschickt habe. Der Brief vom 10. 3. wird wohl inzwischen angekommen sein. Gestern und heute habe ich schwere Nachtwachen. Gestern war ich bei Genickstarrkranken, von denen zwei recht schlecht dran waren. Bei einem konnte es gestern schon ausgehen. Heute habe ich 3 andere Baracken und soll von Zeit zu Zeit in die gestrige hineinsehen. Heute ist nun der eine um ½11^{h} abgefahren, wobei wenigstens die letzten Stunden ruhig und schmerzlos waren. Ich habe dann gleich dem wachhabenden Arzt telephoniert, der seinen Tod feststellte, worauf ihn die Trägerwache in den Sezierraum schaffte. Ich bin begierig, wies dem andern vollends geht. Ein siebzehnjähriger Kriegsfreiwilliger liegt auch drin, aber dem gehts ganz gut. Otto Bader war kürzlich auch hier, leider nur für ein halbes Stündchen. Er will am 20. 3. wieder herkommen und einen mitklopfen (einen Dap) <*Skatspiel*>. Er läßt Euch alle bestens grüßen. Ich schicke hier ein Bild vom Quartier an Königs Geburtstag mit. Wen das andere Bild vorstellt, könnt Ihr wohl selbst erraten. Es ist allerdings nicht besonders gut geworden.

Mit herzlichem Gruß an alle, besonders auch an Walter, Euer Ottmar

Arbeiten und Feiern im Garten, 1. 4. 1916

Liebe Eltern!

Das Paket mit dem Brief habe ich heute erhalten. Herzlichen Dank dafür! Ebenso habe ich Hedwigs Pakete erhalten. Die Karte wird inzwischen schon angekommen sein. Zu Eurer Beruhigung kann ich Euch mitteilen, daß ich wieder ganz hergestellt bin, nachdem michs letzten Sonntag und Montag nochmals tüchtig gepackt hatte. Zudem bin ich jetzt schon wieder in einer anderen Baracke, aber es gefällt mir dort nicht besonders. Die Schwester dort ist so ein fürchterlich langsames Frauenzimmer, so daß ich heute abend die ganze Arbeit alleine machen mußte.

Liebe Mutter! Du hast Dich scheints in letzter Zeit sehr angestrengt. Überarbeite Dich nur nicht! Ich habe in unserem Garten auch ein Beet umgeschort, in dem ich Rettich säen will. Wenn Ihr übrigen Samen habt, könnt Ihr mir das nächste Mal etwas schicken. Mit dem Klavier ist es ja recht schnell gegangen. Ich bin begierig, wie es aussieht. Jetzt ist ja schon ein Stück wieder über die Hälfte, bis zum nächsten Urlaub vorüber. Wenn mal der April um ist, dann ists nicht mehr so sehr lang. Um 960 Mark ist es sicher ein schönes und gutes Klavier. Heute haben wir ein großes Gartenfest gehabt, wobei 36 Preise für Herrichtung der Vorgärtchen und für Gartenhäuschen ausgeteilt wurden. Ich schicke das nächste Mal ein Bild von der Baracke mit dem 1. Preis, der in einer Ziehharmonika bestand. Der

General von Hoch hat die Preise ausgeteilt und eine kleine Ansprache gehalten. Heute abend gabs dann Bier für die Kranken. Die Pfleger gingen natürlich leer aus.

Mit der Butter wird es bei uns allmählich auch etwas knapp. Seither bekamen wir nur einmal Marmelade. Jetzt gibts dreimal Marmelade, dreimal Butter und einmal Fett. Bei Euch wirds mit Fett und dgl. auch immer knapper werden. Morgen schicke ich auch mal wieder Geld fort und auch die Pakete von Papas Geburtstag schicke ich in den nächsten Tagen weg.

Bis dahin grüßt Euch alle herzlich! Euer Ottmar

Ein Jahr in Rethel, 15. 4. 1916

Liebe Eltern!

Wie ich schon gestern auf der Karte mitgeteilt habe, habe ich die beiden Pakete erhalten. Der Apfelkuchen und der Zwiebelkuchen, den ich heiß gemacht habe, haben vorzüglich geschmeckt. Gestern habe ich von Onkel Hermann eine Büchse Ochsenmaulsalat bekommen. Von Walter habe ich kürzlich auch eine Epistel erhalten, 4 Seiten lang, worin er mir von seinen neuesten Erlebnissen in der Zahnklinik erzählt. Daß er eine Patientin zwar nicht auf dem Boden herumgezogen hat, aber scheints doch ordentlich zugerichtet hat. Auch schreibt er, ich soll ihm bald wieder neue Landschaftsbilder schicken. Ich habe heute 2 Aufnahmen gemacht. Die eine ist ganz gut geworden, die andere ist ein wenig verwackelt, weil es sehr windiges Wetter war. Ich lege das nächste Mal Probebilder bei.

Liebe Eltern! Es ist nun bald ein Jahr her, daß ich in Rethel bin, am 23. 4. Es ist eigentlich doch schnell rumgegangen. Die Abfahrt in Stuttgart kann ich mir noch denken, wie wenn es gestern gewesen wäre. Heute fährt einer von denen, die mit mir gekommen sind, zum zweiten Mal in Urlaub. Sei's noch um Wochen, dann fahre ich auch wieder. Ostern steht jetzt auch vor der Tür, das erste Ostern im Felde. Letztes Jahr war es früher, so daß ich noch zuhause war. Eier dürft Ihr mir nicht zuviel schicken. Ich habe nämlich selbst ein Nest in einer Scheune, wo die Strohsäcke gestopft werden. Fast jeden Tag legt das liebe Federvieh ein Ei. Gewöhnlich hat man dann vom Mittag noch ein Stück Rindfleisch übrig, das in Stückchen geschnitten und in Butter gebraten wird, noch ein Ei daran gekleppert, schmeckt die Sache besser als der ewige Gummikäse Emmentaler.

Die neue Hose und die Schildmütze, die ich angefordert habe, habe ich im Lager erhalten. Da schon wieder Ausrüstungsgegenstände angefordert werden, habe ich auch eine Litewka <*ein bequemer Uniformrock*> und Schnürschuhe bestellt, so daß ich wieder ganz neu ausgerüstet bin.

Wir haben gegenwärtig richtiges Aprilwetter. Einmal scheint die Sonne, dann regnets, dann schneits. Wies ihm grade einfällt. Wie stehen denn die Blüten? Hoffentlich hat der Frost in den letzten Tagen nicht zu viel geschadet!

Mein Dienst wird nun bald wieder ein geregelter. Nachdem ich schon 14 Tage Wechseldienst gemacht habe, komme ich am Dienstag ständig auf Baracke 41, von der bisherige Pfleger um jeden Preis weg will, weil er mit der Schwester absolut nicht auskommt. Will sehen, ob ich besser mit ihr auskomme. Heute schicke ich auch die 4 Päckchen weg. Jetzt kommen sie gerade noch recht auf Ostern, so daß Vater wenigstens über die Feiertage was zu rauchen hat. Das größte von den Päckchen gehört Schneck. Wie mir Herr Bader erzählt hat, hat er ihm auch schon so eine russische Taube geschickt.

Gesund bin ich immer und es geht mir auch ganz gut. Hoffentlich seid ihr auch alle wohlauf!

Mit den besten Glückwünschen zum Osterfest grüßt Euch Euer Ottmar.

Schwimmkünstler in der Abortgrube, 19. 4. 1916

Lieber Walter!

Wie ich Dir schon auf der Karte, die Du wohl erhalten hast, mitgeteilt habe, habe ich deinen Brief erhalten. Er hat mich sehr gefreut. Ich lege hier zwei Aufnahmen bei. Leider ist die eine nicht nach Wunsch ausgefallen. Sie war zu kurz belichtet, obgleich doch eigentlich eine 1/25 Sekunde für eine sonnenbeschienene Landschaft hätte genügen sollen. Überhaupt ist wirklich das Wetter arg ungünstig. Wenn nächsten Samstag, 22. 4., wo ich wieder frei habe, das Wetter gut ist, mache ich wieder einige Aufnahmen. Ich schicke Dir von jeder Landschaftsaufnahme einen Abzug.

Der Typhus ist ganz bedeutend zurückgegangen. Ein positiver Fall ist schon eine ganze Ausnahme. Die Ergebnisse von den Blutuntersuchungen sind fast alle negativ. Dagegen haben wir eine Anzahl Flecktyphusverdächtige. Auch an Genickstarre sind in letzter Zeit verschiedene verstorben.

Zu Deinen ersten Zahnoperationen gratuliere ich Dir bestens. Bloß mußt Du einmal in deiner Privatpraxis etwas rücksichtsvoller mit Deinen Patienten umgehen und nicht da nebenher Metzelsuppe abhalten. Schwarz und Karl und Himmelein geht es gut. Schwarz hatte ja lange mit seinen Furunkeln zu tun, die aber jetzt alle geheilt sind. Bis vor kurzem hatte er ständige Nachtwache. Seit neuestem ist er bei einem Flecktyphusverdächtigen, bei dem er interniert ist.

Bei der Rettungsmedaille ging es so zu. Einer, der offenbar den Verrückten spielen wollte, sprang in den Abort, den er offenbar nicht für so tief gehalten hatte. Es ist dies eine ausgemauerte Grube von fast 4 Metern und bis zu 2½ bis 3 Metern war sie voll. Karl, der zufällig außerhalb der Baracke war, hörte die jämmerlichen Hilferufe und folgte der Richtung, bis er endlich merkte, daß sie von der Unterwelt kamen. Karl hat ihn dann mit Hilfe eines anderen rausgezogen. Die ersten Worte des geretteten Schwimmkünstlers sollen gewesen sein: Oh ich Esel! Wenn Dir Karl nächster Zeit mal schreibt, kann er es Dir ja selbst ausführlich schreiben. Himmelein waltet mit großer Umsicht und Weisheit seines Zugführeramtes, leitet Kirchenchöre, photographiert, geht ins Kasino oder vertreibt sich die Zeit sonst wie.

Kürzlich haben wir auch nach Bedarf neue Ausrüstungsstücke gefaßt. Ich habe eine neue Hose und Schildmütze angefordert. Gestern hatte er schon wieder eine Liste abgeschickt, auf der für mich eine Litewka und Schnürschuhe stehen, so daß ich wieder vollständig neu ausgerüstet bin.

Das Wetter ist unter allem Hund, wirklich ein richtiges Aprilwetter. Kein Tag ohne Regen! Aber es wird auch nicht besser sein bei Euch.

Mit dem Wunsch vergnügte Osterfeiertage grüßt Dich herzlich Dein Ottmar

In 7–8 Wochen komme ich auch in die Kirschenzeit!

Osterhase für Ernst, 23. 4. 1916

Lieber Ernst!

Damit du weißt, daß der Osterhase auch nach Frankreich kommt, schicke ich dir ein kleines Nest. Ich würde es ja doch nicht essen. Jeder von den Kranken hat so ein Nest mit 5 Zigarren, einer Orange und 2 gefärbten Eiern bekommen. Ich bin jetzt „ständig" in eine Baracke zu Masernkranken gekommen. Mein Vorgänger und die Schwester lebten wie Wolf und Schaf, so daß schließlich der Pfleger weichen mußte. Allerdings war er auch ein ziemliches Schwein. Der

Fußboden war ganz grau vor Dreck, so daß ich gleich mindestens 12 Eimer Wasser in die Baracke stürzte. Aber es dauert schon noch ein paar Tage, bis die Bude wieder richtig sauber ist.

Die beiden ersten Pakete und das andere zwei Tage darauf habe ich glücklich erhalten. Herzlichen Dank dafür! Die Eier und Schlegel habe ich mir gut schmecken lassen. Den Rettichsamen will ich heute säen. Hoffentlich geht er gut auf. Seit 3 Tagen haben wir prächtiges Wetter. Ihr werdet den Brief und die Pakete auch erhalten haben. Morgen habe ich wieder frei. Wenn es so schön ist wie heute, werde ich morgen Landschaftsaufnahmen machen. An Walter habe ich auch geschrieben, aber er wird schon in Kirchheim gewesen sein, als der Brief ankam.

Mit herzlichem Gruß Ottmar

Ausflug nach Sedan und Bazeilles, 15. 5. 1916

Liebe Eltern!

Den Hackbraten und die lieben Briefe habe ich erhalten. Besten Dank dafür! Der Braten war sehr gut, doch wäre dies wirklich nicht notwendig gewesen. Überhaupt, liebe Mutter, brauchst du dir wegen der Päckchen nicht lange den Kopf zerbrechen. Bei den vielen Marken, die jetzt eingeführt worden sind, ist dies ja fast ein Ding der Unmöglichkeit. Solange wir Brot haben, so viel wir nur wollen, ist es nicht schlimm. Butter oder Marmelade hat man ja meistens. Zudem kann man ja alles kaufen. Der Brief ist mir immer die Hauptsache. Lieber bloß ein Brief als ein Paket ohne Brief!

Meine Karte von Sedan aus werdet Ihr erhalten haben. Wir sind schon am Donnerstag abend 10^{15h} hier abgefahren und kamen Punkt 1^{h} in Sedan an, wo wir auf der Bahnhofssanitätswache übernachteten. Um 5^{h} machten wir uns auf die Socken und erreichten nach einer starken Stunde das Schlachtfeld von 14, wo 2 große, schöne Denkmale stehen. Dann kehrten wir in die Stadt zurück, sahen uns die ganze Stadt an und suchten gegen 11^{h} Sinn im Lazarett Asfeld auf, wo wir dann hochfein zu Mittag speisten. Da Sinn zufällig am Nachmittag frei hatte, besuchten wir die berühmte Gruft von Bazeilles, wo 1100 Bayern und 1000 Franzosen liegen. Letztere ganz offen: Schädel, Uniformfetzen, Knochen, Stiefel. Alles in schönstem Durcheinander. Um 5^{h} waren wir wieder in Sedan, wo wir noch einige Glas Bier tranken. 6^{01h} ging der Zug und um ½10^{h} waren wir wieder in Rethel. Glücklicherweise hat es an jenem Tag auch nicht geregnet, was es seit 14 Tagen sonst ununterbrochen hat. Mein Samen ist ganz schön aufgegangen, besonders die Rettiche. Aber wirklich wills noch immer nicht recht vorwärtsgehen.

Gegenwärtig mache ich wieder den edlen Wechseldienst. Vor wenigen Tagen haben wir nämlich 4 Ersatzleute bekommen, darunter einen katholischen Geistlichen. Dieser sollte einen anderen, der in Urlaub fährt, vertreten. Dieser machte vorher Wechseldienst. Da aber die Nonnen absolut nicht leiden würden, daß ein katholischer Geistlicher bei ihnen Pflegedienst macht, so mußte ich seinen und er meinen Dienst übernehmen, da ich eine Rotkreuzschwester habe. Wenn die 14 Tage rum sind, komme ich wieder auf meine alte Baracke. Meine alte Schwester ist übrigens auf Urlaub gefahren und kommt nachher auf die Offiziersstation, so daß die jetzige Schwester ständig dort bleibt. Ich komme sehr gut mit ihr aus und könnte mir überhaupt nicht gut einen besseren Posten denken. Seither waren 10 Mann drin, wovon morgen 4 wegkommen, so daß bloß noch 6 Mann drin sind.

Wie ich aus Vaters Briefchen erfuhr, mußte Walter nun doch ganz plötzlich einrücken. Bin auf seinen nächsten Brief begierig, wie ihm das Kasernenleben gefällt. Seine Bilder habe ich ihm auch geschickt. Seine Hauswirtin wird sie ihm nach Kirchheim geschickt haben.

Liebe Eltern! Mir geht es ganz gut soweit. Bin immer gesund, was ja bei Euch allen auch der Fall zu sein scheint. Wenn Schneck in seinem Lerneifer so fortfährt, dann ists ja schon recht und es wird ihm eben auch noch etwas Neues sein. Über meinen Urlaub habe ich mit dem Zugführer schon gesprochen. Wenn nichts dazwischen kommt, etwa eine Urlaubssperre, so kann ich am 21. oder 22. Juni fahren, also bloß noch fast 4 Wochen, bis ihr den Brief bekommt. Bis dahin gibts schon Kirschen. Nur darf dann das Regenwetter nicht mehr allzu lange anhalten.

Es grüßt Euch alle herzlich Euer Ottmar

Fahrradflickzeug, 23. 5. 1916

Liebe Eltern!

Die Karte sowie das Paket mit Brief darin habe ich mit herzlichem Dank erhalten. Herr Bader war letzten Freitag bei mir auf seiner Rückreise vom Urlaub und hat ein Paket mit Äpfeln und Kartoffeln von Herrn Herzogs mitgebracht und hat dann mit dem Nacht zu die Reise fortgesetzt.

Vor einigen Tagen habe ich mir ein anderes Rad gekauft, da das erste nicht in Stand zu setzen war. Bitte deshalb nur baldigst erstens um

1. ein Paar Handgriffe an der Lenkstange. 2. einen Schlauch für hinten. 3. Eine Tube Gummilösung, nicht zu klein. 4. Flickzeug, 5. Handpumpe mit Schlauch. Wenn Ihr einen alten Schlauch habt, könnt Ihr ihn mir auch schicken statt Flickgummi.

Das Nähere wegen des <*unleserlich*> im Urlaub schreibe ich im Brief, der bald folgt, sonst schicke ich Euch das Geld. Hermann kann ja in Heilbronn alles kaufen.

Mit herzlichem Gruß Ottmar

Leichter Dienst, 2. 6. 1916

Liebe Eltern!

Die beiden Pakete und den lieben Brief habe ich gestern mit herzlichem Dank erhalten. Luise danke ich ebenfalls bestens für ihr Paket. Ich war in letzter Zeit immer viel beschäftigt, tagsüber immer Dienst und abends nach dem Nachtessen habe ich mit einem Stubengenossen Gaslichtpostkarten gemacht von Barackenaufnahmen, wobei natürlich immer eine größere Anzahl bestellt wurde. Ich wohne jetzt nimmer in meiner alten Stube im ersten Stock, sondern im Parterre mit einem Walter aus Vaihingen (Fils) zusammen, einem ganz angenehmen Stubengenossen. Ich mache nächstens mal ein Bild von unserer Bude und uns beiden. Herr Bader hat mir gleich damals gesagt, wie es gegangen ist, daß es auch zu unsicher gewesen sei und vielleicht hätte ebenso gehen können wie das letzte Mal. Es wäre auch gar nicht nötig gewesen, denn wie ich schon das letzte Mal geschrieben habe, haben wir immer genug zu essen, in mancher Beziehung sogar entschieden mehr wie Ihr zuhause. Daß ich bei meinem ewigen Wechselfieber nicht mehr auf meiner alten Baracke bin, ist ja klar. Nachdem die14 Tage Wechseldienst rum waren, bin ich auf die Baracke 16 gekommen.

Dort sind solche Leute untergebracht, die mit einem Genickstarren zusammen in der Stellung gelegen haben. Bei diesen werden 2 Halsstriche gemacht und wenn der bakteriologische Befund negativ ist, kommen sie wieder an die Front. Diese können natürlich den ganzen Tag auf sein und etwas mithelfen. Jeden Nachmittag nach dem Kaffee ging ich dann bis zum Nachtessen mit ihnen spazieren, also kein allzu schweres Dasein. Seither hatte ich 10 Mann, heute sind 9 davon weggekommen, so daß ich nur noch einen habe. Es wird aber nicht allzu lange dauern, bis die Bude wieder voll ist. Wie es mit meinem Urlaub wird, kann ich noch bestimmt schreiben. Wenns gut geht, kann ich am 25. 6. abends wegfahren, es ist aber auch möglich, daß ich erst

14 Tage drauf fahren kann. Wollens mal abwarten! Ich bin begierig, ob vielleicht morgen das Paket mit dem Schlauch u.s.w. kommt, dann könnte ich abends bei schönem Wetter noch spazieren fahren. In den Urlaub kann ich es nicht mitbringen. Das Weitere dann mündlich!

Gestern hatten wir Appell und es wurde gefragt, was wir an Sommerwäsche brauchen. Ich habe 2 Paar Socken, 1 Paar Hausschuhe, Strohsohlen und ein Taschenmesser bestellt. Walter hat mir auch eine Karte geschrieben, worauf er mitgeteilt, daß sie schon Scharfschießen gehabt haben und er dabei ganz gute Erfolge erzielt hat. Will nur sehen, was sie mit ihm machen, wenn seine Ausbildungszeit rum ist.

Daß Georgs Vater krank ist, habe ich heute durch ein Kärtchen von ihm erfahren. Hoffentlich macht es sich wieder! Grade jetzt, wenn die strenge Zeit anfängt, wäre es sehr ungeschickt. Ich schreibe ihm morgen auch eine Karte. Mir geht es immer gut, hoffentlich seid Ihr auch alle gesund. Ich freue mich sehr, bis ich in Urlaub komme. Hoffentlich dauerts nicht mehr allzu lange.

Mit herzlichem Gruß an alle Euer Ottmar

Radfahrverbot in Deutschland, 18. 6. 1916

Liebe Eltern!

Heute komme ich mal wieder zum Briefschreiben. In letzter Zeit gabs ziemlich viel zu tun. Entweder war ich auf der Genickstarrenbaracke oder in einer Baracke, in der keine Schwester ist. Einerseits ist dies ja ganz angenehm, wenn man sein eigener Herr ist und man sich nicht immer von einer Schwester dreinreden lassen muß, andererseits hat man natürlich mehr Arbeit und muß den ganzen Tag in der Baracke bleiben. Gegenwärtig habe ich nun wieder Nachtwachen und zwar in 2 Zelten. Besonders einer macht viel zu schaffen. Er hat sehr schweren Magen- und Darmkatarrh und läßt fortwährend Blut und Schleim von sich. Es ist noch zweifelhaft, wie es mit ihm geht.

Liebe Mutter, die beiden Briefe und Pakete habe ich erhalten. Sie haben mich sehr gefreut, besten Dank dafür.

Vorgestern waren wir nochmals in Sedan und haben uns das Weberhäuschen in Donchery angesehen. Ich habe dann auch einige Einkäufe gemacht, kleine Erinnerungen, die ich aber in den Urlaub mitbringe. Wann ich in Urlaub komme, kann ich gegenwärtig weniger sagen als seither. Am 1. Juli soll nämlich mit der Einziehung der Kriegsverwendungsfähigen begonnen werden. Falls von den 3 Verwendungsfähigen einer eingezogen wird, so könnte ich bis Mitte Juli fahren, andernfalls bestimmt bis Ende Juli, vorausgesetzt natürlich, daß er nicht gesperrt wird.

Jetzt ist das Wetter besser geworden, so daß der Heuet richtig losgehen kann. Schneck soll seine Vakanz nur tüchtig ausnützen. Daß Hedwig solche Fortschritte macht im Klavierspielen, soll mich sehr freuen. Wenn sie mir was Schönes vorspielen kann, bekommt sie was von Sedan, was sie sicher freut.

Daß das Radfahrverbot Vater sehr ungelegen kommt, begreife ich wohl, aber es soll eben an Gummi gespart werden. Ich glaube daher kaum, daß es noch Schläuche zu Reifen gibt, die Größe wäre übriges dieselbe wie an Eurem zu Hause. Aber vielleicht kann Hermann oder Kurt ein paar Tuben Gummilösung auftreiben. Vielleicht ist bei Frau Schlosser und Klepfer noch was zu haben, ein Stück alten Schlauch habt Ihr vielleicht selbst. So geht schließlich die schönste Zeit rum und ich kann nicht fahren, weil ein Schlauch kaputt ist und hier ist doch nichts zu haben, auch in Sedan konnte ich nichts bekommen.

Da kommt mir übrigens eben der Gedanke, wenns nun doch mal vorbei ist mit dem Radfahren, so könnt Ihr mir ja einen Schlauch von Euren Rad schicken. Vor Friedensschluß wird der Befehl doch nicht aufgehoben, und damit wirds ja leider nicht so schnell gehen. Ich bringe Vater dafür ein Kistchen Zigarren mit.

So nun weiß ich nichts mehr für heute. Es grüßt Euch alle herzlich
Euer Ottmar

Urlaubspläne, 21. 6. 1916

Liebe Eltern !

Heute Mittag hab ich das Paket mit dem lieben Brief erhalten. Ich bin sehr überrascht, daß ihr seit dem 3. keinen Brief mehr erhalten habt. Ich habe in der Zeit zwei geschickt. Hoffentlich ist dann inzwischen wenigstens der 2. vom 18. 6. angekommen. Es geht mir natürlich sehr gut und bin vollauf gesund. Anfang Juli werden die Kriegsverwendungsfähigen bis zu 39 eingezogen, 17 Mann von unserem Zug. Unter ihnen ist auch einer von denen, die vor mir in Urlaub fahren sollten. Ich könnte demnach am 15. Juli abends fahren, wenn sonst nichts dazwischen kommt. Dies wäre sehr günstig, da in dieser Zeit Walter sicher einmal herkommen könnte. Vielleicht bekommt er auch nach Ablauf seiner Ausbildungszeit ein paar Tage Urlaub. Wir haben wirklich auch prächtiges, warmes Wetter. Dies ist besonders auch auf Nachtwache sehr angenehm. Bis 11^h ist es Tag und um 4^h grauts auch schon wieder. Da ich keine Schwerkranken habe, so kann ich auch draußen etwas Luft schnappen. Ich habe mir jetzt ein Kriegsalbum angelegt und photographiere wirklich wieder fleißig. Ich bringe es dann im Urlaub mit. Falls Ihr den Schlauch noch nicht weggeschickt habt, ist dies nicht nötig, da ich anderweitig einen bekommen konnte, aber die Gummilösung sollte ich notwendig haben, da ich sonst kein Loch flicken kann.

Auf baldiges Wiedersehen! Mit herzlichem Gruß Euer Ottmar

Lege hier ein Bild von unsrem Zimmer bei. Der mit der hellen Jacke ist mein Zimmergenosse.

Verlegungspläne, 3. 7. 1916

Liebe Eltern!

Die beiden Paketchen und den lieben Brief habe ich erhalten. Herzlichen Dank dafür! Die Kirschen waren noch schön frisch und schmeckten fein, obgleich es nicht die ersten waren. Ich habe einem französischen Kirschbaum schon mal einen Besuch abgestattet. Luise besten Dank für die Bonbons. Ich will mal sehen, wann ich mal den bestimmten Tag weiß, an dem ich fahren kann, aber ich hoffe, daß es um den 20. herum reicht. Es wäre zu schade, wenn ich Walter nicht mehr treffen könnte. Ich freu mich schon auf den Klebstoff, daß ich bei schönem Wetter auch ein wenig radfahren kann. Will sehen, ob ich es später nicht mitbringen kann. Jetzt scheint es auf allen Fronten wieder lebendig zu werden. Vielleicht ist es der letzte Entscheidungskampf, so daß man noch dies Jahr mit dem Frieden rechnen könnte. Im Lauf dieser und der nächsten Woche werden wahrscheinlich die Kriegsverwendungsfähigen von unserem Zug eingezogen werden. Und ich bin begierig, was mit unserem Zug wird; ob wir in Rethel bleiben oder ob wir einem anderen Zug von einem württembergischen Armeekorps eingegliedert werden. Schließlich besteht auch die Möglichkeit, daß wir auf einen Lazarettzug kommen oder auch, was unser Zugführer für sehr wohl möglich hält, daß vollends der ganze Zug nach Charleville kommt, wo sich schon eine größere Anzahl von unserem Zug befindet. Wir müssen eben mal abwarten. Ich hab wirklich Tagesdienst in meiner alten Baracke 39 mit einer fleißigen und freundlichen Ordensschwester.

Es grüßt Euch alle herzlich Euer Ottmar

Dauerregen, 10. 7. 1916

Liebe Eltern!

Das Paket mit dem lieben Brief habe ich gestern erhalten. Besonders der Klebstoff war mir hoch willkommen und ich hoffe, wenn wir nun schöneres Wetter haben, einige kleinere Touren machen zu können. Ihr werdet wohl auch dasselbe Wetter haben wie wir. Es regnet eben fast ununterbrochen. Wie man liest, hat es auch verschiedentlich gehagelt in Württemberg. Wir haben in unserem Garten einige Träubleshecken. Sie sind schön voll und die Beeren auch schön rot, aber so sauer, daß es einem den Mund von einem Ohr zum andern verzieht. Für das Getreide und die Kartoffeln muß dieses Wetter recht ungünstig sein. Mein Vorgänger fährt morgen abend in Urlaub, so daß ich am 26. fahren könnte. Bestimmt kann ich es natürlich nicht sagen. Es ist schade, daß ich Walter kaum mehr treffen werde. Wenn er in Württemberg verwendet wird, könnte ich ihn ja schon aufsuchen. Vielleicht kommt er auch in die westlichen Etappen nach Charleville oder so wohin.

Der Betrieb ist gegenwärtig nicht besonders streng, trotz der allgemeinen Offensive. Ich habe nur 7 Kranke, von denen alle bis auf 2 aufstehen dürfen. Von morgen oder übermorgen ab mache ich wieder Nachtwache auf 10–14 Tage. Es geht mir ganz gut, Euch hoffentlich auch.

Mit herzlichem Gruß Ottmar

Mandolinenunterricht, 1. 8. 1916

Liebe Eltern!

Wie ich schon auf der Karte mitgeteilt habe, die Ihr wohl erhalten habt, bin ich gut wieder hier angekommen und habe auch für 14 Tage ein ganz nettes Pöstchen erwischt. Etwas habe ich scheints doch vergessen mitzunehmen, wenigstens kann ich es hier nirgends finden. Ich meine das schwarze Brieftäschchen mit einer Reihe photographischer Aufnahmen und besonders einem Kouvert voller Vignetten, die ich sehr vermissen würde. Sodann hätte ich noch eine Bitte. Während meines Urlaubs haben wir einen neuen Ersatzmann, einen angehenden Bankbeamten aus Stuttgart erhalten, der vorzüglich Mandoline spielt, und es mir nebenher selbst beibringen will. Schickt daher bitte die meinige an: Krankenpfleger Hermann Kern, Enningen/ Reutlingen, der gegenwärtig in Urlaub ist, und am 14. 8. abends wieder hier sein muß. Vielleicht habt Ihr ein passendes

Kästchen oder einen genügend starken Karton. Natürlich bringe ich sie das nächste Mal wieder mit.

Was macht Walter? Wohl noch in Sontheim. Hoffentlich findet er noch Verwendung, bevor er nach Münsingen müßte. Von den mitgenommenen Vorräten ist noch nicht einmal die Hälfte aufgezehrt. An ein Paket ist natürlich vorerst gar nicht zu denken, womit ich jedoch nicht dasselbe von einem Brief sagen will. Mein Mobiliar hat sich inzwischen um eine neue Litewka, 2 Paar Socken, ein Paar Hausschuhe und ein umfangreiches Taschenmesser vermehrt, alles vom Württembergischen Landesverein.

Es grüßt Euch alle herzlich Euer Ottmar

Charlottenkreuz, 13. 8. 1916

Liebe Eltern!

Besten Dank für den lieben Brief. Ich werde ihn baldigst beantworten und auch einige Abzüge von meinen Aufnahmen beilegen. Vorgestern haben wir, d. h. 9 Mann vom Zug und eine Schwester, das Charlottenkreuz erhalten. Am Dienstag ist meine Zeit hier abgelaufen und ich komme dann wahrscheinlich wieder auf die Seuchenstation. Walter wird nun wohl nach Münsingen gekommen sein und mit dem Urlaub wird es jetzt auch für einige Zeit vorbei sein.

Mit herzlichen Grüßen Ottmar

Rat in Sachen Schule, 15. 8. 1916

Liebe Eltern!

Da ich heute frei habe, habe ich auch etwas Zeit für den versprochenen Brief. Heute früh kam der Urlauber zurück und brachte die Mandoline mit, wofür ich nochmals bestens danke. Es ist nur schade, daß zwei Saiten unbrauchbar waren, weil die Umwicklung an verschiedenen Stellen unterbrochen war. Aber der Kamerad, der mir die Kunst beibringen will, hat schon um neue Saiten und Spielplättchen geschrieben. Morgen komme ich jetzt wieder auf meine alte Station, wenn auch nicht auf meine alte Baracke. Immerhin habe ich in meiner nunmehrigen Baracke auch eine katholische Schwester.

Liebe Eltern! Ich möchte nun auf den Hauptpunkt meines Briefes zu sprechen kommen, nämlich auf Kurt. Ich halte es durchaus nicht für richtig mit dieser verhaßten Schulmeisterei Euch selbst das Leben zu verbittern und um die Gesundheit zu bringen. Ihr wißt ja selbst, wie sehr Ihr beide in den Nerven kaputt seid, besonders Mutter hat nichts nötiger als Ruhe und Hausfrieden. Was ist wichtiger und wertvoller, daß Kurt mit Ach und Krach sein Einjähriges besteht oder daß Ihr gesund und uns noch möglichst lange erhalten bleibt? Ich denke letzteres! Was doch zugleich in unser aller Interesse liegen muß, während ersteres in erster Linie in Kurts eigenem Interesse liegt. Wenn ihm ernstlich an dem Einjährigen gelegen ist, so kommt es dabei lediglich auf seinen Fleiß an. Meinen Ansicht ist die: Kurt soll während der Vakanz tüchtig *für sich* arbeiten, namentlich in Französisch, denn hierin kommt es hauptsächlich darauf an, daß er seine Sprachlehre gut im Kopf hat und sich einen ordentlichen Wortschatz aneignet. Mutter kann ihn ja von Zeit zu Zeit abhören. Nach der Vakanz würde ich ihn entweder in die Realschule in Heilbronn schicken oder in solch eine Anstalt wie in Kirchheim u. T. geben. Da er in Mathematik nicht so ganz unbegabt zu sein scheint und es in den andern Fächern, besonders in Geographie (als Postler) auch wieder in erster Linie auf seinen Fleiß ankommt, so könnte er ganz gut mitkommen, wenn nicht, so wäre ihm natürlich nicht zu helfen und die Folgen hätte er selbst zu tragen. Jedenfalls aber, ich betone das noch einmal, ist Eure Gesundheit mehr wert als dieses lumpige Einjährige. Ein ordentlicher Mensch kann er auch ohne dies werden und das ist schließlich doch die Hauptsache.

Nun aber noch ein bißchen was von anderem. Die Ernte wird jetzt so ziemlich unter Dach und Fach sein. Das Wetter war ja in den letzten 3 Wochen mehr wie günstig. Vielleicht haben sich auch die Trauben wieder etwas erholt.

<Schluß fehlt>

Unzufrieden in Rethel, 28. 8. 1916

Liebe Eltern!

Die beiden letzten Pakete mit den beiden lieben Briefen habe ich erhalten. Herzlichen Dank dafür! Vom Mehrstetter Pfarrhaus habe ich eine Karte erhalten, gleichzeitig von Walter einen Brief. Es gefällt ihm scheints soweit ganz gut. Will nur sehen, ob sein Gesuch zur Feldartillerie versetzt zu werden, genehmigt wird. Jedenfalls kann er es auf der Schreibstube auch aushalten. Müllers sind auch mal wieder da gewesen und Erich will Jus studieren. Ich glaubte, er wollte sich als Freiwilliger melden.

Bei uns geht wirklich das Gerücht, am 15. September sei noch mal einen Musterung. Ob dies richtig ist, weiß ich natürlich nicht.

Jedenfalls braucht man jetzt wieder notwendig Soldaten, nachdem Rumänien Österreich den Krieg erklärt hat. Wir paar Mann von unserem Zug haben es eben alle gründlich satt in Rethel. Es gibt eben ewig Reibereien mit den Sachsen und Preußen. Das beste wäre, wenn wir etwa auf einen Lazarettzug kämen oder nach Rußland oder dem Balkan. Es wäre mal eine Abwechslung.

Mit dem Mandolinespielen ist es noch nicht weit her. Einige leichte Liedchen kann ich ja zur Not klimpern, aber ich habe mir die Sache leichter vorgestellt. Wenn der Krieg noch lange genug dauert, kann ichs schon noch zu was bringen. Das Bildchen ist vor meiner Baracke gemacht worden. Meine Schwester ist allerdings nicht mit drauf, aber bei den beiden Nonnen habe ich auch längere Zeit gearbeitet. Mit dem nächsten Brief bekommen Schneck und Luise dann ihr Geburtstagsgeschenk. Worin es besteht, weiß ich freilich noch nicht.

Es grüßt Euch alle herzlich Euer Ottmar

An Tante Lechner und Luisens Muter habe ich geschrieben.

Auflösungsgerüchte, 3. 9. 1916

Liebe Eltern!

Die Karte von Vater habe ich heute mittag erhalten Sie hat mich sehr gefreut. Für das Kuchenpäckchen besten Dank. Er hat sehr gut geschmeckt. Von Walter habe ich gestern auch einen Brief bekommen, daß er am 11. nach Ulm kommt. Schließlich kommt er noch ins Feld.

Morgen kommt auch ein Teil der Sachsenzüge weg. Es heißt, das ganze freiwillige Personal soll allmählich aufgelöst werden. Der Dienst ist wirklich nicht sehr hitzig. Seit 8 Tagen haben wir nur 3 Mann Zugang gehabt. Man könnte meinen, es sei ein Waffenstillstand. Im Lauf dieser Woche schicke ich einige Paketchen ab und zugleich folgt ein Brief.

Mit herzlichem Gruß Euer Ottmar

Personalspekulation, 10. 9. 1916

Liebe Eltern!

Besten Dank für das Kuchenpaket, das mir sehr gut geschmeckt hat und die beiden lieben Briefe! Ich bin begierig, was aus Walter noch wird. Ob er noch ins Feld kommt. Wahrscheinlich wäre ihm das das Liebste.

Bei uns herrscht wirklich auch große Aufregung. Das ganze Personal der freiwilligen Krankenpflege hier soll durch Militärkrankenwärter abgelöst werden. Unser Chefarzt soll geäußert haben, bis 1. Oktober sei kein Sanitäter mehr in Rethel. Was kriegsverwendungsfähig ist, wird vollends eingezogen. Die übrigen sollen nach dem Osten kommen. Wieviel daran wahr ist, kann ich natürlich nicht sagen. Morgen schicke ich auch einige Pakete ab und zugleich 20 Mark, wovon Hermann seine 5 Mark bekommt.

Gestern, Samstag, habe ich frei gehabt. Mittags habe ich Brombeeren geholt, aber Ihr macht Euch gar keinen Begriff, wieviel es da gibt. In schwach 2 Stunden hatte ich 2 Kochgeschirre voll. Eine halbe Stunde kann man an einem Platz stehen und nur pflücken. Alles ringsum ist schwarz. Gestern habe ich feste photographische Artikel eingekauft von einem Kraftfahrer, der von hier wegkommt und seinen Kram los sein möchte: Zwei Dutzend Platten, 200 Zelluloid-Diapostkarten und eine Anzahl Vignetten, zusammen für 17 Mark.

Mir geht es immer gut. Die Arbeit ist auch nicht übermäßig, wirklich. Es ist so ein Pflegerüberschuß, daß wir jeden 3.–4. Tag frei haben. Am nächsten freien Tag will ich mal an die Front vor.

Mit herzlichem Gruß Euer Ottmar

Nächtlicher Bombenangriff, 18. 9. 1916

Liebe Eltern!

Besten Dank für die beiden letzten Pakete! Die Kuchen waren vorzüglich und auch das Quittengesälz schmeckte fein, aber mein Brombeergesälz schmeckt doch noch besser. Es ist nur schade für die Unmasse, die da zugrunde geht. Der Brief hat mich sehr gefreut. Die 20 Mark werden inzwischen angekommen sein. Heute habe ich auch das von Schneck so sehnsüchtig erwartete Päckchen mit noch 2 anderen abgeschickt. Ich hatte sie nämlich schon letzten Mittwoch auf die Post getragen, aber am Freitag kamen sie wieder, weil sie zu schwer waren. Hoffentlich gehen sie diesmal. Ein ½ Pfund ist eben arg nah beieinander. Im Lauf dieser Woche schicke ich noch 3 ab. Heute habe ich auch das Kärtchen von Vater erhalten. Besten Dank dafür! Gleichzeitig bekam ich von Walter eine Karte. Es gefällt ihm ja scheints ganz gut soweit.

Nun muß ich Euch aber unsere Erlebnisse erzählen. In der Nacht von Samstag auf Sonntag hätte es uns beinahe schief gehen können. Um ¼2^{h} etwa erwachten wir an 6 kurz hintereinander erfolgenden, donnerähnlichen Schlägen, so daß Fenster und Türen heftig erschüttert wurden. Natürlich wußten wir sofort, daß das nur Fliegerbomben sein konnten. Richtig ertönte auch sofort das Alarmsignal. Einige rannten in den Keller, der als bombensicherer Unterstand eingerichtet ist. Mein Stubengenosse und ich sprangen ans Fenster, wo wir dann ganz deutlich das Surren von einigen Fliegern hörten, das aber bald verstummte. Sie hatten es auf eine große, im Bau befindliche Eisenbahnbrücke abgesehen, die etwa 200 Meter von uns entfernt liegt. Glücklicherweise gingen alle daneben. Drei gingen ins Wasser und drei auf Wiesenland. Die nächste explodierte etwa 20 Meter von der Brücke entfernt. Unmittelbar neben der Brücke stehen 2 Häuser mit Zivilbevölkerung. Natürlich waren infolge des gewaltigen Luftdrucks alle Scheiben gesprungen. Der Schrecken der Leute mag nicht klein gewesen sein.

Die Frage, ob jemand und wer von Rethel wegkommt, ist nun auch entschieden, aber wir Unglücksraben müssen natürlich dableiben. Es handelt sich nur um das Pflegepersonal vom 6. AK und um einige Ärzte und Schwestern. Mein Stationsarzt soll auch wegkommen. Wirklich haben wir wieder ein bißchen mehr Arbeit. Letzten Donnerstag haben wir 6 Mann Zugang auf einen Schlag bekommen, darunter 3 Schwerkranke, aber es gibt immer noch ziemlich viel freie Tage. Da fällt mir eben ein: Hermann oder Kurt können gelegentlich beim Barth in Heilbronn 2 Spielplättchen für meine Mandoline kaufen, weil das eine abgebrochen ist, und zwar sollte es ein hartes und ein weiches sein. Dann wäre ich für ein Knäuel Schnur sehr dankbar. Ich habe kaum soviel auftreiben können, um die 3 Pakete zuzuschnüren. Jeder braucht seine Schnur für sich und kaufen kann man keine. Ich lege hier einige Vignetten bei mit der Photographie meiner Wenigkeit. Schade, daß das eine Bild nicht ganz genau eingepaßt ist. Im übrigen nehmen sie sich gar nicht schlecht aus. Sonst geht es mir ganz gut, was ich von Euch auch hoffe.

Es grüßt Euch alle herzlich Euer Ottmar.

Kartoffelraub, 2. 10. 1916

Liebe Eltern!

Das Päckchen mit der Hartwurst habe ich erhalten. Ich war nicht wenig überrascht, da dies doch wirklich ein ziemlich rarer Artikel in Deutschland ist. Sie war übrigens vorzüglich. Ebenso kam das Kuchenpäckchen, das noch sehr gut war. Für beides besten Dank! Von Walter habe ich gestern eine Karte bekommen. Es geht ihm ja scheints ganz gut. Heute ist ein großer Teil von den freiwilligen Krankenpflegern fortgekommen, auch eine Anzahl Schwestern und Ärzte, darunter auch mein Stationsarzt. Wir haben ihn alle sehr gern gehabt und es ist schade, daß er weg kommt. Meine Schwester war vor 14 Tagen in Urlaub und ist gestern wieder gekommen und hat mir gleich ein großes Stück Gugelhopfen gegeben.

Letzte Woche wären wir beinah reingefallen. Zu dreien zogen wir abends aus auf den Kartoffelraub. Zwei Franzosen bemerkten uns und erwischten einen und schleppten ihn auf die Kommandantur. Wir wußten aber die Sache als so harmlos hinzustellen, daß wir mit dem bloßen Schrecken davon kamen. Seit neuestem wird bei uns immer fleißig französisch gelernt. Ein Kamerad, der 6 Jahre in Paris war und natürlich gewandt französisch spricht, gibt 6 lernbegierigen Schülern französischen Elementarunterricht. Aber aller Anfang ist schwer. Ich verzieh mich jedesmal und mache so lang einen Dap mit 2 Stubennachbarn. Im Mandolinenspielen mache ich wirklich Fortschritte und es macht mir auch Spaß. Sonst ist alles beim alten.

Es grüßt Euch alle herzlich Euer Ottmar

Das eine Bild ist unser alter Stationsarzt mit seiner ganzen Station. Meine Schwester ist nicht mit drauf, weil sie in Urlaub war.

Erkundung des Schlosses von Nanteuil, 15. 10. 1916

Liebe Eltern!

Besten Dank für das Päckchen und den lieben Brief! Am gleichen Tag habe ich von Walter auch einen Brief bekommen, in dem er das Leben als Kanonier ausführlich schildert. Mit Ausnahme des Stallmeisters gefällt ihm der Dienst scheints ganz gut. Auch Onkel Hermann hat meiner mit einem Päckchen Konditorwaren, Keks und dgl. gedacht.

An meinem letzten freien Tag war ich in dem 2 Stunden von hier entfernten Schloß Nanteuil, das gegenwärtig leer steht, aber vollständig erhalten ist, bloß die Einrichtung fehlt. Zwei Klaviere stehen noch drin, darunter ein prächtiger Flügel. Mit Ausnahme einiger Tasten funktionieren sie beide noch sehr gut. Wie wir eben unseren Rundgang durch das Schloß beendet hatten und dem Obstgarten noch einen kleinen Besuch abstatten wollten, da kam der Ortskommandant, ein Oberleutnant, und warf uns zum Tempel hinaus. Wir fanden aber unterwegs noch so viel Obst, daß wir alle unsere Rucksäcke füllen konnten und danach noch eine Masse Obst auf den Bäumen war. Es war vielfach gutes Tafelobst. Brombeeren habe ich auch noch mal geholt, aber durch das ewige Regenwetter waren sie vielfach schon am Stock sauer geworden.

Unser neuer Arzt ist ein Stabsarzt, soweit ein ganz freundlicher Herr, der sich aber um den einzelnen Pfleger nicht kümmert im Gegensatz zum alten, der ein Zivilarzt war und seine Sache auch viel genauer nahm als dieser. Im übrigen ists immer gleich. Wir haben trotz des schlechten Wetters fast keine Zugänge, so daß der Dienst nicht besonders streng ist. Es sind eben nur sehr wenige Truppen bei uns vorn. In letzter Zeit haben wir verschiedene Male abends Blaukraut mit Kartoffel gemacht. Hochfein, fast wie im Hotel! Vielleicht habt Ihr in den letzten Tagen eine Kiste von Metzingen bekommen oder kommt sie jedenfalls noch. Ich habe nämlich meinem Stubengenossen ein französisches Gewehr mit Seitengewehr abgekauft. Vielleicht kann ich auch noch die Uniform bekommen samt dem Käppi. Schreibt mir, ob das Gewehr noch gut erhalten ist. Zwei von den beiliegenden Bildern sind von der Kathedrale. Das eine stellt das Mittelschiff dar, das andere Notre Dame. Das dritte ist von Charleville mit Zugführer Böhmerle, den Walter wohl kennen wird.

Es grüßt Euch herzlich Euer Ottmar

Reise nach Brüssel, 28. 10. 1916

Liebe Eltern!

Die beiden Päckchen mit Geburtstagskuchen habe ich erhalten und es hat zu einem selbstgemachten Geburtstagskaffee sehr gut geschmeckt. Die beiden Karten, worauf Ihr meiner in so feierlicher Weise gedenkt, haben mich sehr gefreut. Gestern habe ich Paket Nummer 3 erhalten, wofür ich ebenfalls bestens danke. Aber den Butter, liebe Mutter, hättest sollen nicht mitschicken, wo das doch ohnehin so ein rarer Artikel in Deutschland ist. Das große Paket ist noch nicht angekommen, aber dies dauert ja oft 14 Tage oder 3 Wochen. Über meine 2 Karten von Brüssel, die Ihr wohl inzwischen erhalten habt, werdet Ihr gestaunt haben. Nachdem wir am Montag abend eine riesige Portion breite Nudeln und Blaukraut verhaftet hatten, fuhren wir um 8^{15h} nach Charleville, wo wir auf dem Bahnhof übernachteten. Am andern Morgen gings dann weiter in der Richtung auf Brüssel. Zuerst kamen wir durch einen großen Teil des Maastales, das an landschaftlicher Schönheit seinesgleichen sucht. Wir haben mindestens 10 Tunnels und ebenso viele Brücken passiert, die sämtlich von uns neu aufgebaut worden waren. Dicht bewaldete Höhenzüge wechseln mit prächtigen Felspartien ab und unten fließt ruhig, in einer Breite von etwa 150 Metern die Maas. So kamen wir über Montherme, Hirson, Namur um 12^h nach Brüssel Nordbahnhof.

Bevor man ganz nach Brüssel kommt, fallen einem die ungeheuren Gärtnereien auf. Tausende von Gewächshäusern reihen sich dicht aneinander, so daß meilenweit alles unter Glas ist. Wenn man dann aber vollends nach Brüssel kommt, meint man gerade, man kommt in eine neue Welt. Stuttgart ist tatsächlich im Vergleich dazu ein armseliges Städtchen. Gleich wenn man zum Bahnhof heraus kommt, wird man von Dutzenden von Zeitungs- und Postkartenverkäufern bestürmt. Auch Frauen und Kinder mit Erinnerungen an Brüssel, mit Trauben, Seife, Streichholz und allem möglichen drängen sich heran. Dazu der Spektakel, daß man sein eigenes Wort nicht versteht.

Da man zu Fuß einige Tage brauchen würde, all die Sehenswürdigkeiten zu sehen, so setzten wir uns in die Trambahn, wo jede Nummer ihre bestimmte Fahrt macht, wie ja dies in Stuttgart auch ist. Wagen Nr. 59 kehrt zum Beispiel immer wieder zum Nordbahnhof zurück. Es fahren aber hier gleich ganze Züge von 10 oder 12 Wagen durch die Stadt. Auch in den weniger belebten Gegenden fährt nach allen 50 Metern ein Wagen. Ganze Straßenzüge mit Querstraßen sind unter Glas mit den prächtigsten Läden auf beiden Seiten. Besonders abends, wenn all die Bogenlampen und Glühbirnen brennen, dann funkelts und spiegelts, daß man sich fast in einen Zauberpalast versetzt fühlt.

Nachdem wir ungefähr 2 Stunden die Stadt nach allen Richtungen durchquerten, hatten wir die sehenswürdigsten Gebäude in der Hauptsache gesehen. Ich lege ein Album bei. Mit Ausnahme des japanischen Turmes im Schloßpark haben wir alles gesehen. Im Eisenbahnerheim, das ganz wie ein Hotel eingerichtet ist, haben wir für 90 Pfennig nobel zu Mittag gegessen. Was mich am meisten wunderte, war, daß in Brüssel noch solch ein Überfluß an Lebensmitteln ist. Verschiedene Male wurden wir angehalten, wir sollen Speck und Schmalz kaufen. Auch Wurst und Fleisch kann man kaufen, so viel man will. Da in Brüssel ein großer Teil fließend deutsch spricht, so kann man sich überall leicht verständigen. Bezeichnend für die belgische Großstadt ist die Unmasse jener zweifelhafter Damen, die uns gegen Abend all Augenblick auf offener Straße ankrempelten. Natürlich wiesen wir ihre Anbietungen freundlichst zurück und zogen es vor im Hotel Duval, in der Nähe des Bahnhofs, zu übernachten, da das Hospiz, wo wir ursprünglich schlafen wollten, schon voll belegt war. Es war übrigens ein elegant eingerichtetes Zimmer mit zwei tadellosen Betten. Am anderen Morgen 7^{40h} ging unser Zug wieder nach Lille, wo wir um ½10^{h} ankamen. Aber mindestens noch eine halbe Stunde, nachdem wir den Brüsseler Bahnhof verlassen hatten, sah man den Justizpalast wie eine Burg aus dem Häusermeer hervorragen. Er kommt ja auch in dem Album zweimal.

In Lille tranken wir zunächst im Erfrischungsraum einige Becher Tee und räumten unsere Rucksäcke aus, an denen sich übrigens zu unserem nicht gerade angenehmem Erstaunen schon Mäuse und andere Nagetiere gelabt hatten. Dann fuhren wir noch schnell mit der Straßenbahn durch die Hauptstraßen von Lille, das übrigens bedeutend kleiner als Brüssel, aber es ist immerhin noch eine Stadt mit 150–200 Tausend Einwohnern. Eine der größten Sehenswürdigkeiten von Lille ist das Theater, auf das die Franzosen vor 14 Tagen 19 schwere 38cm-Granaten abgeschossen hatten, weil an dem Tag gerade große Vorstellung war und sich eine Menge Offiziere und Mannschaft im Theater befand. Glücklicherweise trafen sie es nicht, aber einige Häuser in unmittelbarer Nachbarschaft wurden beschädigt.

Um ½11^{h} gings weiter nach Don (Richtung La Bassée), von wo wir noch ¾ Stunden nach Marqueville zu gehen hatten. Dort befindet sich nämlich der Regimentsfriedhof von den 246igern. Ich sollte dort das Grab des Schwagers meines Reisegefährten photographieren. Die Grabsteine sind alle aus roten Backsteinen gemauert. In der Mitte des Friedhofs steht ein ebenfalls aus Backsteinen gemauertes Denkmal. Ich lege 2 Bilder bei. Da wir dort nur 2 oder 3 Kilometer von der Front entfernt waren, so war der Kanonendonner sehr deutlich vernehmbar, der Luftdruck so stark, daß bei jedem Schuß die Scheiben und Türen zitterten. Um ½3^{h} fuhren wir dann mit einem Güterzug zurück, kamen nach unangenehmem Aufenthalt um 5^{h} wieder in Lille an, wo wir noch mal einen Tasse Kaffe tranken. Um 5^{55h} setzten wir uns wieder in den Zug und sollten 10^{14h} fahrplanmäßig wieder in Charleville sein, so daß wir 12^{12h} hätten vollends heimfahren können. Da der Zug 2½ Stunden Verspätung hatte, so verfehlten wir den Anschluß und mußten in Charleville übernachten, wo wir doch hätten am nächsten Morgen im Dienst sein sollen. Nachdem wir uns auf der Bahnhofskommandantur die Zugverspätung hatten bescheinigen lassen, fuhren wir 7^{20h} vollends nach Rethel, wo wir um ½11^{h} glücklich wieder ankamen. Der Stationsführer machte zwar kein allzu liebenswürdiges Gesicht, als er uns um 11^{h} wieder sah, konnte jedoch nach Vorzeigung des Ausweises von der Bahnhofskommandantur nichts machen. Vernünftiger zeigte sich meine Schwester, die froh war, wie sie mich wieder ganz sah. Sie wollte mich sogar wieder heimschicken, was ich natürlich nicht annahm. Sie interessierte sich auch sehr für unsere Reiseerlebnisse, aber am Abend war ich doch froh, wie ich wieder in ein vernünftiges Bett kam. Die vorhergehende Nacht hatten wir auf dem blanken Bretterboden zugebracht, wo man bekanntlich nicht allzu weich liegt.

Da ich morgen frei habe, werde ich einige Pakete zusammenrichten. Unter anderem schicke ich auch ein echtes Brüsseler Spitzentaschentuch, das ich auf der großen Spitzenausstellung gekauft habe. An so einem Taschentuch wird mindestens 10 bis 14 Tage gearbeitet. Alles von Hand gemacht! Es kann als Schleife an einer Bluse getragen werden. Da fällt mir übrigens eben ein, daß ich Luise ihr Geburtstagsgeschenk noch gar nicht geschickt habe. Ich glaubte es damals in Schnecks Päckchen gelegt zu haben. Vorgestern entdecke ich es zufällig in einer Schachtel in meinem Kasten. Ich schicke es morgen auch mit. Es ist ein Brieföffner aus einem Granatring.

Mir geht es im übrigen sehr gut. Der Dienst ist immer noch sehr leicht. Wir haben eben fast keine Zugänge trotz des schlechten Wetters.

Jeden 3.–4. Tag haben wir frei. Mit dem Essen, besonders mit dem Brot, wird es allmählich auch ziemlich knapp. Nach neuester Nachricht bekommen 9 Mann nur ein Weißbrot, Gewicht ca. 1200g, so daß ich immer für meine 7 Mann ein ¾ Brot bekomme. Dreimal am Tag gibts Brot. Da könnt Ihr Euch denken, daß die Schnitten nicht besonders dick ausfallen. Wir Pfleger bekommen ein 1/3 Brot pro Tag. Ich reiche damit gerade aus. Heute habe ich mir eine tadellose Dunkelkammer eingerichtet und ich wäre froh, wenn ich zuhause eine solche hätte. Ich habe nämlich 3 elektrische Birnen, eine mit weißem, eine mit gelbem, eine mit rotem Licht, die alle drei mit einer Gabel beliebig eingeschaltet werden können.

Jetzt hab ich aber für heute genug geschrieben. So einen langen Brief habe ich meines Wissens überhaupt noch nie geschrieben!

Es grüßt Euch alle herzlich Euer Ottmar.

Wehrfähige eingezogen, 21. 11. 1916

Liebe Eltern!

Die beiden Pakete habe ich erhalten. Besten Dank, namentlich auch für die lieben Briefe. Ich hätte gar nicht gedacht, daß man in wirklicher Zeit etwas wie eine Blitztorte machen kann. Die Karte von Schneck hat mich sehr gefreut. Ich habe ihm gleich heute auch eine geschrieben. Von Onkel Karl in Hepsisau und Onkel Otto habe ich auch je ein Paket erhalten. Ich bin begierig, was aus Walter noch wird, wie lange er noch in Ulm bleibt. Wenn es wirklich noch bis Januar dauert, dann könnte ich ihn vielleicht vorher noch mal sehen. Anderenfalls könnte ich ihn, vorausgesetzt daß er in den Westen kommt, von hieraus mal besuchen.

Gestern sind die Kriegsverwendungsfähigen bis zu 42 Jahren eingezogen worden, so daß unser Zug noch um ein paar Mann ärmer geworden ist. Dies ist insofern ganz günstig, daß alle zur Zeit in Urlaub fahren können. Wenn er nicht gesperrt wird, hoffe ich bis Ende Januar fahren zu können. Hoffentlich schlägt Walter mit seinen Hennen die 3 Tage Urlaub heraus. Die wären ja billig verdient. Da fällt mir eben Kurts Karte ein wegen der Kunstpostkarten. Um ihn vor dem völligen Ruin zu bewahren, will ich ihm eben 20 Stück abkaufen. Das Geld schicke ich ihm gelegentlich. Im übrigen geht es mir sehr gut, habe nicht einmal einen Katarrh trotz des zweifelhaften Wetters in letzter Zeit. 3 Tage hatten wir eisigkaltes Wetter, dann 2 Tage Schnee und jetzt wieder Regen. Hoffentlich seid Ihr so weit auch wieder auf dem Damm.

Es grüßt Euch herzlich Euer Ottmar.

Einige Bögen Briefpapier könnte ich wieder brauchen. Kouverts habe ich noch.

Planung der Weihnachtsfeier, 20. 12. 1916

Liebe Eltern!

Herzlichen Dank für die beiden lieben Weihnachtspakete! Man sollte kaum glauben, daß Weihnachten 1916 noch so üppig ausfallen könnte. Zugleich möchte ich mich für das letzte Paket mit der Metzelsuppe bedanken, die mir eine höchst willkommene Abwechslung war. Nun steht das 3. Weihnachten vor der Tür und noch immer schwebt der Friede in unbestimmter Ferne. Ihr zuhause setzt scheints keine großen Hoffnungen auf das Friedensangebot des Kaisers im Gegensatz zu uns, die wir noch nicht alle Hoffnung auf Erfolg aufgaben. England scheint sich die Sache nach der anfänglichen glatten Ablehnung doch etwas genauer zu überlegen. Und bei den Neutralen so wie in Italien ist ja die Stimmung ganz nach Wunsch. Hoffentlich bringt das neue Jahr bald das ersehnte Ziel! Wir werden am Heiligen Abend eine kleine gemeinsame Feier abhalten, wozu auch der Delegierte kommen wird. Wir haben schon das Lied „Es ist ein Ros entsprungen" einstudiert. Da ich morgen frei habe, will ich etwas Efeu und Tannenzweige suchen, um die Baracke für die Festtage ein wenig zu schmücken. Morgen faßt auch jede Baracke ihren Christbaum. Am Christtag will ich eine Aufnahme von meiner Baracke machen. Wenn sie etwas wird, schicke ich auch ein Bild.

Wirklich haben wir wieder ordentlich zu tun. Meine Baracke ist fast fortwährend vollbelegt. Bei diesem unbestimmten Wetter gibt es eben wieder Kranke. Wir haben wirklich kaltes Wetter mit Schneefall bei Nacht. Hoffentlich hält es über Weihnachten an. Die Stimmung ist doch eine viel weihnachtlichere, wenn draußen alles in das weiße Winterkleid gehüllt ist. Mir geht es so weit ganz gut, habe nicht einmal einen Schnupfen. Hoffentlich seid Ihr auch alle wohlauf! Ich wünsche nun Euch allen recht vergnügte, gesegnete Weihnachtsfeiertage!

Es grüßt Euch alle ganz herzlich Euer Ottmar

Drittes Kriegsweihnachten, 27. 12. 1916

Liebe Eltern!

Nun ist auch das 3. Kriegsweihnachten vorbei und obgleich ich nicht zuhause war, muß ich doch zugeben, daß es auch da draußen sehr schön gewesen ist. Zuerst haben wir die Weihnachtsbescherung in der Baracke gefeiert, die wir mit Efeu und Tannenzweigen schön dekoriert hatten. Nachdem die Patienten einige Weihnachtslieder gesungen hatten, bekam jeder ein Liebesgabenpaket, die sämtlich mit einem kleinen Brief des Absenders versehen waren. Die Schwester machte dann noch einen Punsch zurecht, so daß alle in der glücklichsten Stimmung waren. Um ½7^{h} hatten wir dann im Quartier auch Weihnachtsfeier, wozu auch der Delegierte kam. Wir bekamen zu Weihnachten 2 Pakete, eines von der Liebesgabenabteilung Stuttgart und das andere vom 8. AK. Der Inhalt setzte sich in der Hauptsache aus Zigarren, Zigaretten, Tabak, Hosenträger, Taschenmesser, Seife und dgl. nützlichen Sachen zusammen. Eure Pakete sind alle zeitig angekommen, wofür ich nochmals bestens danke. Von Tante Berta und Tante Amalie kam auch je ein Paket mit allerlei Hochgenüssen. In unserer eigenen Stube haben wir hernach unseren Baum angezündet und Weihnachtslieder gesungen, wozu ich auf der Mandoline gespielt habe. Zum Schluß habe ich noch eine Blitzlichtaufnahme gemacht, wovon ich hier ein Bild beilege.

Im Lazarett hat sich in den letzten Tagen auch eine große Veränderung vollzogen. Ich bin jetzt nicht mehr auf der Seuchenstation, sondern auf der Nierenstation. Es sind nämlich 80 Jesuitenpater und ebensoviel Ordensschwestern gekommen, die nach langen Beratungen gestern die Seuche übernommen haben. Wie es heißt, sollen noch mehr von dieser Sorte kommen, so daß wir vielleicht vollends aus dem B-Lazarett verdrängt werden. Aber bezeichnend ist, daß auf alle Baracken, wo seither nur einer von uns war, jetzt 2 Pater sind. Die Patienten sind auch nichts weniger als erbaut von ihnen. Ich bin mit einem von unserem Zug auf Baracke 29 und warte auf Patienten. Die Baracke steht nämlich leer, weil alle auf Weihnachten mit Lazarettzug nach Deutschland gekommen waren. Mit meinem Urlaub wirds wohl vor Ende Januar oder Anfang Februar nichts werden. Am 1. 1. fahren zwei auf 14 Tage und wenn diese kommen, fahren noch mal zwei in Urlaub. Nach diesen fahre dann ich.

Ich wünsche nun Euch allen ein gesegnetes neues Jahr, das uns hoffentlich auch bald den Frieden bringt. Es grüßt Euch herzlich Euer Ottmar

Abenteuerliche Urlaubsrückfahrt, 30. 1. 1917

Liebe Eltern!

Bin nach mancherlei Abenteuern glücklich wieder hier angelangt, allerdings nicht, wie wir geglaubt hatten, um ½10^{h}, sondern erst um 3^{h} nachmittags. Gleich in Bietigheim fing die Fahrt recht abenteuerlich an. Wir fuhren mit dem Zug 10^{43h}, der aber erst um ½12^{h} ankam. Dieser war aber schon derart überfüllt, daß kaum die Hälfte der anwesenden Urlauber mitfahren konnten. Die mittleren Gänge waren schon gepfropft voll. Herr Hauck eroberte sich noch einen Stehplatz. Da die Abteile I. und II. Klasse nur für Offiziere reserviert waren, pflanzte ich mich eben auf der Plattform eines Wagens auf. Ich mußte nämlich unbedingt mit, da ich sonst in Metz den Anschluß an den Zug nach Charleville verfehlt hätte und dann erst heute nacht um ½10^{h} hier angekommen wäre. Natürlich gefror ich fast zu Eis bei der schneidenden Kälte und dazu fuhr der Zug noch mit einer Geschwindigkeit von 80–100 km, so daß ich die reinsten Indianertänze aufführte, um die Zehen nicht vollends ganz zu verfrieren. Unglücklicherweise fuhr der Zug auch noch durch bis Karlsruhe, wo dann einige Abteile II. Klasse aufgemacht werden mußten, so daß ich langsam wiederauftauen konnte bis Metz. Herrn Hauck traf ich leider nicht mehr. In Bietigheim habe ich übrigens auch Herrn Ricker und Kaufmann Koch getroffen.

In Metz kamen wir dann um 7^h an. Um 8^h gings dann weiter nach Charleville, wo wir um 12^h ankamen. Die ganze Strecke von Metz bis Charleville mußte ich stehen und mußte froh sein, daß ich überhaupt noch mitkam. Man macht sich keinen Begriff von dem entsetzlichen Trubel auf den Urlauberzügen in den letzten Tagen. Mein Zugführer lachte übers ganze Gesicht, als er mich wieder sah und war froh, daß ich wieder da war.

Geschafft hab ich heute natürlich nichts mehr. Morgen mache ich wieder auf meiner alten Baracke Dienst, wo ich gegenwärtig 9 Mann habe.

An Kaisers Geburtstag gibt es, wie ich mirs gleich dachte, keine besondern Auszeichnungen. Nur ein kleines Festessen, bestehend aus Leberwurst und Kartoffelsalat und einigen Glas Bier, wurde gestiftet.

Und nun das Beste kommt zuletzt. Ihr werdet die Nachricht vielleicht mit gemischten Gefühlen aufnehmen, mir war sie jedenfalls hoch willkommen. Ende dieser Woche oder spätestens Anfang nächster werden wir alle noch einmal gemustert und es müßte doch Narrenwerk sein, wenn ich diesmal nicht genommen würde, so daß wir auf ein baldiges Wiedersehen rechnen dürfen. Die Einziehung erfolgt, so denke ich wenigstens, nach Leerung der Kasernen im Inland, was wohl im Lauf des Februars geschehen wird.

Nochmals vielen Dank für all das Liebe und Gute während meines Urlaubs!

Mit herzlichem Gruß Euer Ottmar

Starker Frost, 3. 2. 1917

Liebe Mutter!

Zuerst möchte ich Dir recht herzlich zu Deinem Geburtstag gratulieren und zugleich wollen wir hoffen, daß wir denselben noch recht oft feiern dürfen. Nächstes Jahr um diese Zeit haben wir hoffentlich Frieden, so daß wir ihn alle zusammen zu Hause feiern können. Mit dem Geburtstagsgeschenk ist es natürlich eine schwierige Sache. Zu kaufen gibts hier nichts und ich wüßte auch nicht, was Du am besten gebrauchen könntest, deshalb schicke ich Dir inliegend das Geld (10 Mark), wirst ja schon Verwendung dafür haben. Der Metzinger fährt wahrscheinlich in 14 Tagen für 3 Wochen in Urlaub, der mir dann ein Paket mitnehmen, wahrscheinlich ist dann auch ein Fläschchen Portwein dabei. Meinen Brief vom 30. 1. werdet Ihr wohl inzwischen erhalten haben. Der genauen Tag der Musterung ist noch nicht bekannt, aber bis zum 10. spätestens sollen wir gemustert sein. Bis wir dann eingezogen werden, gehen immerhin 6–8 Wochen rum, je bälder, desto besser. Hoffentlich muß ich dann in Heilbronn einrücken. Anbei sende ich auch noch eine Karte von Weihnachten, wo wir eine Blitzlichtaufnahme gemacht haben.

Bei uns ist es immer noch furchtbar kalt, so daß die Wasserleitung überall gefroren ist, sogar im Keller. Mit knapper Not kann man noch Wasser zum Waschen auftreiben. Der Kanal ist fest gefroren und die Aisne führt stark Treibeis. In manchen Baracken ist an der Wand hinter den Betten eine ganze Eiskruste und die Fenster tauen überhaupt nicht auf. Dagegen haben wir abends im Quartier eine schöne warme Stube. Bei den Eierkohlen, die wir fassen, ist etwa die Hälfe Kohlenstaub, der in diesem Zustand nicht brennen würde; deshalb rühren wir ihn mit Wasser an und machen Briketts, indem wir ihn in einen Steckhafen einfüllen und wie einen Pudding umstülpen und im Freien gefrieren lassen. Diese brennen besser als die Eier selbst und geben fast eine unerträgliche Hitze in unserem kleinen Zimmer.

Der Neckar wird jetzt vollends ganz und fest zugefroren sein, so daß ich nur bedaure, nicht auch Schlittschuhfahren zu können.

Ich habe mich soweit wieder angewöhnt und freue mich nur, daß ich die längste Zeit hier gewesen bin. Der Dienst ist auch sehr gemütlich wirklich. Einmal machen wir 2 Tage Dienst und 1 Tag frei und dann 3 Tage Dienst und frei. So läßt sichs doch aushalten. Das Schönste an den freien Tagen ist, daß man morgens liegen bleiben darf. Heute habe ich auch frei gehabt und heute mittag zum Kaffee meinen Hefenkranz und Stachelbeergesälz gegessen, da wird Schneck ordentlich neidig werden, wenn er es hört.

Es grüßt Euch alle, besonders Dich, liebe Mutter, Euer Ottmar

Unzufrieden, 12. 2. 1917

Liebe Eltern!

Endlich ist die Musterung herangekommen und auch glücklich vorbeigegangen. Gestern vormittag um 10^h mußten wir antreten. Von 16 Mann wurden nur 3 Kv (kriegsverwendungsfähig) geschrieben, die andern alle Gv (garnisonsverwendungsfähig), zu denen leider auch ich gehöre. Was Gv ist, bleibt natürlich hier. Die drei andern werden vielleicht auf 1. April eingezogen. Ich war natürlich nicht wenig enttäuscht und zugleich wütend über das Ergebnis und wäre am liebsten noch mal ins Musterungszimmer hineingegangen, um mich Kv schreiben zu lassen. Aber der untersuchende Generalarzt war so in Anspruch genommen, daß ich es unterließ. Bei der Untersuchung fragte er mich, ob ich einen Fehler anzugeben hätte, was ich verneinte. Er wollte wisse, was ich von Beruf sei und in welchem Semester ich stehe. Schließlich ließ er mich mit Armen und Beinen einige turnerische Bewegungen machen und er wollte mich schon Kv schreiben, als er sich nach der Stärke meiner Brille erkundigte und mich auf einer Tabelle mit Buchstaben lesen ließ, was, wie gesagt das Endresultat Gv zur Folge hatte.

Da ich aber nicht die Absicht habe, mich in Rethel als Krankenpfleger noch pensionieren zu lassen und ich mich außerdem mit dem Zugführer verkracht habe, so möchte ich Euch mitteilen, daß ich zugleich um Erlaubnis bitte Mitte oder Ende nächsten Monats beim Feldartillerieregiment 65 in Ludwigsburg eintreten zu dürfen. Ich könnte da nämlich gleich mein Einjähriges abdienen, da ja Kriegszeit doppelt zählt. Geht der Krieg bis dahin zu Ende, so ists ja recht. Wenn nicht, dann ist auch nicht schlimm, stehen doch Millionen von Männern draußen, meist verheiratete. Was sollte mich also zurückhalten? Hier in Rethel bleibe ich jedenfalls nicht mehr allzu lange. Die Arbeit hier befriedigt mich in keiner Weise. Auch die Zustände im Zug sind allmählich recht traurig geworden. Es sind nämlich einige Klatschbasen und Lästermäuler darunter, die dem Zugführer jede Kleinigkeit und jedes Wort hinterbringen, was natürlich fortgesetzte Reibereien und Stänkereien zu Folge hat. Dies allein wäre ein Grund zum Wegmelden. Wenn ich dann eingezogen werde, bekomme ich vorher 10–14 Tage Urlaub und von Ludwigsburg könnte ich auch so und so oft kommen. Kurz, die Sache ist nicht halb so gefährlich, als sie vielleicht auf den Augenblick aussieht. Wenn ich Kv geschrieben wäre, könnte man ja auch nichts daran ändern.

Im übrigen erfreue ich mich eines vorzüglichen Wohlbefindens, das ich Euch allen auch wünsche. Heute bin ich den ganzen Nachmittag Schlittschuh gelaufen. Ganz in der Nähe haben wir einen großen See, der 30–50 Zentimeter dickes Eis hat. Es fahren auch ziemlich Schwestern und Offiziere darauf.

Besten Dank für Vaters Karte. Ich habe schon lange auf Nachricht gewartet; dies ist der 3. Brief, Mutter wird ihren Geburtstagsbrief erhalten haben. Schreibt bitte bald!

Es grüßt Euch alle herzlich Euer Ottmar.

Versetzungspläne, 20. 2. 1917

Liebe Eltern!

Für das Paket mit dem lieben Brief herzlichen Dank! Den Inhalt habe ich mir bestens schmecken lassen. Meinen letzten Brief werdet Ihr wohl inzwischen erhalten haben. Mit den 65igern in Ludwigsburg wird es nichts. Ein Kriegsverwendungsfähiger von unserem Zug wollte sich auch dazu melden, erhielt aber heute Nachricht, daß keine Freiwilligen angenommen werden. So wirds wohl auf die 122iger in Heilbronn hinauskommen. Sobald ich Eure Antwort auf meinen letzten Brief habe, schreibe ich Näheres. Mein Stubengenosse fährt morgen abend in Urlaub und nimmt den Brief mit, so daß Ihr ihn wohl spätestens bis Freitag habt. Hermann sollte nämlich am Sonntag, den 25. nach Metzingen fahren wegen dem Gewehr und Uniform. Die Adresse: H. Mehl, Metzingen, Bahnhofstraße 39. Der eigentliche Brief folgt Ende der Woche.

Mit herzlichem Gruß Ottmar

Zukunftspläne, 9. 3. 1917

Liebe Eltern!

Für die beiden Pakete vom 16. 2. besten Dank! Da läuft einem jetzt noch das Wasser im Munde zusammen, wenn man diese Speisetafel liest. Wie Ihr Euch denken könnt, wartete ich gespannt auf Antwort auf meinen letzten Brief und ich dachte mir eigentlich schon im voraus, daß sie ungefähr so ausfallen würde. Am Donnerstag kam Vaters Brief und heute auch das Paket, wofür ich nochmals bestens danke. In letzter Zeit ging das Gerücht von einer Nachmusterung, weil der Prozentsatz der Kv-Leute ein zu geringer gewesen sei, aber es scheint mir doch ziemlich unwahrscheinlich. Ich will nun einmal abwarten, bis die Kv-Leute von unserem Zug eingezogen werden, was wahrscheinlich am ersten April erfolgt. Da von den Militärkrankenwärtern, die vor 8 Tagen auch gemustert worden sind, auch die Gv-Leute eingezogen werden, so wird vielleicht auch uns dieses Glück zuteil, da ja das ganze Etappenpersonal durch den Hilfsdienst abgelöst werden soll. Bleibt jedoch bis dahin alles beim alten und zeigt sich auch keine Aussicht auf eine Änderung, so werde ich um meine Entlassung vom Roten Kreuz einkommen. Eine Versetzung ist nämlich eine höchst schwierige Geschichte, sofern diese nur möglich ist, wenn einer von einem anderen Zug, z. B. in Rußland, Lust hätte mit mir zu tauschen, was nicht sehr wahrscheinlich ist, da Rethel in keinem besonders guten Geruch steht und jedem schwer zu vermitteln wäre. Die andere Möglichkeit wäre noch die, sich krank zu melden. Sobald einer 6 Wochen vom Zug weg ist, wird er von demselben abgeschrieben und anderweitig dem Roten Kreuz zur Verfügung gestellt. Aber dies kommt für mich natürlich auch nicht in Betracht. Ich habe mir die Sache nun noch mal überlegt und auch mit einem Sanitätsunteroffizier gesprochen. Wenn ich mich der Militärschule zur Verfügung stelle, melde ich mich zunächst zu den 122igern in Heilbronn und werde dort ein Vierteljahr unter der Masse ausgebildet. Dann melde ich mich zur Sanität, was in Anbetracht dessen, daß ich zwei Jahre hier war und nachher Medizin zu studieren gedenke, sicher genehmigt wird. Ich mache einen Sanitätskurs von ca. einem halben Jahr mit und werde nach abgelegter Prüfung als Sanitätsgefreiter in irgendeinem Feld- oder Kriegslazarett verwendet. Es ist nämlich ein großer Unterschied zwischen den Militärkrankenwärtern bzw. -trägern und Lazarettgehilfen, zu denen ich gehören würde. Von denen, die einstens mit Walter von hier weg sind, haben es auch einige so gemacht und sind jetzt allesamt Gefreite bzw. Unteroffiziere.

Liebe Mutter! Du schreibst da im heutigen Brief, die Ausbildung könnte mich schlauchen. Das glaube ich nicht so besonders, denn körperlich halte ich es sicher gut aus mit denen, die jetzt ausgebildet werden. Und was das Leben und den Ton in den Kasernen angeht, so bin ich daran auch so ziemlich gewöhnt, bringe ich doch die meiste Zeit auch hier unter Soldaten zu. Was schließlich die Ausdrücke und Redensarten der ausbildenden Unteroffiziere anbelangt, so läßt man diese eben zu einem Ohr hinein und zum andern hinausgehen. Bei den meisten ist das eben so eine Gewohnheit und je mehr man sich einschüchtern läßt, um so mehr lachen sie hinterdrein, wie sie mir selbst oft erzählt haben. Vor der Ausbildungszeit ist mir, wie gesagt, nicht besonders bange.

Ich lege eine Photographie bei, die eigentlich ein Stimmungsbild sein sollte. Ich habe die Aufnahme um ½7h gemacht. Leider kommt der schöne Abendhimmel nicht besonders deutlich zum Ausdruck.

Wenn Ihr im nächsten Paket 2 Paar Filzsohlen und vielleicht noch ein Päckchen Tabak beilegen wolltet, wäre ich auch sehr dankbar. Im übrigen geht es mir gut, bin wenigstens gesund. Da sich in letzter Zeit verschiedene Pfleger krank gemeldet haben und in Folge einiger Pflegermangel herrscht, so sind die freien Tage ziemlich dünn gesät. Will nun sehen, was aus Walter noch wird, bis er vollends mit seiner Ausbildung fertig ist.

Es grüßt Euch alle herzlich Euer Ottmar

P.S. Da ich eben Walters Brief noch mal durchgelesen habe, will ich nur noch bemerken, daß ich mich eventuell direkt von hier aus bei einem Regiment melden kann, da es bereits einer so gemacht hat und entlassen müssen sie mich aus dem Roten Kreuz auf Verlangen, da das Militär vorgeht.

La première lettre française, 12. 3. 1917

(ursprünglich französischer Brief: 12 mars 1917

Mon cher père! …)

Mein lieber Vater!

Ich hoffe, daß Du meinen Brief erhalten hast, in dem ich Dich zu Deinem Fest beglückwünscht habe. Da ich heute abend Zeit habe, will ich mir erlauben, Dir einen französischen Brief zu schreiben. Ich bin überzeugt, daß das vorteilhaft ist für uns beide ein wenig in der Umgangssprache zu üben.

Wie ich Dir schon geschrieben habe, war ich letzten Donnerstag in Charleville, um einem Kameraden, der dorthin transportiert worden war, einige Dinge zu bringen, die er vergessen hatte. Ich habe einige Postkarten von der Stadt und vom Maastal gekauft. Ich werde sie bei Gelegenheit zusenden. Ich war auch in einem Laden, um Wolle für die Mutter zu kaufen. Aber in Frankreich ist sie noch viel teuerer als in Deutschland. Fünfzig Gramm kosten drei Francs, so daß ein Pfund dreißig Francs kosten würde. Übrigens war dieser Ausflug kein großes Vergnügen. Die Züge waren am Morgen und am Abend um vier Stunden verspätet, und außerdem waren die Wagen nicht beheizt, so daß ich in dieser Nacht sehr gefroren habe. Um sechs Uhr morgens zeigte das Thermometer zwölf Grad unter Null. In der vergangenen Woche hatten wir Schnee in einer Höhe von ungefähr dreißig Zentimeter und mehrere Einwohner versicherten mir, daß man seit zwanzig Jahren nicht soviel Schnee in Frankreich gehabt habe. Jetzt ist der ganze Schnee geschmolzen, so daß die Flüsse über die Ufer getreten sind.

Nächste Woche erwarten wir einige Änderungen in unserem Lazarett. Deren größte wird sein, umgewandelt zu werden in eine Ambulanz. Da die Ambulanzen besetzt sind durch Militärpfleger, müssen wir unsere Baracken verlassen. Es sind nur noch einige Baracken, die reserviert sind für Seuchenkranke. Diese Baracken sind bis jetzt besetzt durch Pater. Es ist möglich, daß wir in diese Baracken zurückkehren werden, andernfalls müssen wir das Lazarett verlassen, vielleicht auch Rethel. Wir sind noch nicht genau informiert.

Übrigens geht es mir gut. Das Paket, von dem ich im letzten Brief geschrieben habe, werde ich am Mittwoch wegschicken und ich rechne damit, daß es Euch in vierzehn Tagen erreichen wird.

In der Hoffnung, daß Ihr bei guter Gesundheit seid, grüße ich herzlich Ottmar

Wenn Du Zeit hast und wenn es Dir Vergnügen macht einen französischen Brief zu schreiben, würde ich mich sehr darüber freuen.

Militärpfleger, 19. 3. 1917

Liebe Eltern!

Gestern kam das Päckchen mit dem lieben Brief. Für beides herzlichen Dank! Die Sohlen passen und der Tabak schmeckt auch ausgezeichnet. Am Donnerstag kam das Paket von der Gemeinde. Ich habe nur so gestaunt! Die Wurst war übrigens vorzüglich, was auch meine beiden Kollegen bestätigen. Auch die Heimatzigarren ließen wir uns bestens schmecken. Ich habe an Herrn Schultheiß eine Karte geschrieben. Vater wird wohl den französischen Brief erhalten haben. Wie ich dort schon geschrieben habe, stehen große Umwälzungen bevor. Bis heute Abend 6^{h} muß das Lazarett zur Übergabe bereit sein. Die Ablösung erfolgt voraussichtlich übermorgen. Was nun aus uns wird, wissen wir noch nicht. Möglicherweise kommen wir wieder in die Seuche. Am Donnerstag habe ich das Etappenpaket aufgegeben. Hoffentlich kommt es noch vor Ostern an. Es ist Zucker drin, den wir auf Veranlassung des Zugführers geliefert bekamen. Außerdem

3 Brote, eine Flasche Korn und eine Flasche Kognak mit dem zerkratzten Etikett und ein Kistchen Zigarren. Ich habe alles in mein Körbchen gepackt und schicke hiermit den Schlüssel. Da ich 2 Kisten habe, ähnlich wie die, die ich in Urlaub mitgebracht habe, so brauche ich das Körbchen nicht mehr. Wahrscheinlich schicke ich nächsten Mittwoch noch mal ein Kistchen mit Wäsche und anderem überflüssigem Ballast weg, damit ich möglichst wenig Gepäck habe, wenns mal los geht.

Mit Brot sind wir jetzt übergenug versehen. Wir haben uns nämlich mit einem Unteroffizier von der Etappenbäckerei in Verbindung gesetzt, so daß wir Brot in Hülle und Fülle haben. Wirklich ist alles krank bei uns. Seither war Überfluß an Pflegern und jetzt herrscht bitterer Mangel, so daß die freien Tage ganz wegfallen. Aber in den nächsten Tagen kommen wir ohnehin von der Station weg. Ich bin selbst gespannt, wie sich die Sache vollends gestaltet. Sonst gehts mir gut. Hoffentlich seid Ihr auch alle gesund.

Es grüßt Euch alle herzlich Euer Ottmar

Hedwig mache ich ein besonderes Kompliment für die hochfeinen Lebkuchen.

Arbeitsklima im Feldlazarett, 25. 3. 1917

Liebe Eltern!

Besten Dank für das Päckchen mit dem lieben Brief. Das Kaffeebrot und die Wurst habe ich mir bestens schmecken lassen. Von Onkel Karl in Hepsisau kam vorgestern auch ein Päckchen mit Rauchfleisch. Wie er schrieb, hatten sie Schlachtfest und wollten mir auch ein Versucherle schicken.

Das schwierige Problem mit dem Feldlazarett ist endlich, wenn auch nicht zur allgemeinen Zufriedenheit, gelöst. Es ist nämlich jetzt in jeder Baracke ein freiwilliger und ein Militärpfleger. Ich komme ja mit dem meinigen ganz gut aus, aber das ist eben eine Ausnahme. Im Allgemeinen harmoniert die Sache nicht besonders gut zusammen. Außerdem hat jetzt eine Schwester 2 Baracken zu versorgen. Ein riesiger Unterschied ist in der Verpflegung. Während vorher die Leute nie satt wurden, klagen sie jetzt über Überladung. Brot, Butter, Marmelade gibts, so viel man nur will und statt des leeren Tees zum zweiten Frühstück, bekommen die Patienten jetzt Fleischbrühe. Es heißt, bis zum 1. April sollen wir im B-Lazarett abgelöst werden. Ob wir in ein anderes Lazarett kommen oder Rethel ganz verlassen sollen, weiß ich nicht.

Gestern abend wurde uns ein Vortrag gehalten, der zur Ziehung auf die 6. Kriegsanleihe anspornen sollte. Das Resultat der Feldzeichnungen soll vorher bekannt gemacht werden, um die Zeichner in der Heimat ihrerseits dazu anzuspornen. Aber die Stimmung scheint mir nicht besonders begeistert zu sein. Es dauert eben schon zu lange.

Das Körbchen wird wohl noch nicht angekommen sein. Da wir nie wissen, wann wir wegkommen, will ich alles Entbehrliche an Wäsche und sonst noch Verschiedenes diese Woche wegschicken. Aus der Einziehung der Kv-Leute wird es nichts. Die ganze Musterung ist für ungültig erklärt worden. Dafür kommen in nächster Zeit 4 andere weg, die aufgrund eines kaiserlichen Erlasses als Facharbeiter in der Heimat Dienst tun müssen.

Wir haben wirklich schönes Wetter. Nur während der Nacht ist es noch empfindlich kalt, so daß immer noch geheizt werden muß. Wir kriegen wirklich sehr viel Zugänge. Jetzt ist aber diese Übergangszeit, wo es jedes Jahr am meisten Kranke gibt. Mir geht es ganz gut, was ich wohl auch von Euch allen hoffen darf.

Es grüßt Euch alle herzlich Euer Ottmar

Vertretung des Stationsaufsehers, 4. 4. 1917

Liebe Eltern!

Gestern erhielt ich das Paket und den lieben Brief. Für beides herzlichen Dank!

Es kam diesmal ziemlich spät. Während sie sonst Freitag, spätestens Samstag kamen, wurde es diesmal erst Dienstag, so daß ich es schon als verloren betrauert hatte. Ich habe inzwischen auch eine kleine Wandlung durchgemacht, da der Stationsaufseher, der zugleich mit dem Arzt die Visite macht, in Urlaub gefahren ist, so mußte ich ihn vertreten, weil der Arzt mich ausdrücklich dazu bestimmt hat. Offen gesagt ist mir ja ein Pflegerdienst lieber als so ein Schreiberposten. Erstens ist das Schreiben noch nie meine Spezialität gewesen und dann ist Pflegerdienst auch bei weitem nicht so langweilig. Wenn ich um ½11^{h} mit den Visiten und den anderen schriftlichen Sachen fertig bin, hab ich eigentlich nichts mehr zu tun bis um 4^{h}, wo die Beköstigungszettel ausgefüllt werden müssen. Aber ich muß eben außer von 12^{h}–3^{h} immer auf der Station sein. Um 3^{h} ist dann noch mal kurze Visite, dann bin ich für diesen Tag fertig, wenn nicht gerade Zugänge kommen, die ziemlich viel Arbeit machen.

Wie Ihr seht, arbeite ich mich in meinem neuen Amte nicht zu Tode, aber sie ist auch nicht so befriedigend wie Pflegerdienst, besonders von Schwerkranken, wovon ich in letzter Zeit verschiedene hatte.

Über unser ferneres Schicksal wissen wir immer noch nichts Bestimmtes. Unser Zugführer sagte gestern, in 4–6 Wochen spätestens seien wir nicht mehr in Rethel. Möglicherweise kommen wir in ein neueingerichtetes Lazarett in Nouzon bei Charleville, aber wir können ebenso gut woanders hinkommen. Zunächst heißt es eben abwarten.

Jetzt steht schon wieder Ostern vor der Tür und wir stehen noch auf demselben Fleck wie vor einem Vierteljahr, doch hatte man sich von dem Frühjahr so viel versprochen. Vielleicht gibts mit Rußland doch noch eine günstige Wendung.

Kurts Aktien stehen ja auch ganz gut wirklich. Hoffentlich bleibts im Sommersemester so, vor allem im nächsten Schuljahr. Die Ostervakanz wird wohl schon angefangen haben. Hoffentlich bekommt Walter über Ostern auch Urlaub. Für uns haben sich die Urlaubsaussichten noch verschlechtert. Unter einem Jahr darf wenigstens von Rethel aus keiner mehr in Urlaub fahren. Aber wer weiß, wo wir in einem Vierteljahr sind? Dafür gibt es jetzt allerdings 16 Tage und 2 Mark Verpflegungsgeld pro Tag (seither 1,50).

Das Körbchen wird wohl inzwischen angekommen sein. Morgen sinds 3 Wochen, daß ichs weggeschickt habe. Schließlich wird für Vater aus einem Geburtstagsgeschenk noch ein Ostergeschenk. Hoffentlich ist der Zucker nicht naß geworden.

Ich wünsche Euch allen recht vergnügte Osterfeiertage! Vielleicht ist das Wetter bis dahin wieder etwas freundlicher.

Mit herzlichen Grüßen Euer Ottmar

Schneck soll sich an dem Zuckerhasen den Magen nicht verderben. Es werden wohl gar keine fabriziert werden in diesem Jahr.

Warten auf die Verlegung, 16. 4. 1917

Liebe Eltern!

Das Osterpäckchen und den lieben Brief habe ich erhalten, herzlichen Dank dafür. Daß Walters Urlaub so plötzlich abgebrochen wurde, habe ich von Freund Schwarz erfahren, der ihn scheinbar in Marbach getroffen hat. Es ist jetzt vollends schnell gegangen bei ihm. Aber es wird ihm und Euch lieber sein, daß er nach dem Osten kommt. Erstens ist es für ihn selbst interessanter. Weil er im Westen schon gewesen ist und dann ist es ja im Osten bei weitem nicht so gefährlich, besonders wirklich. Ich habe ja schon mit vielen Soldaten gesprochen, und die sagen alle, es sei zwar im Osten etwas beschwerlicher wegen der ungünstigeren Weg- und Witterungsverhältnisse, aber im übrigen sei gar kein Vergleich mit dem Westen. Jetzt ist ja auch im Osten mit Ausnahme kleinerer Abschnitte fast vollständig Ruhe und so wie die Sache wirklich liegt, können wir mit Recht auf einen Sonderfrieden mit Rußland rechnen. Wenn er wirklich in die Nähe von Dünaburg kommt, hat er aber eine kolossal lange Fahrt vor sich.

Wir sitzen eben immer noch in Rethel und harren der Dinge, die da kommen sollen. Es heißt, bis 1. Mai kommen wir bestimmt weg und zwar sollen wir da nach Sedan kommen, dort neu zusammengestellt und dann vielleicht nach einem anderen Kriegsschauplatz versandt werden. Unser Feldlazarett soll in den nächsten Tagen wieder weg kommen und dafür wieder ein neues Kriegslazarett herkommen. Hoffentlich klappt es bald, daß wir von hier wegkommen.

Liebe Mutter, wie Du im letzten Brief vom 7. 4. schreibst, ist das Körbchen noch nicht angekommen, was mich einigermaßen beunruhigt, da das Paket eines Kameraden von Esslingen, das er mit mir am 15. 3. wegschickte, schon am 1. 4. angekommen ist. Hoffentlich kommt es noch. Der Inhalt bestand in 2 Fünfpfundpaketen Zucker, eines war nicht mehr ganz voll, 2 Flaschen Cognac, 1 Schachtel Zigarren und 3 Laib Brot.

Vorgestern habe ich noch eine Kiste mit einem alten Anzug, übriger Wäsche, photographischen Sachen und sonst noch verschiedenes weggeschickt. Die Strümpfe brauche ich vorerst nicht mehr, da ich noch 6 Paar habe. Ich habe mir natürlich die mit den kleinsten Löchern rausgesucht und selber gestopft, wobei mir mein Pfeifenkopf als Stopfei gute Dienste leistete.

Sonst geht es mir ganz gut. In letzter Zeit habe ich wieder ziemlich auf meiner Mandoline gespielt, zu lesen hat man nicht allzuviel und das ewige Kartenspiel verleidet einem auch mit der Zeit.

Vorgestern abend etwa um ½11^{h} bekommen wir wieder mal Fliegerbesuch, allerdings kamen sie nicht so weit, daß sie Bomben warfen, weil sie von unseren Abwehrgeschützen und Maschinengewehren vertrieben wurden. Aber ein schöner Anblick ist es bei Nacht diese Scheinwerfer mit den prächtigen farbigen Lichtsignalen und Leuchtkugeln, dazwischen das Aufblitzen der Abwehrgeschütze, das Rattern der Maschinengewehre und das fortwährende leise Summen der Flugzeuge. Gestern vormittag kam ein ganzes Geschwader feindlicher Flieger und flog in weitem Bogen um Rethel, wurde aber heftig mit Granaten beschossen, so daß 3 eine Notlandung machen mußten. 5 unserer Flieger nahmen ...

<*Schluß fehlt*>

Abrücken nach Sedan, 24. 4. 1917

Liebe Eltern!

„Was lange währt, wird endlich wahr", so heißt es auch bei uns. Heute abend rücken wir ab und zwar zunächst nach Sedan. Dort werden wir aber bloß neu zusammengestellt. Wo wir von dort aus hinkommen, wissen wir noch nicht. Bei mir sind es genau 2 Jahre, daß ich in Rethel war. Am 23. 4. 15 kam ich hierher und heut ist der 24. Ich jetzt auch der einzige von denen, die vor 2 Jahren mit mir herausgekommen sind. Das Wetter ist wirklich schön, so daß wir wenigstens gutes Reisewetter haben werden. Allerdings haben die sternhellen Nächte den Nachteil, daß wir öfter Fliegerbesuch erhalten. Erst vorgestern Nacht haben sie in unmittelbarer Nähe von unserem Quartier Bomben geworfen, so daß in Folge des Luftdrucks in der ganzen Umgebung die <Fenster> sprangen. Glücklicherweise ist niemand ums Leben gekommen.

Liebe Mutter! Das Paket mit dem lieben Brief habe ich mit herzlichem Dank erhalten. Daß das Körbchen in so unverschämter Weise geplündert worden ist, ist sehr bedauerlich. Hoffentlich kommt das Kistchen vom 12. 4. gut an.

Mit herzlichem Gruß Euer Ottmar

Näheres folgt. Solange die neue Adresse nicht bekannt ist, soll keine Post geschickt werden.

Erste Eindrücke in Sedan, 27. 4. 1917

Liebe Eltern!

In Sedan sind wir nun glücklich angelangt. Am Dienstag Abend um 11^h kamen wir an und übernachteten in einem Massenquartier der Febertkaserne. Am andern Morgen bezogen wir unsere eigentlichen Quartiere. Die Zimmer sind soweit ganz schön, doch fehlt alle und jede Ausstattung. Ich habe zunächst ein Zimmer für mich allein, bekomme aber wahrscheinlich noch einen Genossen herein. Für einen allein ist es gerade recht, aber für 2 ist es bedrückend eng. Das Zimmerchen ist nämlich gut gerechnet 2½ m lang und 1½ m breit. Neben dem Bett hat grade noch ein schmales Tischchen Platz, das ich mir selbst aus 4 Brettern zusammengenagelt habe. Das einzige Fenster ist ein Dachfensterchen, ich wohne nämlich im 4. Stock. Dafür habe ich dann wenigstens den Vorteil, daß es schön luftig ist. Auch habe ich eine schöne Aussicht, rechts auf die alte Zitadelle und links auf ein Offizierserholungsheim mit schönen Anlagen.

Dienst haben wir seit Sonntag keinen mehr gemacht, heute ist Freitag. Morgen fangen 12 Mann an im Lazarett Macdonald. „Leider" zähle ich nicht zu diesen 12 Auserwählten.

Die Kost ist ganz ordentlich, jedenfalls besser als in Rethel. Auch sonst ist es in Sedan viel unterhaltender. Die ganze Zivilbevölkerung ist da. Die Läden sind alle offen. Sogar ein Stadttheater ist da, das unter deutscher Verwaltung steht. Sedan ist etwa ein Städtchen wie Ludwigsburg. Daß die Umgebung von Sedan interessant und abwechslungsreich ist, brauche ich nicht besonders zu betonen. Ob und wie lange wir in Sedan bleiben, ist noch unbestimmt. Heut wurde schon gemunkelt, wir kommen nach Italien, was mir jedoch sehr unwahrscheinlich vorkommt.

Da morgen das ganze Kriegslazarett B von Rethel hier her kommt, so halte ich es für das Wahrscheinlichste, daß wir wieder da hineingesteckt werden und somit in Sedan bleiben. In den nächsten Tagen muß sich ja das meiste entscheiden. Hermanns Geburtstag hätte ich diesmal ob dem Rummel fast vergessen. Ich gratuliere ihm herzlich und wünsche ihm alles Gute. Da ich im Augenblick nichts für ihn weiß, lege ich 2 Mark bei.

Es grüßt Euch inzwischen Euer Ottmar

Wenn ich Näheres weiß, schreibe ich wieder. Entschuldigt das schmutzige Briefpapier, aber das Kistchen, in dem ich meine Briefsachen habe, ist noch unterwegs. Dieses eine Bögchen habe ich noch in meiner Manteltasche gefunden.

Spärliche Verköstigung, 4. 5. 1917

Liebe Mutter!

Für das Päckchen und den lieben Brief danke ich Dir herzlich. Daß es auch zu Hause immer knapper wird, glaube ich gern. Gerade das Frühjahr und die erste Zeit vom Sommer sind die schlimmsten

Zeiten. Bei uns ist die Beköstigung wirklich auch sehr knapp. In dieser Beziehung wars in Rethel, besonders im Feldlazarett bedeutend besser. Wenn wir im Lazarettdienst wären, wäre es vielleicht auch besser. Aber zum Aushalten ist es deswegen noch gut und verhungert ist auch noch keiner. Walter scheint es mit Ausnahme der Flohplagen auch ganz ordentlich zu gehen. Da wirds das beste sein, Ihr schickt ihm eine Schachtel Insektenpulver. Ungeziefer haben wir glücklicherweise hier gar keins.

Eben kommt die Post und damit eine Karte von Vater. Das geht ja kolossal schnell jetzt. Gestern nachmittag zwischen 12^h gestempelt und heute schon hier. Das angekündigte Päckchen ist noch nicht da, aber das dauert immer einige Tage länger. Ich bringe morgen vormittag eine Kiste auf die Bahn; das ist aber auch die letzte, denn jetzt habe ich nur noch das Allernotwendigste hier, was ich leicht in meinem Tornister unterbringen kann.

Der Inhalt der Kiste setzt sich in der Hauptsache zusammen aus einer kleinen Apotheke in der Zigarrenkiste, einer Schachtel mit Briefschaften, einer mit Seife und anderen Raritäten; ferner eine Schachtel Zucker mit einem Päckchen Zuckerhonig, ich habe nämlich noch 2 hier. Weiter einige Notizbücher und zwei französische Wörterbücher, ½ Dutzend Taschentücher, eine Schachtel Zigarren und gleich oben die Urkunde für meine Rot-Kreuz-Medaille.

Hoffentlich kommt das 2. Kistchen, das ich heute vor 3 Wochen aufgegeben habe, bald und in besserem Zustand als das erste an.

Es grüßt Dich sowie das ganze Haus ganz herzlich Dein Ottmar

Das Andere steht in dem französischen Brief an Vater, der zugleich abgeht.

Im Lazarett Macdonald, 11. 5. 1917

Liebe Eltern!

Das Paket und die beiden lieben Briefe habe ich erhalten. Für beides herzlichen Dank! Die Lebkuchen waren immer sehr gut, aber wenn ins Feldschicken von Lebensmitteln verboten wird, so brauchst Du Dir, liebe Mutter, keine Sorgen machen. Im Gegenteil, Du bist eine los. Hauptsache sind und bleiben ja die Briefe. Seit ich mich vermittels meines Apparates mit der Etappenbäckerei in Verbindung gesetzt habe, bin ich so reichlich mit Brot versehen, daß ich es mit dem besten Willen nicht mehr bewältigen kann. So habe ich im Augenblick nicht weniger als 4 Brote auf Lager liegen. Wenns sichs nur leichter machen ließe, so würde ich Euch gerne davon schicken. Aber die Etappenpakete müssen dem Delegierten zur Prüfung vorgelegt werden und denen von der Etappenbäckerei ist es doch streng verboten, Brot an einzelne Personen auszugeben. Aber vielleicht gibts doch mal eine Gelegenheit einige durchzuschmuggeln.

Den französischen Brief wird Vater wohl erhalten haben. Ich freu mich schon auf die Antwort. Die Kiste, die ich noch von Rethel aus am 16. 4. weggeschickt habe, sollte meines Erachtens jetzt angekommen sein, hoffentlich besser als die erste. Den Schlüssel zu dem letzten Kistchen schicke ich in den nächsten Tagen in einem Schächtelchen. Das Kistchen müßt Ihr dann erst aufschließen und dann mit dem Hammer den Schiebdeckel nach außen klopfen, weil ich zur Vorsicht auf beiden Seiten einen Nagel eingeschlagen habe.

Seit 2 Tagen bin ich jetzt auch im Dienst und zwar im Lazarett Macdonald, einer alten Kaserne. Es sind dies 2 riesige, langgestreckte Gebäude mit unendlich vielen Sälen und zwischen beiden ein Hof. So bin ich z.B. auf Station 5, Saal 1–4 mit über hundert Mann (innerlich Kranken). Den Zimmerdienst versehen 5 Kommandierte. Der Dienst gefällt mir nicht besonders bis jetzt. Sonst geht es mir gut.

Mit herzlichem Gruß Euer Ottmar

Demande d'un emploi à la pathologie, 12. 5. 1917

(ursprünglich französisch: Sedan, le 12 mai 17

Mon cher père! …)

Mein lieber Vater!

Ich bin sehr erstaunt, schon Antwort auf meinen letzten Brief zu bekommen. Dein Brief hat mir sehr viel Freude gemacht und ich danke Dir tausend Mal dafür. Ich bin glücklich zu hören, daß meinen zweite Kiste gesund und munter angekommen ist. Gestern habe ich Euch einen Brief geschickt. Die Pakete, von denen Du in Deinem Brief schreibst, habe ich noch nicht erhalten.

So wie es mir scheint, werden wir hier einige Zeit bleiben. Wie ich Dir schon geschrieben habe, macht mir der Dienst nicht viel Vergnügen. Wir sind zwei Pfleger für vier Säle mit 96 Kranken. Es gibt viel zu arbeiten, mehr noch als in Rethel, aber die Arbeit selber ist die gleiche wie dort. Ich hätte lieber Verwundete zu versorgen, das ist viel interessanter.

Da ist ein Kamerad, der mir eine sehr interessante Geschichte erzählt hat. Da ich noch einige kleine Vorbereitungen treffen muß, werde ich lieber in Deutsch fortfahren.

<*Fortsetzung in Deutsch:*>

Da es mir nämlich im Lazarett Macdonald ganz und gar nicht gefällt, habe ich mich gestern um eine Stelle bei dem Armeepathologen Prof. Dr. Pick gemeldet und, wie mir der Schreiber vom Geschäftszimmer eben erzählt, soll ich die Stelle auch erhalten. Dieser im Range eines Generalarztes stehende Professor reist nämlich im Auto im ganzen Bereich der 3. Armee herum, um bei besonders interessanten und unerklärlichen Todesfällen die Sektionen vorzunehmen. Die Sektion selbst, d. h. das Öffnen und Fertigmachen der Leiche, hätte ich dann zu besorgen. Ich unterschätze diesen Dienst keineswegs, aber ich glaube es mir zutrauen zu dürfen, bzw. ich muß es, schon meines späteren Berufes wegen. Zudem werde ich wenigstens am Anfang hier und da einen Anschnauzer zu hören bekommen. Aber interessant ist es und lernen kann ich auch etwas dabei, denn es soll ein berühmter Chirurge sein. Ich habe ihn einmal in Rethel gesehen, wo ich zufällig bei einer Sektion zugesehen habe. Auch käme ich auf diese Weise ein wenig zum Autofahren, was mir von jeher Spaß gemacht hat. ...

<*Schluß fehlt*>

Erste Sektionen, 16. 5. 1917

Liebe Eltern!

Eben bekam ich das Paket mit Lebkuchen, dem Büchlein und dem lieben Brief. Die Päckchen mit Tabak und Radis kamen schon vorgestern. Für alles herzlichen Dank.

Der Befehl vor 14 Tagen sein Gepäck auf das Minimum zu beschränken, scheint immer mehr ein blinder Alarm gewesen zu sein. Denn ich glaube nicht mehr daran, daß wir so schnell wieder von Sedan wegkommen. Wir sind jetzt alle im Dienst und somit kein Grund, daß wir aus Mangel an Arbeit wegkommen sollten.

Wie ich in meinem letzten deutsch-französischen Brief schon geschrieben habe, bin ich jetzt beim Armeepathologen Professor Pick beschäftigt. Es gefällt mir auch ganz gut dort. Gestern haben wir 3 Sektionen gemacht, bei 2 nur Schädelsektionen. Diese hatten schwere Kopfschüsse erhalten und es befand sich ein über 3 Markstück großes Loch in der Gehirnkapsel, so daß das Gehirn bloßlag. Wir nahmen dann die Gehirnkapsel vermittels Säge und Meißel ab und als Todesursache kam ein faustgroßer Abszeß, d. h. Eiterung zutage, der durch Knochensplitter und Infektion von außen entstanden war. Heute Vormittag haben wir einen Russen unter den Fingern gehabt. Bei ihm habe ich auch mein Gesellenstück im Zunähen gemacht. Heute nachmittag haben wir noch 3 Mann zu sezieren.

Mit der Wäsche von Mehl verhält es sich so: Er hat mir, als die Kiste schon fertig gepackt war, aber nicht ganz voll wurde, einige Stücke schmutziger Wäsche gegeben, die ich zuoberst gelegt habe. Ich wußte nun neulich bloß nicht mehr, wieviel es war. Das waren 2 Hemden und eine Unterhose eben dazu, dann stimmts schon so. Von der neuen Wäsche gehört ihm nichts.

Ich habe mir ein Rotkreuz-Los zu 3 Mark kommen lassen, es hat die verheißungsvolle Nummer 89949. Will sehen, ob ich Glück habe. Am 1. und 2. Juni ist Ziehung, so daß ich bis 10. oder 11. die Ziehungsliste habe.

Morgen abend und die 3 folgenden Abende sind im hiesigen Theater wieder Vorstellungen, lauter Operetten. Wenn ich Zeit habe, werde ich mir gestatten dreinzugehen. Die beiden letzten Vorstellungen vor 8 Tagen waren sehr unterhaltend.

Das Wetter ist nun bei uns auch plötzlich umgeschlagen. Vorgestern abend hatten wir ein ziemlich schweres Gewitter und seither beständig Regen. Es ist aber gar kein Fehler. Die Hitze in den vorhergehenden Tagen war ja kaum zum Aushalten.

Heute Abend fährt mein Zimmerkollege in Urlaub für 8 Tage. Ein Kind von 2 Jahren ist bei ihm gestorben. Auch ist seine Frau scheints immer kränklich. Möglicherweise kommt er aus diesem Grunde gar nicht mehr heraus, was mir einesteils nicht unlieb wäre. Abgesehen von seiner ziemlichen Korpulenz, die nur eine sehr beschränkte Bewegungsfreiheit innerhalb des kleinen Raumes gestattet, ist er stark schwerhörig und hat, wie diese Leute meistens, allerhand wunderliche Gewohnheiten an sich.

Liebe Eltern!

Ich hätte noch einen Wunsch, ich sollte nämlich ein Büchlein haben über die Grundrisse der Anatomie, ganz kurz, aber klar abgefaßt, ein kleines Büchlein in Taschenformat. Ich glaube schon, daß man etwas derartiges bekommen kann. Sonst hat nämlich die ganze Arbeit nur den halben Wert, weil mir doch die meisten anatomischen Ausdrücke und Bezeichnungen fremd sind. Ich schicke morgen oder übermorgen 70 Mark weg.

In 8 Tagen werdet Ihr von Heidelberg aus 2 schöne Kunstblätter zugeschickt bekommen. Ich habe die Lösung eines Rätsels eingeschickt.

Den Schlüssel zu dem Kistchen schicke ich das nächste Mal in einem Päckchen. Mir geht es soweit ganz gut, bin wenigstens immer gesund.

So, nun ist der Brief wieder beinah 6 Seiten lang geworden, und zuerst dachte ich, es werde kaum 2 reichen, weil ich doch erst vorgestern einen geschrieben habe.

Es grüßt Euch nun alle herzlich Euer Ottmar

Pfingstspaziergang und Sektionsbericht, 1. 6. 17

Liebe Eltern!

Die Karte so wie den lieben Brief habe ich erhalten, für beides herzlichen Dank. Gestern kam von Tante Amalie ein Paketchen mit Backwerk, allerdings ohne jede schriftliche Mitteilung. Schreibt mir bitte auch beim nächsten Mal, ob die beiden Bilder vom Mod. Verlag Heidelberg angekommen sind, sonst schreibe ich noch mal hin. Es müssen 2 schöne, große Kunstblätter sein „Abschied" und „Heimkehr".

Liebe Eltern! Pfingsten habe ich auch dieses Jahr ganz schön verbracht. Unser Professor mußte nämlich grade an Pfingsten zu einer auswärtigen Sektion fahren, so daß bloß der Oberarzt, der dem Armeepathologen zugeteilt ist, da war. Da dieser selbst froh ist, wenn er mal einen Mittag freimachen kann, so kam er um 11^h zu uns in die Schreibstube und verkündigte, daß heute um ½12^h Schluß sei. Unser Oberarzt ist überhaupt ein ganz feiner Mann und wir haben ihn ganz gern, lieber als den Chef selbst, der als alter Junggeselle von ca. 60 Jahren oft recht wunderliche Launen hat. Da wir also den ganzen Nachmittag vor uns hatten, beschlossen wir einen Ausflug nach dem etwa 18 km entfernten Bouillon zu machen. Da die sonst verkehrende Kleinbahn wegen dem zu großen Betrieb an diesem Tag nicht fuhr, suchten wir, nämlich ich und ein norddeutscher Mediziner, uns Räder zu verschaffen, konnten aber nirgends welche bekommen. Da das Wetter zu verlockend, um den ganzen Nachmittag zu Hause zu sitzen, so machte ich mich allein auf die Socken. Ich kam über Givonne nach La Chapelle, ein kleines Dorf, das nach dem Krieg gänzlich von der Karte verschwinden wird, da es vollständig verlassen ist. Die Häuser sind sämtlich zerstört, bloß die Kirche ist unversehrt, wenigstens äußerlich, innen siehts auch recht traurig aus, die Heiligenfiguren sind größtenteils zerschlagen, die Kanzel, Hochaltar und dgl. stark beschädigt, Bänke und Boden schmutzig und verstaubt. Im Turm oben hängt sogar noch eine Glocke. Da es die liebe Sonne allzu gut meinte, und es noch 10 km bis Bouillon waren, zog ich es vor, in dem nahen Wald rechts von der Straße etwas Ruhe und Schatten zu suchen. Auf dem Weg dahin kam ich über eine sumpfige Wiese, die im wahrsten Sinn des Wortes mit Knabenkräutern besät war und zwar in allen Farben, gewöhnliche rote Knabenkräuter, dann die etwas helleren Knabenkräuter, dann wieder ganz weiße und ganz dunkelrote, lauter Prachtexemplare. Und habe noch selten so eine Pracht gesehen. In dem daran stoßenden Wald gab es eine Menge Maiblumen, große und kleine, auch Waldmeister und andere Waldpflanzen. Ich suchte mir an einer kleinen Quelle einen kühlen Platz aus, wo ich mich an dem mitgenommenen Vesper, bestehend aus einer schönen Portion geräucherter Leberwurst und Brot stärkte. Den Trank lieferte natürlich die Quelle. Das <war> wieder mal so richtig idyllisch und man vergaß für einige Stunden das doch ziemlich einförmige Alltagsleben.

Nachher pflückte ich mir noch einen großen Strauß Knabenkräuter und Maiblumen, die ich noch jetzt in meiner Bude stehen habe. Ich bin glücklicherweise seit einigen Tagen wieder allein. Es ist ein Zimmer frei geworden, da die bisherigen Bewohner desselben im Lazarett schlafen müssen.

Ich will nun noch einiges von meiner jetzigen Tätigkeit berichten. Sie entspricht allerdings nicht ganz den Vorstellungen, die ich mir anfangs nach den Schilderungen gemacht hatte. Morgens muß ich um 8^h, spätestens $½9^h$ in der Schreibstube sein. Um diese Zeit laufen nämlich die Meldungen von etwaigen Todesfällen aus allen Lazaretten bei uns ein. Hat unser Professor nun Interesse an der Sektion, so wird die Leiche per Leichenwagen hergebracht, wenn nicht, so kann sie direkt beerdigt werden. Nun kommt es natürlich vor, daß an einem Tag 6–8 gemeldet werden und an einem anderen Tag gar keiner, dementsprechend haben wir das eine Mal sehr viel zu tun, ein andermal fast gar nichts. Gestern z. B. haben wir 6 Mann seziert: 3 Russen, 1 Franzosen und 2 Deutsche. Die Russen sterben überhaupt wie die Fliegen und zwar an körperlicher Erschöpfung, Unterernährung, Herzschwächen und dgl. Sie bekommen offenbar nicht genügend zu essen. Das Schönste bei den Russen ist, daß allen der Schädel aufgemacht wird für wissenschaftliche, ethnologische Zwecke. Die Gesichtshaut wird dann mit Zellstoff ausgestopft und wieder schön zusammengenäht, so daß sie nachher alle richtige Russenköpfe haben. Wir hatten zum Teil schon recht interessante Fälle, auch schon einige gerichtliche Sektionen. Häufig sind es recht gefährliche Fälle und daher größte Vorsicht geboten, so besonders die Gasvergiftungen; eine Infektion bei einer solchen Gasvergiftung würde innerhalb 2 Stunden den Tod herbeiführen. Natürlich ist auch Wundstarrkrampf, Genickstarre, Tuberkulose und dgl. recht gefährlich. Unsere beiden Ärzte können im Augenblick nicht sezieren, weil sie beide eine Verletzung an der Hand haben. Wenn man es gleich bemerkt, wenn man sich sticht oder schneidet, ist es nicht schlimm, man drückt die Wunde aus, betupft sie noch mit Jodtinktur und bestreicht sie nachher noch mit Collodium, dann ist die Sache erledigt und man <kann> sofort weiterarbeiten. Aber es kann vorkommen, daß man einen Schnitt mit dem haarscharfen Messer gar nicht beachtet; so lag kürzlich einer, der auch mitseziert, 14 Tage im Lazarett an einer kleinen Blutvergiftung. Aber wenn man halbwegs acht gibt, ist die Sache nicht halb so gefährlich, wie mans sich vorstellt.

Wir sind im ganzen 4 Mann, da aber einer häufig mit dem Professor auswärts ist, so sind wir noch 3, mein Studiengenosse als Schreiber, (ich als Stellvertreter, falls er mal verhindert sein sollte oder in Urlaub ist), dann der sogenannte Presektor, der die Organe zerlegt, und mein Amt ist, die Leiche zu öffnen und die einzelnen Organe herauszunehmen. Das Zunähen der Leiche ist auch meine Sache. Dann müssen die Seziermesser und andere Instrumente gereinigt werden, ebenso der Seziertisch und zuletzt der Steinboden des Raumes. Wenn alle 4 da sind, aber keine Sektion angesagt ist, habe ich den Ordnungsdienst zu versehen, der darin besteht, daß ich mich zunächst auf dem Schreibzimmer aufhalte und das Telephon bewache. Dann gibt es auch viele Ausgänge zu machen, z. B. auf das Sanitätsdepot, zum Etappenarzt, Kriegslazarettdirektor und ähnlichen Herrschaften. Ihr habt nun so ein ungefähres Bild meiner neuen Tätigkeit.

Ich wollte eigentlich schon gestern schreiben, bin aber nicht mehr dazugekommen. Von 10^h vormittags bis 8^h abends standen wir im Sezierraum, kaum daß wir um $\frac{3}{4}1^h$ das Essen hinunterschütten konnten. Heute ist nun wieder um so ruhiger, der Professor und der Oberarzt sind beide auswärts gefahren zu Sektionen, so daß wir allein sind. Infolgedessen habe ich Zeit zum Schreiben, was Ihr an der Länge des Briefes merken könnt.

Vater schrieb auf der Karte von Zigaretten, für die ich natürlich jederzeit sehr empfänglich bin. Sie sind mir noch lieber wie Tabak. Denn jetzt im Sommer, wenn es einem leicht schlecht wird von dem Geruch der Leichen, gibt es nichts willkommeneres als eine Zigarette. Die beiden Päckchen Tabak habe ich kaum angebrochen. Dann hätte ich noch eine Bitte. Vielleicht könnt Ihr in Heilbronn eine Dose Hartspiritus aufgabeln. Gewöhnlich ist noch eine Vorrichtung da, daß er als Kochapparat benützt werden kann. Denn wir bekamen hier und da Eier oder möchte man sich etwas Kaffee gewärmen, im Quartier haben wir eben gar keine Gelegenheit. Das Essen ist im übrigen ziemlich gut und auch ziemlich reichlich. Morgen schicke ich wahrscheinlich eine Schachtel Zigarren und einen kleinen Zuwachs für das Photoalbum. Wir haben andauernd schönes Wetter und wenn ich abends nicht spazieren gehe, setzte ich mich mit einem Buch auf meine Veranda, nämlich auf das ziemlich flache Schieferdach ...

<*Schluß fehlt*>

Photographien aus Sedan, 2. 6. 1917

Liebe Eltern!

Anbei einige hübsche Ansichten von Sedan und Umgebung. Die ganzen Postkarten haben Freund Schwarz und ich zusammen aufgenommen. Wenn unser einer Mann, der gegenwärtig in Urlaub ist, zurückkommt, will unser Professor, der auch einen Apparat besitzt, uns alle mit Oberarzt und Laborantin aufnehmen. Ich hätte die Zigarren an Walter geschickt, aber ich wollte eben diese Photographien mitschicken. Sie als Brief zuschicken, wäre mir zu unsicher. Aber Ihr könnt ihm ja gelegentlich welche davon mitschicken.

Heute abend gegen ½7^{h} hatten wir ein kurzes, aber schweres Gewitter. Es schlug etwa 20 Meter von dem Fenster unserer Schreibstube in einen Baum ein und schlitzte den ganzen Stamm, so daß die Splitter nach allen Seiten hinausfuhren, einige bis an die Wand unseres Zimmers. Alles andere steht in dem Brief von gestern.

Mit herzlichem Gruß Euer Ottmar

Unverhoffte Freizeit, 4. 6. 1917

Liebe Eltern!

Für das Päckchen, das ich gestern bekommen habe, meinen herzlichsten Dank! Das war allerdings eine Überraschung als gleich oben 2 Brezeln zum Vorschein kamen. Ich habe sie mir natürlich ebenso wie den vorzüglichen Apfelkuchen bestens schmecken lassen.

Gestern (Samstag) nachmittag haben wir wegen Mangels an Arbeit das Geschäft schließen müssen. Sehr schmerzlich, nicht wahr? Morgen mache ich eine Ausflug nach Corbon bei Vouziers; ich muß einen

Mantel dahin zurückbringen, den sich unser Professor wegen des Gewitters am Donnerstag geliehen hatte. Ich schreibe da morgen eine Karte.

Mit herzlichem Gruß Euer Ottmar

Ein neues Quartier, 8. 6. 1917

Liebe Eltern!

Die beiden lieben Briefe habe ich gestern erhalten. Daß Ihr von mir so lange keine Post erhalten habt, wundert mich, denn ich habe in der letzten Zeit regelmäßig geschrieben. Es ist möglich, daß in dem Pfingsttrubel ein Brief verloren ging. Wie ich Euch in dem letzten Kartenbrief <geschrieben habe>, den Ihr ja wohl erhalten haben werdet, bin ich nach Corbon gefahren. Es ist ein kleines Dorf etwa 2 Stunden südlich von Vouziers. Ein besonderes Vergnügen wars allerdings nicht, weil es schauderhaft heiß war und dabei 8 Stunden auf der Bahn, glücklicherweise war es nicht besonders voll.

Vorgestern Abend war ich mit meinem Professor noch in Charleville. Er fährt nämlich morgen Abend in Urlaub nach Berlin, da hat er noch Lebensmittel en gros eingekauft.

Heute oder morgen ist bei uns großer Umzug. Ich für meinen Teil bedaure das sehr, denn ich fühlte mich in meiner Klause ganz wohl. Ich habe das neue Quartier noch nicht gesehen, aber wie es heißt, soll der ganze Zug (ca. 30 Mann) in 2 große Zimmer verteilt werden, sehr angenehme Aussichten! Zudem ist es von dort aus eine ½ Stunde nach Asfeld. Ich habe daher die Absicht im nächsten Urlaub mein Fahrrad mitzunehmen. Mit der Bereifung wird es allerdings große Schwierigkeiten haben. Die Mäntel sind ja, soviel ich mich erinnern kann, noch ordentlich, es handelte sich daher in erster Linie um Schläuche. Vielleicht kann Hermann, wenn er noch nicht eingezogen ist, ein wenig danach sehen. Wenn Schläuche käuflich zu erwerben sind, schicke ich sofort das Geld. Das Gestell müßte dann auch mit schwarzem Eisenlack frisch gestrichen werden.

Da ich in der Hauptsache Ordonnanzdienst habe und oft weite Gänge zu machen sind, so wäre eben ein Rad von großem Vorteil. Auch könnte ich Sonntags nachmittag, wo wir gewöhnlich frei haben, kleinere Ausflüge in die Umgebung machen.

Die Nachricht von Georg ist sehr schmerzlich, hoffentlich braucht man nicht das Schlimmste anzunehmen. Herr Geprägs ist wirklich sehr zu bedauern, seine Kinder und die Frau schwer krank.

Ihr werdet auch immer eine Arbeit haben mit dem Garten und der ausgedehnten Landwirtschaft. Sollte ich eben Urlaub bekommen, aber ich glaube kaum, daß ich vor September, vielleicht noch später fahren kann.

Was machen denn auch die beiden Luisen? Ist H. Ricker noch in K.? Jedenfalls wird die große Luise auch ordentlich zu arbeiten haben. Das Wetter ist wirklich immer schön, bloß abends gibts manchmal ein Gewitter. Wenn es so heiß bleibt den Sommer über, gibts doch sicher wieder einmal ein schönes Weinjahr.

Im übrigen geht es mir sehr gut, auch der Dienst gefällt mir allmählich besser wie am Anfang.

Lieber Vater! Sobald ich Zeit habe, beantworte ich Deinen französischen Brief, der mich sehr gefreut hat.

Es grüßt Euch, sowie Hermann, Hedwig, Schneck und Luise herzlichst Euer Ottmar

Anatomiebuch gesucht, 10. 6. 1917

Lieber Vater!

Soeben erhalte ich Deine Karte, deren Inhalt mir ebenso überraschend ist wie Dir scheints der meines Briefes. Es liegt hier offenbar ein kleines Mißverständnis vor, oder weiß ich nicht mehr, was ich geschrieben habe. Aber soviel, ich mich erinnern kann, schrieb ich gleich nach dem langen Brief noch einen Kartenbrief des Inhalts, mein Professor wüßte augenblicklich auch kein bestimmtes Buch anzuführen und ich bitte daher um Zusendung eines beliebigen Anatomiebuches kleineren Formats. Je eher ich es bekommen kann, um so lieber ist es mir. Heute (Sonntag) nachmittag haben wir frei gemacht, aber es kam ein Gewitter mit anschließendem Dauerregen, so daß man wohl oder übel zuhause bleiben mußte.

Mit herzlichem Gruß Ottmar

Vorgestern und heute morgen gingen auch Briefe ab.

Quartierfrage, 10. 6. 1917

Liebe Eltern!

Das liebe süße Paket so wie die Karte von Vater habe ich erhalten, herzlichen Dank für beides. Von Onkel H. habe ich gestern seit langer Zeit ein Lebenszeichen bekommen, bestehend in einem Päckchen

Keks und Bonbons; allerdings war gar nichts Schriftliches drin. Vielleicht kommt noch eine Karte. Heute hab ich von Walter den ersten Brief bekommen. Er schreibt so weit ganz vergnügt, klagt bloß über geistige Verstumpfung, der er langsam anheimfalle. Es ist ja auch nicht zu verwundern in dieser Einöde.

Die Quartierfrage scheint sich für mich doch noch günstiger zu gestalten als ich zuerst befürchtete. Ich komme wahrscheinlich zu meinem Kollegen ins Quartier, der zusammen mit noch einem Kameraden 2 Zimmer bewohnt. Das eine kleinere, das zur Zeit leersteht, würde ich bekommen. Ich hätte von dort kaum 10 Minuten nach Asfeld und, was mir die Hauptsache ist, ich wäre viel ungestörter und könnte nach Belieben lesen oder schreiben. Auch ist dort elektrisches Licht. Unser Professor ist heute mittag in Urlaub gefahren, so daß wir für 8 Tage nur den Oberarzt haben.

Mit herzlichem Gruß Euer Ottmar

Meinen Brief von vorgestern werdet Ihr wohl erhalten haben.

Ich schicke morgen ein Paket mit einigen leeren Feldpostschachteln weg.

Über die Fliegerei, 24. 6. 1917

Liebe Eltern!

Den lieben Brief, Karte sowie Paket habe ich erhalten, herzlichen Dank für alles! Für den Blitzkuchen, liebe Mutter, mache ich Dir übrigens ein besonderes Kompliment, er war vorzüglich. Ebenso waren die Zigaretten hoch willkommen. Eigentlich muß ich mich noch für das letzte Paketchen bedanken, aber da kein Brief dabei war, warte ich immer auf diesen und infolgedessen zögerte es sich ein wenig hinaus.

Mit Hermann ist es ja vollends recht schnell gegangen, ich bin gespannt, wie ihm die Ausbildung bekommt. Er soll sich die Fliegerei nur nicht allzu glänzend vorstellen. Bis er als Infanterist ausgebildet ist, vergeht mindestens ¼ Jahr. Wenn er dann nachher einer Fliegerstaffel zugeteilt wird, hat er, wenigstens im Anfang, auch nicht den angenehmsten Dienst. Ich kenne den Betrieb von Rethel her, wo 2 Staffeln waren und ich habe mich da öfters mit den Leuten unterhalten. Zu Flugzeugführern bringen es natürlich nur ganz wenig Auserwählte, die aber mindestens 1 Jahr bei der Fliegerei sind und sich dabei als besonders befähigt erwiesen haben. Im übrigen besteht der Dienst in der Hauptsache in peinlicher Instandhaltung der Flugzeuge, nach jeder Fahrt muß der ganze Apparat gründlich mit Benzin gereinigt werden, wobei diese edle Flüssigkeit eimerweise verschwendet wird, ich habe es selbst oft mit angesehen. Dann haben sie natürlich beim Aufstieg und bei der Landung den nötigen Dienst zu leisten. Vor allem aber haben sie nie richtige Ruhe, weil sie jederzeit alarmiert werden können, sehr häufig mitten in der Nacht.

Wenn Walter zu den Telephonisten käme, wäre dies ja sehr erfreulich, am meisten natürlich für ihn selbst; dort ist es auf jeden Fall viel interessanter und bei weitem nicht so anstrengend.

Die Botschaft von Georg hat mich sehr gefreut. So ist doch wenigstens Aussicht, daß er den Krieg vollends übersteht, sein Französisch wird ihm jetzt gut zustatten kommen, auch kann er sich jetzt vollends ausbilden.

Bei mir ist es im großen und ganzen immer dasselbe. Letzte Woche war ich 3mal in Charleville, um für den Professor Besorgungen zu machen. Im übrigen habe ich viel Freizeit neben meinem Telephon, das ich hüten muß. Meine Hauptbeschäftigung besteht daher in Lesen. An Stoff fehlt es mir nicht mehr, da mir 2 Ausleihbibliotheken zur Verfügung stehen. Die letzten Abende war ich meist im Theater; es wurden ganz schöne Stücke gegeben, unter anderem das Lustspiel „Was ihr wollt" von Shakespeare, „Die fünf Frankfurter", „Der zerbrochene Krug" von Kleist.

Über meine neue Wohnung habe ich Euch noch gar nichts Näheres geschrieben. Da nämlich das alte Quartier geräumt werden mußte und das neue Quartier in dem Vorort Balan liegt, ½ Stunde von Asfeld entfernt, bekam ich von unserem Oberarzt ein schönes Quartier in der Stadt angewiesen, 5 Minuten von Asfeld. Meine beiden Kollegen wohnen auch dort, sie haben zusammen das größere Zimmer, ich das kleinere für mich allein. In der Wohnung haben wir Gasglühlicht und einen kleine Küche mit Wasserleitung und Gasherd, ganz modern, nicht? Fast wie in Stuttgart, Mozartstr. 52. Ich mache in Bälde eine Blitzlichtaufnahme vom Zimmer.

Im übrigen geht es mir gut, was ich Euch auch allen wünsche.

Es grüßt Euch herzlich Euer Ottmar

Adresse beachten!

Es wäre mir sehr lieb, wenn ich wegen des Fahrrades Auskunft kriegen könnte, ob man noch Schläuche bekommen kann.

Frische Kirschen, 28. 6. 1917

Liebe Eltern!

Die Kirschen habe ich gestern erhalten, sie waren wie frisch vom Baum und ich danke Euch herzlich dafür. Es gibt hier auch ein wenig, aber natürlich unverschämt teuer und nicht so schön wie diese. Von Hermann habe ich auch eine Karte erhalten, es scheint ihm ganz gut zu gefallen. Die Karte von Vater, für die ich besonders danke, bekam ich heute Mittag. Wegen Hartspiritus braucht Ihr Euch natürlich nicht weiter umzusehen, da wir ja jetzt Gas in der Wohnung haben. Im nächsten Brief schicke ich ein Bild von meinem Zimmer mit.

Lieber Vater, auf Deine Anfrage wegen eines französischen Briefes versichere ich Dir, daß in den nächsten Tagen wieder einer abgehen wird. Es wäre mir sehr lieb, wenn Du mir das eine Wörterbuch, das ich geschenkt bekam, zuschicken würdest, wenn es nicht zu schwer ist.

Mit herzlichem Gruß Ottmar

Der eigentliche Brief folgt morgen oder übermorgen.

Bestellung eines Anatomiebuches, 1. 7. 1917

Lieber Vater!

Gestern habe ich Deine liebe Karte erhalten, worin Du mir mitteilst, daß Du noch kein bestimmtes Buch bestellt hast. Falls Du mir zum Eintreffen dieser Karte noch keines bestellt hast, so würde ich „Jüngers Repetitorium der pathologischen Anatomie" vorschlagen, Preis 4 Mark. Wenn Du aber inzwischen ein von Prof. E. empfohlenes Buch bestellt hast, so bitte ich es nicht noch einmal abzubestellen, da Du Dir ja ohnehin mit der Sache so eine Mühe gemacht hast. Ich erhielt nämlich von der Tübinger Buchhandlung einen Medizinischen Katalog zugeschickt. Heute Mittag bekam ich das 2. Schächtelchen Kirschen; leider waren sie nicht so gut erhalten wie die ersten. Ein großer Teil war stark angefault, vielleicht waren sie beim Verpacken naß.

Morgen folgt deutscher und französischer Brief.

Mit herzlichem Gruß Allerseits Ottmar

Professor Pick, Armeepathologe, 3. 7. 1917

Liebe Mutter!

Soeben habe ich Deinen lieben Brief erhalten, der mich sehr gefreut hat. Wie ich schon auf der Karte schrieb, war die 2. Sendung Kirschen nicht mehr ganz so gut wie die erste. Bin begierig, wie die 3. Ladung ausfällt, die ich nach Vaters Karte morgen erwarte.

Von hier kann ich eigentlich von der verflossenen Woche nicht viel Neues berichten. In den letzten Tagen war es ganz ungewöhnlich ruhig, nur hier und da ein Russe. Auswärtige Sektionen waren allerdings in letzter Zeit verschiedene. Aber damit habe ich ja nichts zu tun. Wir sind im Gegenteil froh, nicht am wenigsten auch unser Oberarzt, wenn wir unseren Professor für einen Tag los sind, denn man hat tatsächlich keinen Augenblick Ruhe, solange er in der Nähe ist und sind es in der Hauptsache ganz private Aufträge, die er uns ausführen läßt. Mindestens 10mal am Tag ist der Weg nach der Post zu machen, um Post hinzutragen oder abzuholen. Dann schickt er jemand ins Kasino, um ihm eine Flasche Wein zu holen, dann sind Einkäufe aller Art zu machen oder sind Gänge zum Schneider, Tischler, Photographen u. s. w. zu machen. So geht es den ganzen Tag fort. Es ist eben ein alter Junggeselle und vor allem ein Berliner, wie er leibt und lebt. Diese Herren glauben ja bekanntlich, die ganze Welt sei nur für sie da und müsse nach ihrer Pfeife tanzen. Es ist nur gut, daß er 5 „Diener" hat – so pflegt er sich nämlich auszudrücken. Einer allein müßte in kurzer Zeit verrückt werden. Aber so ist die Sache oft wie eine richtige Komödie. Gestern war ich wieder mal in Charleville in der Absicht Uniformknöpfe zu kaufen, aber glücklicherweise gab es keine. Da ich überreichlich Zeit hatte, besuchte ich einige von Rethel mir gut bekannte Schwestern und kam so 3mal zum Kaffeetrinken; sie freuten sich natürlich riesig, daß ich sie aufgesucht hatte.

Liebe Mutter, was den Urlaub betrifft, so bin ich hierin auch ganz Deiner Meinung. Ich sehne mich diesmal ganz besonders, wieder mal nach Hause kommen zu können, denn wo ist es schöner als zu Hause bei Muttern? Allzu lange wird es ja wohl auch nicht mehr dauern, ich rechne bis August. Es ist nämlich wieder ein Erlaß herausgekommen, wonach man die Mannschaften womöglich alle halb Jahr in Urlaub fahren lassen soll.

Bei uns war es in letzter Zeit ziemlich regnerisch. Es scheint jetzt wieder etwas beständiger werden zu wollen. Wir hatten auch einige schwere Gewitter, einmal mit Hagelschlag begleitet. Aber im Allgemeinen stehen auch bei uns die Felder und Obstbäume sehr schön. Hoffentlich bekommen wir schönes Erntewetter.

Mehl ist als Facharbeiter eingezogen worden, ist wahrscheinlich in Metzingen beschäftigt. Adresse: Herr Heinrich Mehl, Metzingen (Böblingen), Bahnhofstr. – die Nr. weiß ich nicht mehr genau, aber ich glaube, es war Nr. 39.

Da ich an Vater noch einen französischen Brief schreiben will, so will ich jetzt schließen für heute.

Es grüßt Dich sowie das ganze übrige Pfarrhaus Dein Ottmar

Kaputte Schuhe, 17. 7. 1917

Liebe Eltern!

Brief und Karte sowie gestern mittag das Paketchen habe ich erhalten. Herzlichen Dank für alles! Diese Ramses-Zigaretten schmecken immer sehr gut. Mein Paketchen mit Zigarren wird wohl inzwischen angekommen sein.

Lieber Vater, auf den französischen Brief freue ich mich sehr; wenn ich in Urlaub komme, haben wir ja beide entschieden leichter, indem wir es mündlich abmachen.

Von hier gibt es eigentlich nicht viel Neues zu berichten. Der Betrieb ist in letzter Zeit wieder ziemlich lebhaft geworden. Unser Schreiber, der große Mediziner, ist plötzlich an hohem Fieber erkrankt, lag 8 Tage im Lazarett und ist nun vorgestern auf diesen Schreck 3 Wochen in Urlaub gefahren.

Kurt wird wohl schon in Hepsisau sein. Dies Jahr beginnen scheints die Sommerferien schon Mitte Juli. Was macht denn Hermann? Ist er noch in Vaihingen oder ist er schon nach Böblingen übersiedelt? Wenn er als Flugzeugwart verwendet wird, so hat er einen ganz interessanten Dienst. Er hätte da in der Hauptsache beim Aufstieg und bei der Landung des Flugzeugs Hilfestellung zu leisten. Zu jedem Flugzeug gehören beim Aufstieg 3 Mann, 2 an die beiden Flügel und einer an den Schwanz. Wenn der Propeller aber einmal 1500 Umdrehungen in der Minute macht, dann darf sich der Hintermann wohl in Acht nehmen, daß er von dem ungeheueren Luftdruck nicht umgeworfen wird. Nachher haben die Flugzeugwarte noch das Vergnügen, ihren Vogel zu putzen.

Was treibe denn auch Hedwig und Schneck? Schneck muß mir unbedingt noch einen Brief schreiben, sonst bringe ich ihm nichts mit.

Liebe Eltern, ich habe noch eine große Bitte. Ich sollte nämlich möglichst bald 40 Mark haben, um mir ein Paar Schuhe zu kaufen. An den gegenwärtigen verliere ich bald die Sohlen und der Schuster erklärte, sie könnten unmöglich frisch gesohlt werden, weil das Oberleder zu schlecht sei. Vor 8 Tagen habe ich allerdings ein Paar neue angefordert, aber bis diese kommen, wird es Spätherbst. Am liebsten wäre es mir, wenn Ihr es in einem Geldbrief schicken würdet, es geht am schnellsten und ist nicht so umständlich wie die Zahlkarten.

Im übrigen geht es mir immer ganz gut und ich wünsche Dir nur, liebe Mutter, daß Deine zweifelhaften Vergnügungsreisen nach Tamm bald aufhören. Ich wundere mich selbst, daß ich in der ganzen Zeit noch gar nichts mit Zahnschmerzen zu tun hatte, obgleich unter anderem einer ganz kaputt ist.

Es grüßt Euch alle herzlich Euer Ottmar

Eine Intrige, 25. 7. 1917

Liebe Eltern!

Besten Dank für die beiden lieben Briefe. Vorgestern erhielt ich den französischen Brief von Vater. Vielleicht träumt er zusammen mit Hedwig schon von Kaiser Rotbart. Das Wetter scheint ihnen wenigstens günstig zu sein. Nach Deinem Brief zu schließen, liebe Mutter, seid Ihr ja schon bald fertig mit Eurer Getreideernte und ich glaubte schon, dies als Grund für Nachurlaub anführen zu können! Da muß ich mich eben inzwischen auf etwas anderes besinnen.

Hoffentlich bleibt das Wetter jetzt einigermaßen beständig, daß alles trocken unter Dach und Fach kommt. Soeben bekomme ich Dein liebes, kleines, süßes Paketchen mit Himbeergesälz, das einfach herrlich schmeckt. Es schmeckt im Vergleich zu der Marmelade, die wirklich noch angeht, wie eine echte Havanna nach einer Liebesgabenzigarre. Auch hätte es gar nicht besser eintreffen können, denn ich hatte am Morgen eben meine letzte Marmelade aufgegessen, so daß ich am Nachmittag das Brot hätte leer essen müssen, was natürlich auch nicht schlimm gewesen wäre. Die äußere Schachtel schicke ich zurück, sie ist noch gut erhalten. Für die eigentliche Verpackung halte ich die Pergamentschläuche für praktischer und sicherer.

Bei uns scheint der Betrieb wieder etwas ruhiger zu werden, aber in den letzten Tagen hatten wir täglich 4–6 Sektionen und zwar fast ausschließlich Russen, unter denen eine richtige Ruhrepidemie ausgebrochen zu sein scheint. Der Höhepunkt scheint jedoch wieder überschritten zu sein. Ich lege hier ein Bild von der Blütenperiode bei. Die andere Aufnahme, bei der ich am Sezieren war, ist leider nichts geworden. Aber ich mache bei der nächsten Gelegenheit noch mal eine, ich muß doch auch ein Andenken haben.

Über meinen Urlaub kann ich noch gar nichts Näheres sagen. Ich will aber am 1. August mit meinem Zugführer sprechen.

Neulich wäre ich beinahe 3 Tage ins Loch geflogen. Der Professor verhandelte eben mit mir über eine Sache, als eine Ordonnanz im Geschäftszimmer mit einem Brief erschien. Der Professor öffnete ihn und ich war sprachlos, als er erklärte, es sei Beschwerde gegen mich eingelaufen, ich hätte verbotenerweise Kirschen gegessen. So dann hätte ich auf dem Geschäftszimmer eine beleidigende Äußerung getan. Mein Herr Professor gab mir gleich die „tröstliche" Aussicht, wenn dem so sei, müßte ich unbedingt bestraft werden. Aber natürlich waren ¾ der Beschwerde Erfindung der Herren auf dem Geschäftszimmer, so daß die ganze Geschichte schon von der nächsthöheren Stelle zurückgewiesen wurde. Ich bekam infolgedessen weder 3 Tage, nicht mal einen Verweis. Ich will mich hier nicht näher über die Sache auslassen, weil der Brief eventuell amtlich kontrolliert werden könnte, aber ich könnte ein Liedchen singen von diesen Zuständen. Ich kann Euch das Nähere später mündlich erzählen.

Letzte Woche war ich wieder einmal in Charleville und da hatte ich Gelegenheit den Kronprinzen aus nächster Nähe zu sehen. Er fährt fast immer in einem rotlackierten Auto, das er selbst fährt. Dabei nimmt er aber bei den Straßenbiegungen fast die Hausecken mit; er scheint es immer sehr eilig zu haben. Vorgestern machte ich sogar die Bekanntschaft von Herzog Albrecht von Württemberg. Ich stand gerade vor der Haustür um 8h früh und warte auf meinen Kameraden, der gleich darauf herunterkam, als er in Begleitung seines Adjutanten vorbeiging. Er grüßt auch sehr freundlich. ...

<*Schluß fehlt*>

Nachricht von Walter, 26. 7. 1917

Lieber Vater!

Deine Karte habe ich soeben erhalten und ich bin hinsichtlich des Buches auch ganz Deiner Ansicht. Denn vor dem Urlaub werde ich mich nicht mehr besonders in die Geheimnisse der Anatomie vertiefen. Das Geld kam gestern an, besten Dank! Walter hat mir gestern geschrieben. Ich lege hier seinen Brief bei. Wie daraus hervorgeht, ist er allem nach nicht sonderlich begeistert. Die Unterkunft und Verpflegungsverhältnisse scheinen ja auch recht traurig zu sein. Ich werde ihm in den nächsten Tagen wieder etwas schicken. Gestern ging ein großer Brief ab.

Mit herzlichem Gruß Euer Ottmar

Teures Obst und neue Schuhe, 5. 8. 1917

Liebe Eltern!

Heute, Sonntag vormittag, habe ich mal wieder schön Zeit für einen Brief. Unser Professor ist auswärts gefahren und sonst liegt im Augenblick auch nichts besonderes vor. In letzter Zeit hatten wir ständig Hochbetrieb und wir hatten oft bis in die Nacht hinein zu arbeiten. Über meinen Urlaub kann ich leider immer noch nichts bestimmtes schreiben. Die Sache liegt nämlich so: der eine Kamerad, der auf seine Erkrankung hin 3 Wochen Urlaub bekam, fühlt sich angeblich noch immer sehr matt und hat Nachurlaub eingegeben, wieviel weiß ich nicht. Ich fragte am 1. 8. unseren Zugführer, der sagte, die Sache liege noch beim kaiserlichen Kommissar und sei noch nicht entschieden. Die 3 Wochen wären heute abgelaufen und ich denke, daß er bis Mitte des Monats spätestens zurück ist. Ich hoffe, daß es dann doch auch klappt bis dahin.

Das Paket mit Rauchfleisch habe ich vor einigen Tagen erhalten, es war ausgezeichnet. Frl. Belschner habe ich geschrieben. Das Brot war leider durch und durch verschimmelt.

Vorgestern habe ich ein Paar Schuhe gekauft. Ich war Anfang letzter Woche in Charleville , weil man dort noch eher etwas bekommen kann. Aber dort hatten sie nur noch Schuhe zum Zuknöpfen für 56! Mark. Vorgestern entdeckte ich nun hier in einer Ecke einen Laden, wo ein schönes Paar Schnürschuhe Nr. 43 ausgestellt war. Die Madame verlangt zuerst 40 Mark, aber ich handelte auf 30 Mark herab.

In der letzten Woche war ich 2mal im Theater in der Operette „Wiener Blut“ und „Der fidele Bauer“; im letzteren kommt auch die bekannte Melodie „Heinerle, Heinerle, hab kein Geld“ vor, wie die Musik des Stücks überhaupt äußerst gelungen ist.

Das Frühobst fängt bei uns auch allmählich zu reifen an. In Charleville sieht man schon überall Äpfel, Birnen und Pflaumen ausgestellt, allerdings noch ziemlich teuer, das Pfund reife Birnen kostet z. B. 90 Centimes. Hier habe ich nun kürzlich einen alte Gärtnerin entdeckt, bei der es Pflaumen zu kaufen gibt, sonst gibt es hier nämlich nirgends Obst zu kaufen. Sie verlangt fürs Pfund 40 Pfennig und ich werde ein wenig Pflaumenmus einkochen.

Bei uns ist das Wetter in letzter Zeit immer noch recht trüb und regnerisch gewesen und es scheint auch vorerst keine Aussicht auf Besserung zu sein. Ich fürchte, es wird bei Euch auch nicht viel besser sein.

Ich lege hier ein Bild vom Sezierraum bei, wo ich auch darauf bin. Den Brief mit der anderen Karte werdet Ihr ja wohl erhalten haben. Auf diesem Bild bin ich eben mit dem Herausnehmen des Darms beschäftigt. Diese Kopie ist fast etwas zu dunkel, ich schicke das nächstemal eine hellere mit.

Im übrigen geht es mir gut, Euch hoffentlich auch Allen.

Es grüßt Euch herzlich Euer Ottmar

Soeben kommt noch die Karte von Böblingen, besten Dank!

Urlaubspläne, 14. 8. 1917

Liebe Eltern!

Herzlichen Dank für die beiden Pakete und den lb. Brief. An Tante Lechner habe ich geschrieben. Die Zigaretten waren äußerst willkommen, da ich vollständig abgebrannt war; sie sind übrigens sehr gut, es scheint noch Friedensware zu sein. Hedwigs Paket habe ich erhalten mit dem schönen Brief von Schneck; die Karten werden sie wohl erhalten haben.

Wir haben wirklich wieder sehr viel zu tun, namentlich habe ich viel zu schreiben. Gestern war ich zur Abwechslung in Fumay zwischen Charleville und Namur, um ½ Ztr. Bandeisen für den Professor zu holen. Es war schönes, klares Wetter und die Fahrt durch das Maastal, die ich letztes Jahr bei dem Ausflug nach Brüssel gemacht habe, war auch diesmal wieder herrlich. Fumay selbst liegt wunderschön, rings lauter Wald mit vereinzelten Felsen, die richtigen Ardennen, das wäre ein schöner Kurort.

Wie ich auf der Karte an Hedwig schon bemerkte, werde ich Ende d. M. i. U. <*des Monats in Urlaub*> fahren. Unser Schreiber hat zu seinen 3 Wochen weitere 3 Wochen Erholungsurlaub bekommen bis einschl. 28. 8. Er ist offenbar ziemlich schlapp und erholungsbedürftig und wird 3 Wochen in ein Bad gehen. Wie wir gestern zufällig in der

Zeitung lasen, ist sein 19jähriger Bruder in Rußland gefallen. Ich werde also mit ziemlicher Sicherheit in 14 Tagen fahren. Hoffentlich wird das Wetter bald etwas beständiger; wir haben seit 14 Tagen richtiges Aprilwetter, 5 Minuten Sonnenschein und dann wieder ein kleiner Wolkenbruch, da muß ja die Frucht auf dem Feld verfaulen.

Die Kost ist bei uns wirklich wieder besser geworden. Es ist jetzt die sog. Feldkost eingeführt und somit haben wir einen neuen Koch bekommen, der wirklich ein Meister in seinem Fach ist und alles sehr schmackhaft zuzubereiten versteht, so daß sogar die berüchtigten Graupen genießbar werden.

Ich bin vorhin unterbrochen worden, inzwischen habe ich Deinen lieben Brief erhalten, liebe Mutter. Es freut mich, daß es Euch allen so gut geht. Schade, daß Kurt am 24. schon wieder in die Schule muß, ich dachte, er werde noch Vakanz haben während meines Urlaubs. Hermann scheint ja kolossale Fortschritte zu machen in der hohen Fliegerkunst; er wird jetzt wohl bald einer Flugzeugstaffel zugeteilt werden. Mir geht es immer gut, bin wenigstens gesund.

Mit herzlichem Gruß Euer Ottmar

Hoffentlich sehen wir uns in 14 Tagen!

Noch kein Urlaub, 26. 8. 1917

Liebe Eltern!

Schon ist wieder eine Woche um. Leider kann ich immer noch keine genaue Zeit angeben. Es scheint, als ob sich diesmal alle bösen Mächte gegen mich verschworen hätten. Übermorgen kommt der eine vom Urlaub zurück und ich könnte Mitte dieser Woche fahren; aber ausgerechnet diese Woche muß ein anderer von uns eine 4–5tägige Dienstreise nach Berlin für unseren Chef machen; dieser kommt voraussichtlich nächsten Montag zurück, so daß ich spätestens Anfang nächster Woche fahren kann, wenn irgend möglich werde ich es versuchen.

Vaters Karte habe ich gestern erhalten, besten Dank! Der übliche Brief ist diese Woche ausgeblieben, am Ende ist er gar verloren gegangen. Mir geht es gut. Der Betrieb hat augenblicklich auch wieder etwas nachgelassen. Unser Chef ist letzte Woche im Bett gelegen, er hatte auch einen leichten Ruhranfall. Ebenso liegt unser Zugführer Himmelein hier im Lazarett, auch an Ruhr. Auf baldiges Wiedersehen!

Mit herzlichem Gruß Euer Ottmar

Ärger mit dem Professor, 2. 9. 1917

Liebe Eltern!

Leider muß ich Euch mitteilen, daß mein Urlaub sich noch mal um einige Tage hinauszögern wird. Unser Professor hat nämlich im letzten Augenblick meinen Urlaub kurzweg abgeschlagen mit der Begründung, ich sei ja „erst" im Januar in Urlaub gewesen, zudem sei ich nicht verheiratet und endlich führte er noch die Meldung an, die vor einem ¼ Jahr gegen mich eingelaufen war.

Ich komme jedoch Dienstag oder Mittwoch vom Armeepathologen weg nach dem Lazarett Colbert, die Gründe sage ich Euch dann mündlich, jedenfalls bin ich darüber nichts weniger als betrübt. Von dort aus bekomme ich auch ohne weiteres meinen Urlaub, so daß es bis Ende dieser Woche wirklich sein wird.

Mit herzlichem Gruß Euer Ottmar

Hoffentlich klappts!

Endlich Urlaub, 7. 9. 1917

Liebe Eltern!

Was lange währt, wird endlich wahr. Ich fahre nächsten Dienstag (11. 9.) Mittag 12½^{h} hier weg. In Stuttgart kurz vor 1^{h} nachts. Ich weiß nicht, ob der Zug in Bietigheim hält. Anschluß werde ich wohl kaum mehr haben. Bei gutem trockenem Wetter ließe sich die Sache eventuell zu Fuß machen.

Mit herzlichem Gruß Euer Ottmar

Auf baldiges Wiedersehen!

Rückreise, 28. 9. 1917

Lieber Walter!

Bin jetzt gleich in Sedan, allerdings mit stark 1½ Stunden Verspätung, nach ½12 statt um 10^{h}. Sonst ist die Fahrt gut verlaufen, habe wenigstens auf der ganzen Strecke schön Platz gehabt. Ich schreibe heute abend noch ein Kärtchen.

Mit herzlichem Gruß an Alle Dein Ottmar

Zurück in Sedan, 28. 9. 1917

Liebe Eltern!

Wie ich auf der Karte heute mittag schon geschrieben habe, bin ich gut hier angekommen. Auch die nachfolgenden Umstellungen sind ohne besondere Schwierigkeiten verlaufen; der Delegierte wollte zwar ein bißchen Theater machen, weil ich nicht schon am Abend vorher gekommen war, aber ich erzählte ihm das schönste Märchen von Zugverspätung und dgl., was er wohl oder übel glauben mußte. Mein Zugführer, der mit mir in Urlaub gefahren ist, hat noch weitere 4 Wochen „Erholungsurlaub" bekommen. Meine Schwester war auch sehr froh, wie ich nachmittags wieder erschien. Die Pfleger, die mich vertreten hatten, hatten sich beide ins Bett gelegt wegen Darmbeschwerden. Morgen schicke ich die Seife ab und für Walter ein Stück Toilettenseife.

Mit herzlichem Gruß allerseits Euer Ottmar

Eingewöhnungsschwierigkeiten, 5. 10. 1917

Liebe Eltern!

Heute bin ich wieder 8 Tage im Dienst. Daß es mir auf den Urlaub hin besonders gefällt, könnte ich nicht behaupten. Überhaupt gefällt es mir nach jedem Urlaub weniger beim R. K. Falls ich je noch mal in Urlaub kommen sollte, nehme ich doch noch meinen Abschied. Die Süddeutsche Zeitung erhalte ich regelmäßig und bin sehr dankbar dafür. Walter wird wohl heute noch in Ulm sein. Hoffentlich kommt das Seifenpaketchen noch zeitig an, daß er die Seine mitnehmen kann. Sein Urlaub neigt sich leider auch schon wieder seinem Ende zu.

Mit herzlichem Gruß an Alle, besonders an Walter, Euer Ottmar

Ein eingebildeter Feldwebel, 18. 10. 1917

Liebe Eltern und Geschwister!

Für Eure lieben Glückwünsche zu meinem Geburtstag danke ich Euch recht herzlich; hoffentlich gehen sie alle in Erfüllung, so daß er das nächste Mal in eine friedlichere Zeit fällt. Eure Besorgnis, es könnte auf meinen Geburtstag nicht mehr reichen, war überflüssig. Deinen Brief, liebe Mutter, habe ich schon am 16. abends erhalten. Vaters Karte und das Paketchen habe ich gestern abend erhalten und ich danke noch mal recht herzlich dafür. Daß das Päckchen so rasch ankam, hat mich sehr gewundert, da sonst immer 4–5 Tage dauert, es scheint sich uns zuliebe besonders beeilt zu haben. Von Onkel Hermann erhielt ich gestern auch ein Kärtchen; er war scheints nicht in Kirchheim, wenigstens schreibt er nicht davon. Er hat, wie er schreibt, eine Kleinigkeit gleichzeitig an mich abgehen lassen.

Ich bin in Gedanken immer noch so halb im Urlaub. Es war eben doch zu schön. Wenn ich auch in diesem Urlaub mehr gearbeitet habe als in einem der vorherigen oder als in allen drei zusammen, hat es mir doch in keinem so gut gefallen als in diesem. Er fiel aber auch wirklich in eine herrliche Zeit diesmal. Leider ging er aber viel zu rasch, fast wie im Traum vorüber. Es wird bei Walter auch so ähnlich gewesen sein, er ist nun auch schon wieder 8 Tage fort.

Der jungen Frau Herzog mache ich mein aufrichtigstes Kompliment, der Butterkuchen war einfach prima, dazu der alte Kirchheimer und das Gelée, besser kann den seligen Göttern Griechenlands Nektar und Ambrosia nicht gemundet haben. Der Nußlikör war übrigens auch vorzüglich und ich lasse Herrn Herzog nochmals bestens danken. Das Himbeergesälz habe ich letzte Woche vollends aufgegessen, ich bin sehr sparsam damit umgegangen, das Beste kommt immer zuletzt. Mit den Äpfeln bin ich seit einigen Tagen auch fertig. Gestern habe ich mich zufällig erkundigt, was sie hier kosten, ich war sprachlos; wie ich in Urlaub fuhr, war der Preis 80 Centimes per Pfund und jetzt 3 fr, also 2.40 Mark per Pfund. Das ist einfach unerhört. Daß Herr Herzog uns noch 3 Säcke Obst geschenkt hat, ist einfach kolossal, ich hätte meinen Buttenträgerdienst wirklich nicht so hoch eingeschätzt und ich werde der Aufforderung, mich an dem davon fabrizierten Most zu laben, das nächste Mal nach Möglichkeit nachkommen.

Heute Abend werde ich mir einen besonderen Luxus gestatten: zuerst werde ich in der Offiziersstube hochfein zu Abend speisen, (wahrscheinlich Gulasch und breite Nudeln) und danach werde ich in der Weinprobierstube eine Flasche Heilbronner Schillerwein austupfen auf Euer Wohl, Ihr tut vielleicht dasselbe, bloß mit dem Unterschied, daß Ihr echten Kirchheimer trinkt.

Ich habe mich allmählich wieder an die hiesigen Mißverhältnisse gewöhnt, wenn es auch etwas herb ging. Gestern hatte ich mal wieder großen Krach mit meinem Stationsfeldwebel. Der Mensch hat ganz entschieden den Größenwahn oder ist es sonst nicht ganz richtig bei ihm. Um ¾7^{h} morgens holt immer ein Patient von meinem Saal den Kaffee. Unglücklicherweise verspätete sich dieser gestern morgen ein wenig, so daß der Herr Feldwebel 5 Minuten warten mußte – wenn er jedoch uns, was nicht selten vorkommt, eine ¼ Stunde warten läßt, so ist das was ganz anderes. – Wie ich also kurz nach 7^h in meinen Saal komme, heißt es gleich, ich soll mich beim Feldwebel melden. Nichts Gutes ahnend suchte ich ihn in seinem Schlafkabinett auf, wo er eben mit Rasieren beschäftigt war. Er hielt mir dann eine ziemlich lange, ihm jedenfalls sehr geistreich erscheinende Rede über militärische Zucht und Pünktlichkeit, wobei er einige Sprüche vom Stapel ließ, die wirklich wert wären als Kasernenhofblüten in die fliegenden Blätter gesetzt zu werden. Ich hätte doch das Einjährige gemacht, sagte er unter anderem, ob ich mich da nicht schäme, meinen Patienten, altgedienten Soldaten, so wenig Ordnung beigebracht zu haben und ich könnte nicht einmal vorschriftsmäßig melden, wenn der Arzt durch den Saal geht. Ich konnte schließlich das Lachen nicht mehr halten, drehte mich um und schob zur Türe heraus. So hatte er seine ganze schöne Rede umsonst ausgedacht. Dies war vielleicht mit ein Grund, daß er 10 Minuten später einem anderen Pfleger mit Prügeln drohte. Dieser beschwerte sich natürlich sofort beim Arzt, von dem der Herr Feldwebel offenbar einen ordentliche Nase gedreht bekam, wenigstens ist er heute die Höflichkeit selbst.

Derartige Szenen wirken immer eher belustigend als niederschlagend. Weniger belustigend ist es allerdings, daß ich den Kaffee jetzt selber holen muß und somit auch eine halbe Stunde früher aus den Federn steigen muß. Meine Schwester fährt morgen abend auf 8 Tage in ein Erholungsheim. Ich weine ihr ja nicht nach, es ist nämlich eine alte, ewig unzufriedene Schraube, der es überhaupt niemand recht machen kann. Da mache ich meine und ihre Arbeit gern mal lieber allein.

Mit der Kost geht es an, man kann wenigstens satt werden. Allerdings gibt es gegenwärtig jeden zweiten Tag „Fußlappen mit Flöhen“, auf Deutsch: sehr grob geschnittenes Weißkraut mit Kümmelkernen; aber die Fleischportionen sind dafür ziemlich reichlich, ich würde sie allerdings mit Vergnügen gegen geröstete Kartoffeln eintauschen. Zum Abendbrot gibt es wirklich fast regelmäßig Schweineschmalz. Die Preußen schmierens natürlich mit Wonne aufs Brot, aber mein Magen scheint nicht dafür geeignet zu sein. Wenn ich einen ordentlichen Schmalzhafen beisammen habe, schicke ich ihn Euch. Da fallen mir eben diese Lebensmittelkisten ein, von denen ich Euch erzählte. Die Sache verhält sich in Wirklichkeit nicht ganz so glänzend, wie es zuerst hieß. Bis jetzt ist für jeden Pfleger eine Kiste abgeschickt worden und da ich in der Zeit gerade in Urlaub war, haben sie mich wahrscheinlich vergessen. Ich werde mich in den nächsten Tagen erkundigen.

Lieber Vater, in den nächsten Tagen schicke ich Dir einen französischen Brief nebst dem versprochenen Tabak.

Seid nun alle recht herzlich gegrüßt von Eurem Ottmar

Geburtstagskuchen, 25. 10. 1917

Liebe Mutter!

Die beiden süßen Geburtstagspakete habe ich gestern erhalten. Ich habe sie schon blutenden Herzens aufgegeben, da sie volle 10 Tage unterwegs waren. Es wäre aber auch kein Wunder gewesen, da schon eine mittelmäßige Nase riechen konnte, welche Delikatesse drin war. Der Kuchen ist ein wahres Muster von einer Blitztorte, so schön gelb und leicht. Ich habe ihn mir aber auch wunderbar schmecken lassen. Ich werde Dir demnächst dafür auch was Gutes schicken. Da ich morgen einen Brief von Dir erwarte, verschiebe ich meinen eigentlichen bis dahin.

Mit herzlichem Gruß an Alle Dein Ottmar.

Arbeitsreiche Wochen, 30. 10. 1917

Liebe Mutter!

Deine schöne Leichenpredigt habe ich erhalten. Da sie grade am Sonntag kam, konnte ich mir die Kirche sparen. Ich wäre allerdings auch so nicht darein gekommen das letzte Mal, denn wir haben einen kolossalen Umtrieb gegenwärtig. Meinen alten Saal mußte ich gerade am Sonntag räumen, da er frisch geweißt und gestrichen wird. In meinem neuen Saal habe ich 40 Betten, die alle belegt sind. Davon können nur 2 aufstehen und ein wenig mithelfen. Meine alte Schwester hat sich „überarbeitet“ und muß sich 14 Tage erholen. Meine gegenwärtige ist mir zwar bedeutend sympathischer, doch die Arbeit geht ihr nicht so von der Hand.

Von Walter erhielt ich gestern auch einen etwas verspäteten Geburtstagsbrief. Morgen schicke ich 2 Schachteln echtes Kaffeemehl weg, das Ihr aber in einer dichten Blechbüchse aufheben müßt. Vaters französischer Brief und Tabak folgt morgen nach.

Mit herzlichem Gruß an Alle Ottmar.

Entretiens: Guerre ou paix?, 31. 10. 1917

(ursprünglich französisch: Sedan, 31 octobre 1917

Mon chèr père!…)

Mein lieber Vater!

Seit vierzehn Tagen habe ich die Absicht, Dir den versprochenen Brief zu schreiben, aber unglücklicherweise habe ich nie die Gelegenheit gehabt, mein Projekt durchzuführen. Wie ich Euch schon mitgeteilt habe in dem Brief von gestern, muß ich im Augenblick viel arbeiten. Jedes Zimmer unseres Hospitals ist mit Betten angefüllt und in den anderen Sälen hat die Zahl der Betten zugenommen. Ohne Zweifel erwartet man eine Offensive in der Champagne, um die Italiener zu entlasten. Aber das wird nichts mehr nützen. Italien wird völlig ruiniert sein. Endlich hat dieser perfide Verräter die Strafe erhalten für seinen infamen Treuebruch. Heute nachmittag haben wir die angenehme Neuigkeit erfahren, daß 60 000Italiener gezwungen worden waren zu kapitulieren. Hoffen wir, daß wir auf diese Weise eine beachtlichen Schritt vorangekommen sind.

Vor 14 Tagen, vor der italienischen Offensive, habe ich mit unserem Nachbarn, einem alten Gärtner, über den Krieg diskutiert. Sobald er mich jetzt sieht, fragt er mich, ob ich nichts Neues wüßte und ob der Friede noch nicht abgeschlossen sei. Ich erwiderte ihm, daß es wahrscheinlich im Frühjahr des nächsten Jahres der Fall sein werde, weil England durch den Unterseekrieg geschlagen werde. “Ihr seid also auch einer dieser Verrückten“, rief er lachend aus ohne aufzuhören, „die hoffen England auszuhungern durch die Unterseeboote. Die Entente wird niemals besiegt werden, niemals wird Deutschland den Krieg gewinnen.“ In der Tat, ein solches Vertrauen ist bewundernswert. Er ist überzeugt vom Sieg Frankreichs genauso wie zu Kriegsbeginn. Er setzt seine ganze Hoffnung auf Amerika und er erzählte mir, daß die Amerikaner schon mehr als eine Million Soldaten in Frankreich gelandet hätten. Außerdem ist die Meinung dieses einen auch die Meinung fast aller Franzosen. Das ist auch der Grund, warum Frankreich keinen Frieden machen will. Heute abend hat mein Gärtner in seinem Garten gearbeitet und ich habe ihm von der großen Niederlage der Italiener erzählt. Er hat sich sehr aufgeregt und er war ganz wütend und er antwortete, daß wir in großer Überlegenheit waren und daß wir im Normalfall nicht imstande seien den Krieg zu beenden. Nichtsdestoweniger konnte ich feststellen, daß sein Vertrauen ein wenig gelitten hat.

Am Sonntag werde ich einen kleinen Ausflug nach Bouillon machen, wenn es schönes Wetter ist. Das Schloß ist sehr alt und sehr interessant. Da diese kleine Stadt in Belgien liegt, ißt man dort noch sehr gut und man trinkt guten französischen Wein für wenig Geld.

Gestern habe ich die Dose mit Backwaren von Mutter erhalten. Sie hat mir sehr gut zum Kaffee geschmeckt.

Im übrigen fühle ich mich sehr gut. Am Morgen, wenn wir arbeiten gehen, ist es noch sehr dunkel. Wir haben zwanzig Minuten zu gehen von unserem Quartier zum Lazarett. Das ist sehr unangenehm, vor allem im Winter, wenn es immer regnet und wenn es draußen schmutzig ist. Wenn wir am Abend nachhause zurückgehen, ist es schon Nacht. Als Beleuchtung haben wir liederliche Karbidlampen. Nachdem wir das Zimmer ein bißchen aufgeheizt haben, spielen wir Karten bis ungefähr zehn Uhr. Manchmal gehe ich ins Theater oder ich trinke ein Glas Wein.

Morgen werde ich auf den Brief von Mutter antworten, den ich gestern abend erhalten habe.

Ich grüße Dich und auch die andern Dein Ottmar

Krankensaal in neuem Glanz, 5. 11. 1917

Liebe Mutter!

Deinen lieben Brief und das Päckchen mit Kaffeekuchen habe ich vor einigen Tagen erhalten, herzlichen Dank. Leider kam ich bis jetzt nicht zum Schreiben. Vorgestern ist mein Saal fertig geweißelt und gestrichen worden. Die beiden letzten Tage hatte ich nun das Vergnügen, den mit einer nicht zu dünnen Kalkkruste bedeckten Fußboden zu putzen. Es waren mir zwar noch 4 Kommandierte zur Verfügung gestellt, aber wo diese geputzt hatten, mußte ich noch mal nachputzen. Das ist sehr wohl begreiflich, da sie eben kein besonderes Interesse daran haben, daß der Saal schön sauber ist. Heute vormittag habe ich vollends die Betten und das übrige Inventar von seiner weißen Decke befreit, meine Schwester hatte sich inzwischen auf die beiden großen Fenster geworfen, so daß mein Saal bis Mittag in einer nie geahnten Pracht erstrahlte.

Heute nachmittag habe ich dann frei gemacht und konnte mir mal wieder den seltenen Genuß gestatten, ein wenig aus der Stadt rauszugehen. Dies tut einem ordentlich wohl, wenn man Tag für Tag in dieser Kaserne eingesperrt ist und man nur abends und morgens, jedesmal bei Nacht den Weg zwischen Quartier und Lazarett zurücklegt. Das Schönste am Tag ist immer der Abend und ich freue mich schon morgens, bis ich abends um 7^h den Hut aufsetzen und dem Lazarett gute Nacht sagen kann. Wenn ich nicht grade ins Theater gehe, sitzen wir, d. h. 2 gute alte Bekannte und ich, in der Stube beim warmen Ofen beim Dap. Seither hatten wir die lumpigen Karbidlampen, die einem gelegentlich der Verzweiflung nahe bringen konnten. Heute ist nun der Grundstein zum elektrischen Licht gelegt worden.

Unsere Truppen leisten gegenwärtig mal wieder Großartiges. Mit noch nie dagewesener Heftigkeit rennt der Engländer gegen unsere Stellungen in Flandern, um unsere Linie zu durchbrechen, vielleicht kommt er mit der Zeit doch noch zur Vernunft und dann vollends die herrlichen Erfolge in Italien. Hoffentlich legen sich auch die politischen Stürme im Inland bald wieder unter der Leitung des neuernannten Reichskanzlers.

Liebe Mutter, Du hast kürzlich den Gedanken angeregt, etwas Obst – auch Kartoffeln sind sehr willkommen – zu senden. Ich bin damit ganz einverstanden, da ich ohnehin ein geeignetes Kistchen haben sollte. Ich habe nämlich einige Meter Stoff (schwarzen und graugrünen) aufgegabelt, den ich Euch dann mit einigen anderen Kleinigkeiten zuschicken würde. Die beiden Kaffee- und die Tabakpäckchen nebst dem französischen Brief werden wohl inzwischen angekommen sein. Ende dieses Monats sende ich ein Kistchen mit etwas Kunsthonig, Zucker, Zigarren und dgl. ab. Auch das vielbesprochene Lebensmittelpaket vom Lazarett wird in den nächsten Tagen abgehen. Ihr dürft Euch aber keine allzu großen Hoffnungen bezüglich seines Inhalts machen, da diejenigen, die sie schon erhalten haben, meist ziemlich enttäuscht waren.

Im übrigen geht es mir sehr gut, bin wenigstens, was die Hauptsache, ist immer gesund. Hoffentlich ist dies bei Euch allen auch der Fall.

Es grüßt Dich sowie das übrige Pfarrhaus Dein Ottmar

Regelmäßiger Paketverkehr, 16. 11. 1917

Liebe Eltern!

Vorgestern erhielt ich Euren lieben Brief und Karte und heute das Paketchen; für alles herzlichen Dank! Das Kaffeebrot war sehr gut. Daß meine Paketchen noch nicht angekommen ist, wundert mich. Vielleicht habt Ihr sie inzwischen ja doch erhalten. Ich habe sie 2 Tage vor dem französischen Brief abgeschickt. Gestern habe ich mein

Kistchen auf die Post gebracht. Ich will hier gleich ein Inhaltsverzeichnis aufstellen: 2 Büchsen Kaffeemehl, ein Säckchen Zucker ca. 3 Pfund, 1 Schachtel Seifenpulver, 1 Päckchen Honig, 1 Kiste Zigarren (darf nur im äußersten Notfall vor Weihnachten angebrochen werden) und endlich 1 kleine Erdölkanne ausgelassener Butter. Das Beste hätte ich fast vergessen, zuunterst befindet sich noch eine Flasche französischen Rotweins (Bordeaux).

Auf das Kistchen vom Lazarett braucht Ihr Euch nun überhaupt nicht zu freuen. Es ist nun vollends ganz abgeschlagen worden. Der Inspektor, bei dem ich zuerst war, war nur zur Vertretung da, der eigentliche stellte nun fest, daß ich noch kein Vierteljahr im Lazarett tätig bin und deshalb auch keinen Anspruch habe. Wie ich ja schon das letzte Mal bemerkte, ist auch nicht allzu viel verloren. Das Wertvollste waren die 3 Pfund Zucker, der „Rest" von den 10 Mark waren in 2 Schächtelchen Pralinen und 1 Stückchen Toilettenseife angelegt. Auf das Paket mit Obst und Kartoffeln freue ich mich sehr, will sehen, wie lange es dauert.

Nun kommt vollends der letzte Abschnitt des geschäftlichen Teil, der Stoffhandel. Da meine Auslagen mit 40 Mark so ziemlich gedeckt sind, liebe Mutter, so sind wir jetzt quitt. Schürzenstoff für Hedwig konnte ich bis jetzt leider keinen entdecken, habe auch wenig Hoffnung. Wie die Geschäftsleute sagten, haben die Allemands alles aufgekauft und ich würde wohl in ganz Sedan nichts geeignetes finden. Jedenfalls werde ich nochmals etwas danach fahnden.

So, nun kommt noch ein bißchen Nicht-Amtliches. Dieser Teil ist heute allerdings nah beieinander, da ich keine großen Neuigkeiten auf Lager habe. Mein Saal war am Tag nach dem Putzen mit 24 Mann belegt worden und ich hatte einige Tage ordentlich Arbeit, da sie alle im Bett lagen. Jetzt habe ich nur noch 10 Mann, wovon die Hälfte aufstehen und mitarbeiten kann, so daß ich mich die meiste Zeit meinen Privatstudien widmen kann. Die Kost hat sich in letzter Zeit bedeutend zu ihrem Vorteil verändert. So hatten wir gestern Mittag Gulasch und Salzkartoffeln und 1200! Gramm saure Gurken, 4 große Gurken pro Mann, heute gab es Grießsuppe, Hering und Pellkartoffeln, morgen breite Nudeln und Büchsenfleisch und übermorgen, Sonntag, Beefsteak, Kartoffelbrei und Mischobst, feine Speisekarte, nicht? Abends gibts sehr viel Butter und Marmelade, einmal frische Wurst und Käse. Wie Ihr seht, sind wir noch lange nicht am Verhungern.

Der Friede macht auch gute Fortschritte in Ost und Süd. Mit der Zeit wirds schon werden. In der letzten Zeit hatten wir tagsüber schönes, warmes Wetter, offenbar wird dieser Winter überhaupt nicht so streng wie der letzte. Bei Nacht ist es natürlich empfindlich kühl. Wenns auch nicht um 3^h bei uns Nacht wird wie bei Walter, so ists doch um 6^h schon fast dunkel und sind die Abende immer noch lang genug. Der angenehmste Zeitvertreib waren bis jetzt immer noch die Dapkarten. Sonst gehts uns, bis auf die Flöhe, ganz gut.

Es grüßt Euch Alle herzlich Euer Ottmar

Ein schreckliches neues Quartier, 25. 11. 1917

Liebe Eltern!

Den lieben Brief und das Paketchen habe ich gestern erhalten, herzlichen Dank! Daß Ihr die 3 Päckchen noch wohlbehalten bekommen habt, freut mich. Die Post scheint wirklich etwas langsamer zu arbeiten. Bei uns hat es in der Zwischenzeit auch große Veränderungen gegeben. Letzten Sonntag erhielten wir von unserem Chefarzt den Befehl, mit Sack und Pack ins Lazarett zu ziehen. Abgesehen davon, daß man sich jetzt vollends wie ein Gefangener vorkommt, haben wir auch bezüglich des Quartiers einen sehr schlechten Tausch gemacht. In einem Raum von knapp 6 Metern im Geviert liegen 32 Mann in diesen zweistöckigen Betten. Freiwillige Pfleger, Militärkrankenwärter und Kommandierte untereinander. Da das einzige Fenster und die Tür auf derselben Seite liegen, könnt Ihr Euch einen ungefähren Begriff von der darin herrschenden Atmosphäre machen. Der einzige Aufbewahrungsort für seine Sachen ist unter dem Kopfkeil oder ein primitives Brett an der Wand. Daß dies bei einer so gemischten Gesellschaft keine allzu sicheren Plätze sind, ist ja klar. Als Aufenthaltsraum ist dieser Stall überhaupt unmöglich, in der Mitte bleibt nämlich eben noch Raum für ein kleines Tischchen und eine Bank. Ofen ist überhaupt keiner da, dafür große Auswahl an Ungeziefer, Läuse, Flöhe und als dritte im Bunde Wanzen. Ich habe natürlich am gleichen Nachmittag eine ziemlich umfangreiche Beschwerde aufgesetzt, die zur Folge hatte, daß am andern Tag der Etappendelegierte und unser Delegierter das Quartier besichtigten und sich jedenfalls nicht sehr befriedigt aussprachen. In den nächsten Tagen wird es sich entscheiden, ob wir wieder in unser altes Quartier kommen oder ob wir weiter in diesem Schweinestall bleiben.

Für den letzteren Fall habe ich schon ein Gesuch aufgesetzt, ich möchte entweder dem Territorialdelegierten in Stuttgart zur Verfügung gestellt werden zwecks Versetzung nach einem anderen Kriegsschauplatz oder zu einer württembergischen Kriegslazarettabteilung oder überhaupt vom Roten Kreuz entlassen werden. Das gleiche Gesuch machen in diesem Fall noch 3 Kameraden. Eh sie uns entlassen, werden sich diese Herren bei dem gegenwärtigen Mangel an Pflegepersonal doch sehr besinnen. Das Beste wäre eben, wenn bald mal Schluß wäre. Heute kam die amtliche Bestätigung des Waffenstillstandsangebot von Rußland. Das wäre fein, wenn es mit Rußland zu einem Sonderfrieden käme. Italien steht ohnehin vor dem Zusammenbruch; vielleicht würden dann auch Frankreich und England gute Miene zum bösen Spiel machen und sich zu Friedensverhandlungen herbeilassen.

Liebe Mutter, zu Deiner neuen Errungenschaft als Schlappenmacher gratuliere ich Dir bestens. Es gibt bald kein Handwerk mehr, in das Du nicht hineinpfuschst. Da fällt mir übriges eben ein, schreibt mir auch mal Kurts Schuhnummer, vielleicht kann ich ihm gelegentlich ein Paar besorgen. Gestern habe ich noch mal 2 Meter dunklen, schweren Stoff erworben; Schürzenstoff für Hedwig ist leider keiner mehr zu bekommen, vielleicht reicht es bis Weihnachten eine fertige Schürze.

Mir geht es im übrigen ganz gut, hoffentlich seid Ihr auch alle gesund.

Es grüßt Euch Alle herzlich Euer Ottmar.

Äpfel und Kartoffeln, 27. 11. 1917

Liebe Eltern!

Vielen Dank für das schöne Kistchen mit Äpfeln und Kartoffeln. Ich konnte es gestern auf dem Geschäftszimmer unseres Delegierten abholen. Die Äpfel sind sehr schön angekommen und schmecken ausgezeichnet. Mit den Kartoffeln muß ich mirs noch überlegen, da wir in unserem Stall ja keinen Ofen haben. Für Kurt habe ich schon ein Paar schöne, doppelsohlige Schuhe Nr. 40 für 10 Mark. Für den Stoff habe ich 15 Mark ausgegeben. Schickt mir bitte noch 15 Mark von meinem Geld, zusammen 40 Mark per Postanweisung. Ich möchte nämlich einen günstigen Gelegenheitskauf machen. Ihr werdet denke, ich wolle mich hier zum Kaufmann ausbilden. Gestern früh ging der eigentliche Brief ab.

Nochmals besten Dank und herzliche Grüße Euer Ottmar

Freude über Weihnachtspost, 12. 12. 1917

Liebe Mutter!

Das war aber keine kleine Überraschung heute beim Postholen! Ich mußte mir ja fast einen Gepäckträger mieten – 4 Pakete und 1 Brief! Da wir die Post immer kurz vor dem Mittagessen empfangen, hob ich mir den Genuß des Auspackens auf nachher auf, bloß mit dem lieben Briefchen konnte ich nicht so lange warten. Den mußte ich noch während des Essenholens lesen.

Aber wie soll ich erst meine Freude beschreiben, als ich nach dem Essen ans Öffnen der Paketchen ging. Wie viel Liebe, Poesie und Weihnachtsduft liegt doch in jedem einzelnen! Erst als Symbol für das liebe Weihnachtsfest das grüne Tannenzweigchen, dann die lieben, herzlichen Schüttelreime und endlich der liebevolle Inhalt. Das Beste werde ich mir jedenfalls bis Weihnachten aufheben.

Ich habe heute mittag an Euch auch 4 Paketchen abgeschickt, je 1 für Dich, Vater, Hedwig und Kurt; für Schneck lege ich 2 Mark bei, da ich durchaus nichts Passendes für ihn weiß, vielleicht könnt Ihr ihm damit einen kleine Freude machen.

Die 40 Mark habe ich letzte Woche erhalten, ebenso den letzten Brief und das Päckchen, für alles nachträglich herzlichen Dank! An dem Päckchen hatten sich offenbar schon einige gütlich getan, allerdings nicht Postler, sondern Ratten oder Mäuse. Die ganze Adresse mit Ausnahme des Namens war mit einem Stückchen Speck und Brot gefressen, hoffentlich ists ihnen wohl bekommen. Es wundert mich nur, daß es seinen rechtmäßigen Empfänger gefunden hat. Die große Kiste habe ich noch nicht abgeschickt, da bis zum 15. 12. keine mehr aufgegeben werden dürfen, ich denke jedoch, daß es im Lauf der nächsten Woche wahr wird.

Bezüglich des Quartiers kann ich leider noch immer nichts Günstiges berichten. Es sind zwar 2 Bettstellen herausgekommen und auch ein Ofen hereingesetzt worden, aber im großen Ganzen ist es doch beim Alten geblieben. Von auch nur halbwegs heimischen Gefühlen kann in diesem Raum gar keine Rede sein und es wird wohl auch darauf hinauskommen, daß ich zusammen mit noch 2 Kameraden nach Weihnachten mein Versetzungsgesuch einreiche. Gegenwärtig habe ich ziemlich Arbeit. Da in letzter Zeit immer ziemlich Zugänge kamen, ist mein Saal ganz voll, d. h. mit 37 Mann belegt. Unter anderem habe ich auch einen nicht unbedeutenden Schauspieler im Saal, mit dem man sich mal wieder über ein vernünftigeres Thema unterhalten kann; auch spielt er vorzüglich Schach und ich habe über Mittag oder Abend schon hin und wieder eine Partie gespielt – mit wechselndem Kriegsglück.

Wie es an Weihnachten bei uns wird, kann ich noch gar nicht sagen. Ein Christbaum darf auf jeden Fall nicht fehlen. Das Wetter ist gegenwärtig immer wunderschön, wenn auch etwas kalt. Der Weihnachtsschnee hat sich noch nicht eingestellt. Im übrigen geht es mir gut, bin wenigstens immer gesund. Ende dieser oder Anfang nächster Woche folgt noch ein Paketchen, das erst am Heiligen Abend geöffnet werden darf.

Nochmals besten Dank und herzliche Grüße an Alle, besonders an Dich, liebe Mutter, Dein Ottmar

Das verfluchte Quartier, 21. 12. 1917

Liebe Eltern!

Den lieben, langen, französischen Brief habe ich gestern erhalten, herzlichen Dank! Er hat mich riesig gefreut, zumal ich die Hoffnung schon ziemlich aufgegeben hatte. Ich werde ihn in den Feiertagen gewissenhaft beantworten, gegenwärtig bin ich ziemlich beschäftigt mit Weihnachtsvorbereitungen. Gestern habe ich zusammen mit 2 Patienten einige Christbäume herbeigeschafft und heute war der ganze Saal eifrigst damit beschäftigt aus buntem Papier Ketten für den Baum zu fabrizieren. Unser Baum wird dieses Jahr ziemlich kriegsmäßig ausfallen, Engelshaar und Lichthalter gibt es ja in der Marketenderei, Lichter liefert das Lazarett ein halbes pro Mann. Es fehlt somit nur an Glaskugeln, die wir eben nach Möglichkeit durch selbstgemachte vergoldete Sterne und erwähnte Ketten zu ersetzen suchen. Eine eigentliche Bescherung vom Lazarett aus scheint nicht geplant zu sein, die Schwester hat jedoch von sich aus Zigarren und Zigaretten gekauft, die sie am Heiligen Abend verteilen wird. Meine Patienten haben gestern zusammen gelegt, auch ich habe mich mit 3 Mark beteiligt und auf Anstiften unseres Schauspielers einen Brüsseler Spitzenkragen um 35 Mark gekauft. Ob sie damit das Richtige getroffen haben, möchte ich noch dahingestellt sein lassen.

Morgen, Samstag, soll großes Putzfest sein, über die Art der Ausführung bin ich mir bloß noch nicht ganz klar, da im ganzen Lazarett mit Ausnahme des Baderaumes das Wasser eingefroren ist; daß dort in einem so großen Lazarett ständiger Andrang ist, läßt sich ja denken.

Wie sich eigentlich für uns das Weihnachtsfest gestaltet, ist noch in völliges Dunkel gehüllt und heißt es eben abwarten.

Ihr werdet jedenfalls schon sehnsüchtig auf das in Aussicht gestellte Paketchen gewartet haben; leider muß ich Euch mitteilen, daß es zu Weihnachten nicht mehr reicht, da der Paketverkehr vom 17.–26. Dezember gesperrt ist, ohne daß man vorher etwas davon erfahren hat. Hoffentlich reichts dann wenigstens noch auf Neujahr.

Von Tante Amalie und Ottos habe ich auch je ein Päckchen mit Backwerk bekommen. Ihr werdet Eure Paketchen wohl inzwischen erhalten haben.

Unsre Quartierfrage ist jetzt endgültig gelöst und zwar in der Weise, daß wir auf Kriegsdauer in unserem Affenstall eingesperrt bleiben. Der Delegierte erklärte, da wir jetzt im Lazarett wohnen, sei es lediglich Sache des Chefarztes, für unsere Quartiere zu sorgen, und was den betrifft, so können wir ebenso gut eine Beschwerde an den menschenfreundlichen Herrn Wilson abgehen lassen. Ich warte nur noch vollends die Weihnachtsfeiertage ab, bis ich meine Kiste weggeschickt habe, um dann mein Gesuch betreffs Versetzung einzureichen.

Schon im Gedanken an unseren Stall schauderts mich und dabei soll man die Begeisterung und die Arbeitsfreude nicht verlieren, wenn alle und jede Menschenrechte mit Füßen getreten werden und man dem lieben Vieh gleichgestellt wird – und das alles bloß wegen einer willkürlichen Laune des Herrn Chefarztes, während in Balan das schönste Quartier leer steht. Ist es da ein Wunder, wenn es da hin und wieder zu revolutionären Bewegungen kommt?

Seit über einem Jahr habe ich nicht eine Laus mehr verspürt, aber seit einigen Tagen fangen die Biester wieder an zu krabbeln. Was hilfts da, wenn man jede Woche in die Lausitania baden geht und alle 14 Tage das Bett frisch überzieht, wenn man ein Schwein neben sich liegen hat, dem nichts daran liegt, das Viehzeug wegzubekommen. Ich kann mich glücklich schätzen, daß ich wenigstens auf meinem Saal einen schönen, großen, abschließbaren Schrank für mich allein besitze. Die Andern müssen ihre Sachen meist in und unter ihren Betten unterbringen; daß da hier und da etwas auf geheimnisvolle Weise verschwindet, läßt sich denken. Ein Kamerad hat auch eine Aufnahme gemacht, sie ist zwar nicht viel geworden, aber immerhin könnt Ihr Euch so ungefähren Begriff davon machen. So, ich denke, nun ists genug von diesem Register.

Wenn Walter von Rußland wegkommt, so wird er ja wohl nach dem Westen kommen, das wäre fein, wenn wir uns mal sehen könnten.

Die Absicht Hermann zu besuchen hatte ich allerdings schon längere Zeit und ich habe mir auch schon die Züge herausgeschrieben, aber gegenwärtig bei dem Hochbetrieb kann ich unmöglich abkommen.

Ich wünsche Euch nun Allen noch mal recht schöne Weihnachten und ich werde am Heiligen Abend in Gedanken jedenfalls die meiste Zeit bei Euch sein.

Es grüßt Euch herzlich Euer Ottmar

Zorn über Friedensverhandlungen, 31. 12. 17

Liebe Eltern!

Heute vormittag habe ich Mutters und Kurts liebe Briefe erhalten, für die ich bestens danke. Wie ich daraus erfahre, habt Ihr auch dieses Jahr ein ganz schönes Weihnachten feiern dürfen.

Auch ich kann mich ja nicht gerade beklagen, aber so wie zuhause war es eben doch lange nicht. Eine ausführlichere Beschreibung folgt hoffentlich diese Woche noch mit dem verheißungsvollen Paketchen, das Ihr eigentlich schon zu Weihnachten hättet bekommen sollen. Es sind nämlich, um Eure Neugier nicht länger auf die Probe zu stellen, kurz zusammengefaßte Erinnerungen aus den bald 3 Jahren, die ich beim R. K. bin. Infolge äußerst ungünstiger Verhältnisse reichte es leider bis Weihnachten nicht und auch jetzt bin ich noch nicht ganz fertig. In unserem Stall fehlt es an Platz, ebenso in meinem Saal, wo die beiden ohnehin nicht besonders großen Tische ständig von den Patienten belagert sind. Somit blieb nur noch eine Möglichkeit, nämlich die Lesehalle, die von ½8^h–10^h offen ist. Nun war es aber in den letzten 14 Tagen dauernd bitterkalt, so daß einem die Finger steif wurden, ehe man nur recht angefangen hatte zu schreiben, denn geheizt wird dort nicht. Heute ist nun plötzlich Tauwetter eingetreten, so daß ich auch in einem ungeheizten Raum bequem schreiben kann. Heute Abend habe ich Nachtwache und ausnahmsweise mal 2 schwere Lungenentzündungen auf der Station, wird wahrscheinlich eine heitere Sylvesternacht werden. Ich lege 2 Bilder bei, eines von unserem Stall, wonach man sich eine ungefähre Vorstellung davon machen kann; rings herum an allen 4 Wänden diese schauerlichen Bettstellen, in der Mitte bleibt, wie ersichtlich noch ein kleiner Raum mit einem winzigen Tisch. Dazu kommt die überhitzte, schwere, qualmige Luft und dann vollends das verfl. <*verfluchte*> Ungeziefer, so daß ich vor 12^h überhaupt noch nie eingeschlafen bin und mich am Morgen immer schlapper fühle als am Abend. Unser Gesuch um Versetzung haben wir eingereicht, aber da es bis zum kaiserlichen

Kommissar geht, wird es immerhin 4 Wochen dauern, bis eine Entscheidung getroffen wird.

Das andere Bild habe ich am Heiligen Abend in unserem alten Quartier aufgenommen. Leider bin ich am Rand gerade ziemlich unscharf geworden.

Vor einigen Tagen habe ich in der Schreinerei ein Kistchen für das Etappenpaket bestellt; hoffentlich ist es bald fertig, so daß ich sie bis in etwa 8 Tagen aufgeben kann. Neben dem Stoff wird sie in der Hauptsache noch enthalten: 2 Paar Schuhe, ein Stümpchen Zucker, eine Kanne Schmalz, 3 Pakete Kunsthonig und 1 Schachtel Zigarren.

Nun muß ich aber zum Schluß noch meine Wut über die Friedensverhandlungen in Brest-Litowsk herauslassen, die tatsächlich auf alle Ewigkeit ein Schandblatt in der Geschichte des deutschen Volkes vorstellen wird. Wenn die Bedingungen wenigstens nur Rußland gegenüber Geltung hätten, aber daß auch unsere Todfeinde, England und Frankreich, mit demselben Maßstab gemessen werden sollen, ist einfach skandalös. Schändlich genug ist es schon, daß ein Österreicher bei den Verhandlungen den Vorsitz führt, wo doch einzig und allein deutsche Waffen den Boden dafür vorbereitet haben. Wenns auf mich ankäme, müßte es auf Brest-Litowsk 24 Stunden Handgranaten regnen, daß auch nicht einer von diesen Unmenschen – die Bezeichnung „Hochverräter" ist noch viel zu gut für sie – übrig bliebe. Meine ganze Hoffnung setze ich noch auf die Vaterlandspartei.

Es grüßt Euch herzlich Euer Ottmar

Von Kistchen und Kisten, 4. 1. 1918

Liebe Mutter!

So eben hab ich ein Kistchen aufgegeben. Leider hat es der Schreiner zu klein gemacht, so daß nicht alles reinging. Ich schicke deshalb gegen Ende der nächsten Woche noch mal eines weg. In diesem ist enthalten: der schwarze Stoff, 3 Pakete Kunsthonig, 1 Hemd, 2 Unterhosen, 4 Päckchen Tabak und 3 Stück Kernseife. Den Brief vom 31. 12. werdet Ihr wohl erhalten haben.

Mit herzlichen Grüßen Allerseits Dein Ottmar

Überraschende Bekanntschaft , 8. 1. 1918

Liebe Eltern!

Gegen Mittag erhielt ich Mutters lieben Brief, der mich sehr gefreut hat. Weniger erfreulich ist es freilich, daß Vater sein Päckchen mit Zigarren nicht erhalten hat, da kann ich ihm den Schmerz darüber wohl nachfühlen. Aber ich werde, vielleicht schon morgen, ein anderes Schächtelchen füllen, schmecken werden sie ja trotzdem, wenns auch keine eigentlichen Weihnachtszigarren sind. Den französischen Brief werde ich auch in den nächsten Tagen beantworten. Ich habe 2 Bildchen beigelegt, die vor 8 Tagen gemacht worden sind. Auf dem einen Bild, wo ich allein bin, glaube ich nicht so gut getroffen zu sein wie auf dem andern mit meinem Freund Adolf Sapper aus Heidenheim.

Wie in der Süddeutschen Zeitung steht, sind die Weihnachtsferien bis 21. Januar verlängert worden, darüber wird Kurt keine allzu heißen Tränen vergießen.

Glücklicherweise scheinen die Friedensverhandlungen mit Rußland eine etwas ehrenvollere Form anzunehmen, sonst hätte sich ja nach dem Krieg kein Deutscher mehr im Ausland zeigen können. Gegenwärtig habe ich einen Jakob Öhlein von Lauffen a. d. Eyach im Saal. Ganz ahnungslos erzählte er mir, sie hätten einmal einen Pfarrer Wolfangel gehabt, ob ich den kenne und war sehr erfreut, als ich ihm sagte, daß sein Filius vor ihm stand.

Von Gärtners habe ich heute auch noch ein Buch zu Weihnachten erhalten.

Wirklich stecken wir wieder im tiefsten Winter, den ganzen Tag hat es geschneit, nur schade, daß wir keinen Schlitten haben. Für heute will ich schließen, da ich an meinen Memoiren noch ein wenig schreiben will.

Mit herzlichem Gruß Euer Ottmar

Nachträgliches Weihnachtsgeschenk, 10. 1. 1918

Lieber Vater!

Da das eigentliche Weihnachtspäckchen wohl nicht mehr angekommen ist, so mußt Du eben dieses hier als nachträgliches Weihnachtsgeschenk betrachten. Der Inhalt ist ungefähr derselbe und werden sie wohl nicht weniger gut schmecken. Der französische Brief folgt in Bälde. Brief ist gestern abgegangen.

Mit herzlichem Gruß Dein Ottmar

Schlaflose Nächte, 15. 1. 1918

Liebe Eltern!

Heute Mittag habe ich Mutters lieben Brief und Vaters Kärtchen erhalten, für beides besten Dank. Bezüglich des Paketchens kann ich Euch die tröstliche Mitteilung machen, daß es glücklich und wohlbehalten in meine Hände gelangt ist. Ich habe es scheints ganz vergessen in meinem letzten Brief. Das andere Päckchen habe ich noch nicht, aber der Zeit nach wird es wohl morgen ankommen. Seit Weihnachten dauert es nämlich mit der Paketpost entsetzlich lang, sie scheint sich immer noch nicht ganz erholt zu haben. Von Walter habe ich gestern auch einen langen Brief erhalten, nebst einigen Bildchen, die Ihr ja wohl auch schon besitzt; ich bin nur gespannt, wie lange sie noch drüben bleiben.

Mein Tagebuch macht gegenwärtig gute Fortschritte und ich hoffe, daß es bis Ende dieser Woche fertig ist. Unsere Schlafhöhle hat sich inzwischen um ein weiteres Übel vermehrt. Mein Bettnachbar hat sich neulich eine ziemliche Bronchitis zugezogen und hustet mir seit einigen Tagen derartig die Ohren voll, daß ich die letzten Nächte nie vor 2–3 Uhr einschlafen konnte. Und was das für ein Husten ist, das könnte einen verrückt machen. Letzte Nacht habe ichs um ½4^{h} nimmer ausgehalten. Ich hab mir eine Zigarette angezündet und bin außen auf dem Hof eine ½ Stunde spazieren gegangen. Um ½5^{h} war er endlich ruhig, so daß ich auch noch ein paar Stunden schlafen konnte. Ich hätte es längst vorgezogen auf meinem Saal oben zu schlafen, aber da sind sämtliche 39 Betten belegt, so daß ich tagsüber immer ziemlich Arbeit habe. Die einzige Rettung kann mein Versetzungsgesuch bilden, denn unter diesen Verhältnissen hälts kein Mensch auf die Dauer aus.

Gegenwärtig haben wir scheußliches Wetter; den ganzen Tag windets und regnets, so daß die Maas ziemlich hoch angeschwollen ist. Da ich voraussichtlich morgen Abend Nachtwache habe, schreibe ich da den französischen Brief.

Inzwischen grüßt Euch Alle herzlich Euer Ottmar

Inondation autours de Sedan, 17. 1. 1918

(ursprünglich französisch: Sedan, 17 janvier 1918

Enfin je trouve le temps de repondre…)

Endlich finde ich Zeit, Dir auf Deinen Brief zu antworten. Ich bin sehr betrübt, daß ich Dich so lange habe warten lassen. Aber, wie ich schon in meinem letzten Brief geschrieben habe, sind alle Betten in meinem Saal im Augenblick so sehr belegt, so daß ich keine Zeit hatte, während des Tages zu schreiben. Und am Abend ist es genauso. Der kleine Tisch in unserem Salon ist immer belegt durch andere Kameraden, die Karten spielen und in einem ungeheizten Zimmer ist es zu kalt um zu schreiben. Aber heute Nacht habe ich Nachtwache und ich freue mich, weil ich nicht gezwungen bin in unserem Quartier zu schlafen. Denn das ist eine Tortur müde zu sein und bis zum Morgen nicht schlafen zu können. Die zwei Kranken mit der schweren Lungenentzündung sind auf eine andere Station transportiert worden, die nur für Schwerkranke reserviert ist, so daß ich schreiben kann, solange ich will, ohne gestört zu werden. Ich brauche nur drei Mal die Runde zu machen durch alle 24 Säle der Station.

Heute morgen habe ich das andere Paket erhalten, für das ich Euch von ganzem Herzen danke. Der Kuchen hat sehr gut zum Kaffee geschmeckt. Auch die Zigaretten waren herzlich willkommen. Natürlich hatte ich noch welche von der letzten Lieferung. Ich hoffe, daß Du die zweite Kiste mit Zigarren erhalten hast, bis Du diesen Brief haben wirst. Ich bin in großer Sorge, daß die große Kiste unterwegs ausgeräubert wurde. Solche Sachen passierten öfters in den letzten Wochen; immerhin ist meine Kiste sehr gut zugenagelt. Das Wetter ist sehr schlecht seit einigen Tagen; der ganze Schnee ist in zwei Tagen geschmolzen. Heute regnet es ohne Unterlaß, der ganze Himmel ist eine große, graue Wolke.

Heute nachmittag bin ich zu Herrn Himmelein gegangen wegen meiner Bitte um Rückversetzung, aber sie ist noch nicht zurückgekommen, und er erklärte, es würde noch einige Wochen dauern. Das sind sehr traurige Entwicklungen für mich. Bei der Rückkehr zum Lazarett habe ich einen kleinen Umweg gemacht und bin einen kleinen Hügel hochgestiegen, von wo man eine herrliche Aussicht auf das Tal der Maas hat. Ich bedaure es sehr, meinen Apparat nicht mitgenommen zu haben; es war eine sehr interessante Photographie, die ich von dort hätte machen können. Das ganze Tal, das sich bei Sedan auf einer Breite von einem Kilometer und mehr erstreckt, ist überschwemmt durch das schmutzige, gelbe Wasser und es gleicht einem großen See. Auch in Deutschland sind die Flüsse über die Ufer getreten, vor allem der Rhein, der in der Nacht von Mittwoch auf Donnerstag um vier Meter gestiegen ist, wie ich heute in der „Kölner Zeitung“ gelesen habe.

Sonst gibt es bei uns nicht viel Neues zu erwähnen. Die vergangene Woche war ich mehrere Male im Theater, die angenehmste Art, um das Elend zu vergessen. Im Wesentlichen fühle ich mich sehr wohl und ich bin immer bei guter Gesundheit.

Der Friede mit Rußland macht sehr langsame Fortschritte; im Westen hat, so wie es mir scheint, hat die große Offensive begonnen; seit dem Nachmittag und während der ganzen Nacht hört man den Donner der Kanonen.

Indem ich Dir eine gute Nacht wünsche, grüße ich Dich von ganzem Herzen Dein Ottmar

Beste Grüße an Mutter, Hedwig, Kurt und Ernst!

Politischer Stimmungsbericht, 25. 1. 1918

Liebe Eltern!

Die Karte und den lieben Brief habe ich erhalten; für beides besten Dank. Hermanns Versetzung war für mich keine besondere Überraschung mehr; er hatte mir nämlich vor 4 Wochen geschrieben, daß es ihm bei den Fliegern nicht mehr gefalle und daß er sich zur Feldartillerie versetzen lassen wolle. Ich habe Euch absichtlich nichts geschrieben, da er Euch überraschen wollte, was ihm ja scheints auch gelungen ist.

Mein Gesuch macht leider recht langsam Fortschritt; gestern kam es vom Etappendelegierten wieder zurück. Er hatte es zwar schon unterschrieben und zur Weitergabe empfohlen, aber im letzten Augenblick offenbar doch nicht den Mut gefunden, es an den kaiserlichen Kommissar weiterzuschicken, aus Angst von diesem eines aufs Dach zu bekommen, daß er derartige Zustände überhaupt dulde. Statt dessen ging er noch mal zu unserem Chefarzt, den er schließlich soweit brachte, daß er uns tadellose Quartiere versprach. Wie wir nun gestern Abend erfahren haben, sollen wir im anderen Bau 4 Stock hoch unter dem Dach einquartiert werden; von „tadellos“ kann natürlich gar keine Rede sein, im Gegenteil, dort scheints mir noch schlimmer zu werden als im seitherigen und ich werde dann unbedingt darauf bestehen, daß mein Gesuch an den kaiserlichen Kommissar weitergeht.

So weit war ich gestern Abend gekommen, als plötzlich das Licht ausging und gleich darauf ein rasendes Schnellfeuer aus mehreren Abwehrgeschützen eröffnet wurde. Die Granaten heulten und pfiffen ganz unheimlich durch die Luft. Von den Fliegern selbst war nichts zu sehen noch zu hören. Offenbar hatten sie es auf die Bahnlinie abgesehen, um die Bewegungen hinter der Front aufzuhalten und zu stören. Bei Avantcourt sollen sie Bomben abgeworfen haben.

Von den Aufträgen kann ich leider keinen ausführen; derartiges Emaillegeschirr gibt es in ganz Sedan keines mehr, nur noch Pfannen, in denen man einen halben Ochsen braten könnte und die schweren eisernen Töpfe. Auch die Schuhnestel sind sicher noch viel teurer als bei Euch. Das Paar kostet nicht weniger als 1 Mark und dabei sind sie recht dünn und schwach. In der Süddeutschen Zeitung habe ich gestern zufällig ein Angebot gelesen, ich lege es hier bei.

Ich bin nur gespannt, wie lange diese verworrenen Zustände im Inneren noch dauern. Ich habe in letzter Zeit, so merkwürdig es klingt, öfters die Erfahrung gemacht, daß die Soldaten an der Front am zufriedensten sind und je weiter es nach Deutschland geht, desto schlechter wird die allgemeine Stimmung. Wenn die Leute direkt von der Front ins Lazarett kommen, sind sie durchweg sehr zufrieden und anständig; aber schon nach einigen Tagen stehen sie unter dem Einfluß dieser Mies- und Flaumacher, die auch sonst in der ganzen Etappe ihre wühlerische Zerstörungsarbeit betreiben. Auch ich hatte in letzter Zeit verschiedentlich Angriffe zu bestehen, bloß weil ich die Süddeutsche lese, die als das größte Hetzblatt verschrien wird, das von den Großagrariern und Schwerindustriellen gekauft sei und von diesen bearbeitet und gespeist werde und was dgl. Unsinn mehr ist; alle Alldeutschen müßten eingesperrt und die Vaterlandspartei durch die Regierung aufgehoben, widrigenfalls gewaltsam unterdrückt werden, wie es ja tatsächlich in Stuttgart und in anderen größeren Städten passiert ist.

Man weiß bald nicht mehr, was man unter diesen Umständen denken soll. Ich bin bloß begierig, was der Reichskanzler gestern gesprochen hat. Das einzige, was die Lage noch retten könnte, wäre eine baldige glänzende Offensive im Westen. Diese tatenlosen Perioden sind immer der günstigste Nährboden für dieses hetzerische Treiben der sozialdemokratischen Elemente. Wer verspürt denn vom Krieg mehr, die Soldaten im Schützengraben oder diese Schreier zu Hause!

Wenn jemand Grund zum Unzufriedensein hätte, so sind es doch in erster Linie die an der Front.

Im Übrigen geht es mir gut.

Es grüßt Euch herzlich Euer Ottmar

Im neuen Quartier, 31. 1. 1918

Liebe Eltern!

Das Paket mit Hefenkranz und dem lieben Brief habe ich gestern erhalten, für beides herzlichen Dank. Gestern habe ich noch eine Probe von unseren Rindfleisch in ein Schächtelchen verpackt, mal sehen, wie es ankommt. Am besten schneidet Ihr es in kleine Stückchen und laßt es mit Zwiebeln ein wenig braten, so machen wirs im allgemeinen. Heute hat der Schreiner endlich die andere Kiste fertig gemacht, so daß sie in den nächsten Tagen auf die Post kommen wird. Inhalt: 3 Paar Schuh, 1 größeres Säckchen Zucker, 2 Bücher und eine Kanne Schmalz.

Hermann hat schon ein Schweineglück, gleich 4 Wochen auf einmal. Einer von uns hatte zuvor auch das Glück. Als er zurückfahren sollte, hatte gerade die Urlaubssperre eingesetzt und da während der Zeit keine Urlauberzüge fahren, muß er wohl oder übel noch mal 14 Tage zuhause bleiben.

Wir haben jetzt schon unser neues Quartier bezogen. Im allgemeinen ist es allerdings besser als das alte, vor allem ist es bedeutend heller und luftiger; auch liegen <wir> nicht mehr übereinander, sondern jeder hat sein eigenes Bett; endlich haben wir jetzt 2 größere Tische, so daß wir nach Belieben lesen und schreiben können. Das Quartier hat nur den einen Fehler, daß es in dieser luftigen Höhe empfindlich kalt ist; der Ofen, den wir besitzen, ist viel zu klein für den großen Raum, auch zieht es aus allen Fugen herein.

Ich bin mir noch nicht ganz im Klaren, ob ich mich trotzdem wegmelden soll oder ob ich hier bleibe, will zunächst mal abwarten, es wird auch wieder von einer Musterung gemunkelt.

Mein Saal ist immer noch ziemlich voll, aber der neue Stabsarzt, den wir gestern bekommen haben, hat die Gewohnheit, alles, was nicht sterbenskrank ist, dienstfähig zu schreiben. Anfang nächster Woche ist wieder mal große Putzerei. Das ganze Lazarett ist nämlich total verlaust, weshalb alle Säle nacheinander entlaust und gereinigt werden sollen.

Nun hat ja der Reichskanzler seine große Rede vom Stapel gelassen und die Antwort der Unabhängigen scheint die neueste Revolutionsbewegung in Berlin zu sein. Die Nachrichten, die wir erhalten haben, widersprechen einander sehr und man weiß nicht, ob die Sache an Ausdehnung zunimmt oder schon erstickt ist. Jedenfalls werden sie auf diesem Weg nicht viel erreichen.

Im Übrigen geht es mir immer gut, was ich von Euch auch hoffe.

Es grüßt Euch herzlich Euer Ottmar

Zeit für schriftstellerische Pflichten, 10. 2. 1918

Liebe Eltern!

Den letzten Brief und das Laibchen habe ich erhalten, für beides herzlichen Dank. Ihr werdet jedenfalls schon auf einen Brief gewartet haben, aber wie ich ja in meinem letzten Brief schon schrieb, hatte ich letzte Woche große Putzerei. Gestern Abend sind wir nun vollends fertig geworden; da unser Saal noch nicht belegt ist, habe ich heute, Sonntag vormittag, schön Zeit, um meinen schriftstellerischen Pflichten nachzukommen. Ich sitze am oberen Ende vom Tisch und die Schwester am unteren, dazwischen steht ein riesiger Strauß frisches Tannenreisig, Liguster und blühende Haselnußzweige, so daß wir uns schon durch die Blume unterhalten müssen. Heute nachmittag kommen die Leute vom nächstfolgenden Saal, der nun entlaust werden soll, zu mir herüber. Ich bin sehr gespannt, ob das Kistchen jetzt angekommen ist. Mein Freund Sapper hat 8 Tage nach mir auch eins abgeschickt und erhielt heute Nachricht, daß es angekommen ist. Falls das Fleisch gut angekommen ist, kann ich Euch öfter mal etwas schicken. Mir ist es allmählich richtig zum Überdruß geworden und hab ich es in letzter Zeit meist verschenkt. Liebe Mutter, Dein Geburtstagspaket ist schon unterwegs, wenig, aber von Herzen.

Gestern wurde in allen Zügen nachgefragt, wer Lust hätte auf einen sächsischen Lazarettzug zu gehen; es werden 2 Mann gesucht. Mein Freund Sapper und ich haben uns gemeldet, aber die Aussicht scheint mir nicht sehr groß, da sächsische Pfleger sicher bevorzugt werden. Falls ich hinkomme, schreibe ich sofort.

Daß Ernst in seiner Klasse der Erste geworden ist, freut mich, er soll es nur immer bleiben; ich lege ihm zur Belohnung eine Mark bei.

Von Onkel Hermann erhielt ich gestern eine Karte, er habe einige kleine Bücher an mich abgeschickt. Von Walter hätte er auch einen Brief erhalten. Walter ist wohl immer noch in seiner alten Stellung.

Hermanns 4 Wochen sind nun auch nächstens vorüber, bin begierig, wie es ihm in Ludwigsburg gefällt.

Ich habe nun noch eine Bitte; meine Reservegläser zu meinem Zwicker sind beide zerbrochen. Am besten schickt Ihr gleich 2 Gläser zu 5½ und 6 Dioptrien. Im Übrigen geht es mir gut; in unserem neuen Quartier haben wir uns ganz gut eingerichtet.

Mit herzlichem Gruß an Alle Euer Ottmar

Fasching im Theater, 17. 2. 1918

Liebe Eltern!

Das Laibchen und den lieben Brief habe ich erhalten, für beides herzlichen Dank. Zu dem Kaffeebrot habe ich mir einen extraguten Kaffee gebraut.

Die andere Kiste habe ich noch nicht abgeschickt, da ich erst abwarten will, bis die erste ankommt; es wäre jetzt aber wirklich hohe Zeit, wo sie doch schon 4 Wochen unterwegs ist.

Bei uns wird wirklich feste geräumt, will nur sehen, wann es vorne mal losgeht, das kalte, klare Wetter würde sich doch vorzüglich dafür eignen.

Gegenwärtig habe ich auch eine recht gemischte Gesellschaft auf meinem Saal, einen 18jährigen Unteroffizier, Kriegsfreiwilliger natürlich. Wie er einrückte, war er knapp 16 Jahre alt und ging in die 4. Klasse eines Realgymnasiums. Jetzt bereut er es, daß er nicht noch vorher das Einjährige gemacht hat, denn erstens hat er jetzt das meiste wieder vergessen und dann wäre das Einjährige auch für seine Beförderung von großer Bedeutung gewesen. Ferner liegt ein Kommerzienrat Ammann bei mir, ein Vetter des Ammann von Bönnigheim. Er ist als Armee-Soldat eingezogen, geht aber beständig in gelben Schuhen und Seidenweste.

Letzten Dienstag war ich im Theater in der Galavorstellung, benannt „Faschingsersatz". Das Programm war allerdings ganz fastnachtsmäßig, weshalb ich es beilegen will. Abends vertreiben wir uns wirklich die Zeit mit Kartenspielen, zum Schreiben ist es zu kalt.

Walter ist wohl noch immer im Osten. Bin bloß gespannt, wie sich die Dinge mit Rußland weiterentwickeln, ob wir endgültigen Frieden bekommen oder noch mal Krieg, da ist eines so leicht möglich wie das andere.

Wie gefällt es Hermann in Ludwigsburg, ist er nicht am Ende vom Regen in die Traufe gekommen? Die 4 Wochen scheinen ihm allerdings gut bekommen zu sein. Ich habe nämlich vor 8 Tagen in Schnürschuhen und umgeschnallt 147 Pfund gewogen. Ernst hat wohl das Kärtchen erhalten; die Mark lege ich diesmal auch bei. Sonst geht es mir immer gut.

Mit herzlichem Gruß an Alle Euer Ottmar

Ein unverschämter Patient, 23. 2. 1918

Liebe Eltern!

Die beiden Briefe und Karten sowie das Päckchen habe ich erhalten, herzlichen Dank für alles. Es freut mich sehr, daß das bereits verloren geglaubte Kistchen doch noch angekommen ist. Sehr überrascht war ich von dem 2. Brief, daß für den Inhalt 12,80 Mark Zoll erhoben wurde. Ich habe mich gleich am anderen Tage bei der Rechtsauskunftsstelle der Etappenkommandantur erkundigt, ob dies überhaupt zulässig ist. Diesen war allerdings eine derartige Bestimmung unbekannt; sie hätten selbst schon oft Pakete mit Stoff und dgl. nach Hause geschickt, ohne daß irgendwelcher Zoll erhoben wurde, da dies auch gar nicht als Einfuhr aus dem Ausland zu betrachten ist. Entweder ist die Bestimmung ganz neu oder liegt ein Irrtum vor. Sie gaben mir den Rat, Ihr sollt Euch die Bestimmungen vorlegen lassen, auf Grund derer dieser Zoll erhoben wurde. Vielleicht ist es auch nur ein Zufall, daß gerade an meinem Kistchen eine Stichprobe gemacht wurde, so daß 10 andere Kisten frei durchgehen. Wenn Ihr etwas erfahrt, schreibt es mir bitte das nächstemal; ich würde dann das andere Kistchen, das schon fix und fertig ist, auch abschicken.

Gegenwärtig nehme ich an einem französischen Kurs teil, den ein katholischer Geistlicher, der 12 Jahre in Frankreich war und natürlich perfekt französisch spricht, abhält. Jeden Montag und Donnerstag von ½9^{h} bis kurz vor 10^{h}. Der Kurs ist nur Fortgeschrittene von Werte, da er während der ganzen Stunde nur französisch spricht. In Beantwortung des in Aussicht gestellten französischen Briefes Näheres.

Gegenwärtig weht auf meinem Saal ein ziemlich scharfer Wind. Mein Kommerzienrat ist nämlich langsam warm geworden und glaubt, er könne sich auch hier als der Herr Kommerzienrat aufspielen, indem er unglaubliche Anforderungen stellt, die der Lazarettordnung vollständig zuwiderlaufen. Ich gab ihm daher sofort zu verstehen, daß er hier ganz gewöhnlicher Bstm. <?> sei und somit überhaupt nichts zu sagen habe. Die Schwester, die natürlich die Lazarettordnung genauso gut kennt wie ich, stellte sich auf die Seite des Herrn Kommerzienrats – femina semper varium et mutabile est – und der Unteroffizier von der Station, der erklärte Liebling der Schwester, wagte nicht dagegen aufzutreten. Somit bin ich verraten und verkauft und kann überhaupt nicht mehr auftreten. Ich lasse mich wahrscheinlich auf einen anderen Saal versetzen.

Walter wird wohl tüchtig auf dem Vormarsch sein; wenn die Russen keinen Widerstand leisten und die Bevölkerung den deutschen Truppen freundlich gesinnt ist, so ist die Gefahr immerhin etwas vermindert.

Das Geburtstagspäckchen ist wohl noch nicht angekommen; es ist möglich, daß es als großes Paket gelaufen ist, da es etwas schwerer war als ein Pfund. Mir geht es sonst gut.

Mit herzlichem Gruß Euer Ottmar

Versetzung ins Offizierslazarett, 3. 3. 1918

Liebe Eltern!

Heute nur ein paar Worte, damit Ihr wenigstens ein kleines Lebenszeichen erhaltet. Pech, wie ich immer habe, erhielt ich vorgestern Abend Befehl für ein ¼ Jahr in dem Offizierslazarett La Moncelle (11 km von Sedan entfernt). Sobald ich ein wenig eingerichtet bin, vielleicht morgen, spätestens übermorgen, schreibe ich ausführlich. Zu arbeiten habe ich hier sehr viel.

Mit herzlichem Gruß Ottmar

Alltag im Offizierslazarett, 6. 3. 1918

Liebe Eltern!

Endlich habe ich Zeit Euch etwas ausführlicher über meine neue Lage zu unterrichten. Ich bin jetzt auf dem Höhepunkt eines Krankenpflegers angelangt, indem ich zum Offiziers-Wärter ernannt worden bin. Ich betrachte diese Versetzung allerdings eher als Strafversetzung, denn das Lazarett ist nur für geschlechtskranke Offiziere. Ich habe eine Baracke mit 10 Leutnants (Tripper), lauter junge Leute zwischen 20 und 24 Jahren. Man kann sich denken, was für eine Luft, vor allem auch in geistig-moralischer Hinsicht in so einer Baracke herrscht. Im Allgemeinen kann ich zwar mit meinen Leuten zufrieden sein, sie sind wenigstens nicht so anspruchsvoll und anmaßend wie manche andere, nur ein junger Abiturient in meinem Alter wollte sich in den ersten Tagen allzu sehr bedienen lassen, bis ihm die andern zu verstehen gaben, daß ich nicht seine Ordonnanz, sondern Wärter bin. Seither ist er auch ganz nett und anständig. Zu arbeiten gibt es sehr viel hier. Morgens um 7^h muß ich zwei Öfen anmachen, was bei den schlechten Kohlen, die wir wirklich haben, ein wahres Kunststück ist. Dann wird die Baracke ausgekehrt und 10 Betten gemacht. Wenn ich soweit bin, ist gewöhnlich Visite. Gewöhnlich gibt es da eine Anzahl neuer Verordnungen. Aber das Schlimmste ist, daß wir das ganze Holz selber machen müssen. Mein Sonntagnachmittag-Vergnügen bestand darin, bis 6^h abends mit einer großen Waldsäge Stämme zu zersägen und zu spalten, denn ohne Holz kann man das Feuer nicht den ganzen Tag am Brennen erhalten.

Gestern habe ich, obgleich sies ja nicht verdienen, einen Strauß Maikätzchen, Haselnuß und Seidelbast ins Zimmer gestellt, worüber sich alle sehr gefreut haben. Verschiedene haben mir auch Zigarren und Zigaretten angeboten.

Unsere Quartiere sind wieder unter allem Affen, fast noch schlechter als anfangs in Macdonald, namentlich vollständig verlaust. Es ist nur gut, daß man nur für ein ¼ Jahr verpflichtet ist zu bleiben. Ich wollte, es wäre schon herum. Im Sommer mag es ja ganz schön sein, weil das Ganze inmitten großer Parkanlagen liegt, aber im Winter ist es kein Zuckerlecken. Sonst geht es gut.

Mit herzlichem Gruß Euer Ottmar

Für Brief und Paket herzlichen Dank!

Von der Außenwelt abgeschnitten, 12. 3. 1918

Liebe Eltern!

Da Briefe bis auf weiteres leider nicht zulässig sind, so müßt Ihr Euch eben solange mit Karten begnügen. Wie ich Euch schon im letzten Brief geschrieben habe, gefällt es mir herzlich schlecht und ich habe auch schon alles versucht, um wieder wegzukommen, allerdings umsonst. Unsere Quartiere hier erinnern wieder lebhaft an die Urzustände in Macdonald. Auch ist man wie in einem Zuchthaus von der Außenwelt völlig abgeschnitten, kein Theater, kein Kino, keine

Bücherei; nicht einmal den französischen Kurs kann ich mehr besuchen, den ich so gerne mitgemacht hätte.

Mit herzlichem Gruß Euer Ottmar

Für die lieben Päckchen und Gläser herzlichen Dank!

Gut eingelebt, 23. 3. 1918

Liebe Eltern!

Gestern erhielt ich Vaters Karte; die Lebkuchen und Mutters Brief erhielt ich schon vor einigen Tagen, für Alles herzlichen Dank. Ich bin in der letzten Zeit überhaupt nicht zum Schreiben gekommen. Ich bin noch auf meiner 2. Station mit 4 Herren und habe mich dort ganz gut eingelebt. 3 Wochen sind nun schon herum und es sind jetzt nur noch 10 Wochen. Bei dem günstigen Wetter gegenwärtig läßt es sich ja aushalten, da man doch die meiste Zeit im Freien zubringen kann. Mit meinem Urlaub wird es leider noch nichts vorerst. Ich denke, daß ich im Anschluß an meine Entlassung von hier fahren kann, wenn sonst nichts dazwischen kommt.

Mit herzlichem Gruß Euer Ottmar

Brief folgt, sobald die Sperre aufgehoben wird, was wohl nicht mehr allzu lange dauern wird.

Der Chef liest mit, 7. 4. 1918

Liebe Eltern!

Ihr werdet Euch wohl gewundert haben in letzter Zeit, daß von mir so wenig Post kam. Aber das hatte seinen guten Grund. Gleich zu Anfang der Postsperre, die jetzt vor kurzem aufgehoben worden ist, hatte ich an Euch eine Karte adressiert, worauf ich u. a. schrieb, daß es hier, vor allem am Abend, sehr langweilig sei, da man kein Theater und keine Bücherei habe. Dem Chefarzt, der während der ganzen Zeit die Post kontrollierte, schien das letztere sehr in die Nase gestiegen sein. Er hieß mich am andern Tag nach Macdonald kommen und machte mir dort sehr energisch den Standpunkt klar; wie ich dazu käme derartige „Lügen" nach Hause zu schreiben, ob ich nicht wüßte, daß eine Etappenbücherei da sei und es hätte nicht viel gefehlt und ich wäre 3 Tage in den Kasten geflogen. In der Theorie hatte er ja recht, aber in Wirklichkeit ist es fast eine Unmöglichkeit, von hier aus von der Etappenbücherei Gebrauch zu machen, denn von La Moncelle nach Sedan ist es eine volle Stunde zu gehen und dazu muß man die schriftliche Erlaubnis von unserem Stabsarzt haben, die man höchstens alle 14 Tage erhält. Ich sagte ihm dies auch, worauf er erklärte, ob ich denn nicht wüßte, daß eine Postordonnanz da sei, die täglich die Post in Sedan abholt, dieser gute Mann ist aber von den Privatbestellungen der Offiziere derart in Anspruch genommen, daß man ihm das kaum noch zumuten kann, zumal wenn sich mehrere Bücher durch ihn besorgen lassen wollten. Zudem hat man doch nur eine verhältnismäßig kleine Zahl Autoren im Kopf und sich aufs Geratewohl Bücher bringen lassen, wäre auch nicht meine Sache. Das ist der Grund, weshalb ich in letzter Zeit überhaupt nicht mehr geschrieben habe.

Vor ca. 14 Tagen habe ich übrigens an Vater eine Schachtel Zigarren abgeschickt, hoffentlich sind sie inzwischen angekommen. Mutters Brief habe ich gestern erhalten und danke dafür herzlich. Von Ostern konnte man hier nicht viel merken; das Wetter auch regnerisch. Zudem hat man absolut keine ...

<Schluß fehlt>

Vorläufig keine Entlassung, 10. 4. 1918

Lieber Hermann!

Habe soeben Deinen Kartenbrief erhalten, wofür ich Dir bestens danke. Leider geht es mit meiner Entlassung nicht so schnell, wie ich dachte. Es war nämlich vom kaiserlichen Kommissar ein Erlaß herausgekommen, daß Gv-Leute nicht entlassen werden dürfen vom Roten Kreuz. Ich werde es aber trotzdem nochmal versuchen. Deinen Urlaub brauchst Du meinetwegen nicht hinauszuziehen, bei mir kann es Juni werden.

Mit herzlichem Gruß Dein Ottmar

Encore cinq semaines à l'hôpital d'officiers, 13. 4. 1918

(ursprünglich französisch: Sedan, 13 avril 1918

Mon chèr père!...)

Mein lieber Vater!

Ich bedaure sehr, daß ich Dich solange habe warten lassen mit der Antwort auf Deinen Brief, den ich vor mehr als einem Monat erhalten habe. Aber es ist nicht meine Schuld. Ich hatte die Absicht Dir bei Gelegenheit Deines Festes zu schreiben. Aber gerade einige Tage vorher wurde die Briefzufuhr unterbrochen und es war verboten Briefe zu schreiben.

Es war mir recht angenehm zu hören, daß Du die Zigarren erhalten hast und ich hoffe, daß sie Dir gut schmecken werden.

(Heute nach einer Unterbrechung von zehn Tagen die Fortsetzung.) Ich habe mich inzwischen sehr gut eingerichtet, aber ich habe nicht mehr die gleiche Station erhalten; ich mußte die zwei Zimmer eines Kameraden übernehmen, der krank geworden ist. Heute nachmittag ist durch die Abreise eines Hauptmanns ein Zimmer frei geworden, so daß ich nur ein Zimmer mit zwei Offizieren, einem Arzt und einem Leutnant, zu versorgen habe.

Gestern abend war ich bei Herrn Himmelein, um ihn die Änderung meiner Absicht wissen zu lassen. Er war angenehm überrascht und er hat mir erzählt, daß unser Delegierter das Beste unternommen hat, um beim Roten Kreuz zu bleiben. Ich mache das nicht gerne, aber es ist immer besser als Soldat zu sein noch ein ganzes Jahr nach Kriegsende. Unglücklicherweise ist sich der Urlaub wieder gesperrt und, wie man sagt, bis zum 1. Juli, noch recht lange Zeit, nicht wahr? Und wenn er wieder offen sein wird, bin es sicher nicht ich, der als erster die Erlaubnis erhält.

Ich war recht erstaunt zu hören, daß Hermann ins Feld kommen wird. Ich würde ihn sehr gerne in Stenay besuchen, aber unglücklicherweise ist es unmöglich einen ganzen Tag lang Urlaub zu bekommen. Walter wird seinen Urlaub noch haben, bevor er in den Westen kommt und ich bedaure es sehr, daß wir uns dieses Mal nicht sehen werden. Vielleicht wird der Krieg diesen Sommer noch beendet werden. So wie man sagen hört, macht man gegenwärtig neue Anstrengungen für einen große Offensive. Na ja, das Wetter wird sich bessern für diesen Zweck. Die vergangene Woche hatten wir mehrere heftige Gewitter mit Hagel; seit einigen Tagen regnet es ohne Unterbrechung und es ist immer noch relativ kalt, so daß man die Zimmer während des ganzen Tages heizen muß.

Kürzlich habe ich in Sedan ein großes, schönes Buch gekauft mit dem Titel „Jeanne d'Arc" zum Preis von zwei Francs. Es macht mir viel Vergnügen, ich lese am Abend darin. Ich werde es in den Urlaub mitbringen. Jetzt muß ich noch fünf Wochen in La Moncelle verbringen; am 2. Juni werde ich abgelöst und ich werde nach Macdonalds zurückkommen.; es ist sehr monoton hier und ich wollte hier nicht mehr längere Zeit bleiben.

Ich grüße Dich von ganzem Herzen, ebenso die Mutter, die Schwester und die Brüder, Dein Ottmar

Halbzeit der Abordnung, 16. 4. 1918

Liebe Eltern!

Habe wirklich ziemlich zu tun, da ich einen neuen Herren bekommen habe, einen Rittmeister von der Pfalz. Daß dieser an eine immer gute Erscheinung gewöhnt ist, läßt sich ja denken. Sonst geht alles im alten Gleise. Das Wetter ist wirklich recht schlecht, fast den ganzen Tag Regen. Ich bin froh, daß ich heute genau die Hälfte meiner Zeit hier umhabe. Brief folgt in den nächsten Tagen.

Mit herzlichem Gruß Euer Ottmar

Arrest in St. Albert, 18. 4. 1918

Liebe Eltern!

Zu diesem Brief habe ich tüchtig Zeit, nämlich volle 5 Tage. – Ich brumme, trotzdem die Sache seinerzeit erledigt war. Der Chefarzt erkundigte sich offenbar nachher beim Zugführer Röder, der die freien Pfleger in Macdonald unter sich hatte, ob ich nicht sonst etwas auf dem Kerbholz hätte. Diese alte Klatschbase – er ist nämlich Friseur von Beruf – wollte sich offenbar Liebkind beim Chef machen und tischte ihm eine Sache auf, die ich längst für vergessen und begraben hielt.

Nach Weihnachten war nämlich einer von unserem Zug in die Heimat entlassen worden, der hatte mir seine Blechmarke, die zum Essensempfang diente, hinterlassen. Ein Kamerad und ich holten nun abwechselnd mit dieser Marke Essen, da es gerade damals nach den Festtagen besonders knapp und minderwertig war. Bei meinem notorischen Pech in solchen Dingen war es selbstverständlich ich, der dabei hereinfiel. Aber die Geschichte ist damals ganz unter uns geblieben; ich hatte am selben Abend den Koch und besagten Zugführer zu einer Flasche Wein eingeladen und hielt die Sache somit für erledigt. Ihr könnt Euch daher mein Erstaunen denken, als ich letzte Woche eine freundliche, aber entschiedene Aufforderung erhielt, mich auf dem hohen Gericht zu stellen. Ich mußte daselbst meine Aussagen machen, die zu Protokoll genommen wurden. Der Kriegsgerichtsrat entließ mich am Schluß mit der tröstlichen Versicherung, er wolle sehen, was er für mich tun könne. Einige Tage darauf wurde vom Delegierten ein Attest über meinen bisherigen, militärischen Lebenswandel angefordert, der natürlich sehr zu meinen Gunsten ausfiel.

Am Montag abend erhielt ich den Bescheid, ich sei vom Gericht freigesprochen worden, der Chefarzt mache jedoch von seiner Disziplinarstrafgewalt Gebrauch und bestrafe mich mit 5 Tagen Mittelarrest. Offenbar hatte er geglaubt, es besonders schlau anzugreifen, als er die Sache dem Gericht übergab und war, wie ich aus guter Quelle erfahren habe, über dessen Urteilsspruch sehr enttäuscht. Seine hauptsächlichste Wut hatte er nämlich immer noch wegen der Karte, durch die er sich scheints in seiner Ehre gekränkt fühlte. Meinen Kameraden hatte ich natürlich nicht mit in den Schlamassel gezogen. Am Dienstag Mittag hielt ich im „Erholungsheim“ St. Albert, eine gute Stunde von Sedan entfernt, meinen Einzug. Ich traf dort noch 30–40 Leidensgenossen. Ihr dürft nun aber nicht denken, daß ich diese 5 Tage einsam und verlassen in meiner Zelle sitze und tiefsinnige, philosophische Betrachtungen anstelle. Ich habe im Gegenteil bis jetzt keine Langeweile empfunden. 2 Stunden am Tag dürfen wir im Hof und Garten spazieren gehen, ferner arbeiten wir je 2 Stunden vor- und nachmittags in einem großen Fabriksaal. So habe ich gestern einen Webstuhl im Wert von ca. 6000 Mark mit der Axt kleingehauen. Offensichtlich soll die französische Industrie nach Möglichkeit lahm gelegt werden, damit Frankreich nach dem Krieg um so mehr auf Deutschland angewiesen ist.

Aber auch sonst fehlt es nicht an Unterhaltung. Die Erfahrungen einiger anderer Kameraden waren mir sehr zustatten gekommen. So hatte ich in meinen etwas weiten Stiefelschäften 50 Zigaretten, Schreibgezeug, einen französischen Sprachführer und Faust I. Teil untergebracht. Mein Brillenfutteral hatte ich mit Streichholz gefüllt. Alles andere ist natürlich abgenommen worden. Da man ein Brot mitnehmen darf, so habe ich auf dem Boden desselben einen Ausschnitt gemacht, inwendig ausgehöhlt, mit Marmelade gefüllt und den Deckel wieder drauf gesetzt, so daß man äußerlich gar nichts merkte; denn trocken Brot und Wasser allein eignen sich schlecht, um die Lebensgeister zu erfrischen. Am ungemütlichsten sind die Holzpritschen. Man bekommt zwar für die Nacht 2 Decken, aber trotzdem könnte ich nicht behaupten, daß man darauf wie in Abrahams Schoß liegt.

Die einzelnen Käfige sind durch Bretterwände voneinander getrennt, so daß man sich bequem unterhalten und auch kleine Gegenstände austauschen kann. So habe ich z.B. diesen Tintenstift gegen einige

Zigaretten eingetauscht. Da der Raum durch einige Öfen geheizt wird, so ist es tagsüber erträglich warm.

Über die Hälfte meiner Gefangenschaft habe ich schon weg; übermorgen, Sonntag, nachmittag 3^h erlange ich die goldene Freiheit wieder. Meinen Herren habe ich die ganze Geschichte auch erzählt und die meinten, ich solle mich doch ja nicht darüber aufregen, denn die ganze Sache sei ja mehr als lachhaft. Da ja bekanntlich Strafen beim Militär für das Zivilleben ohne jede Bedeutung sind, so fasse ich das Ganze als harmonischen Abschluß meiner gerade am 21. 4. vollendeten 3jährigen Dienstzeit auf.

Mein erster Gang am Sonntag wird übrigens zum Delegierten sein. Ich werde noch mal alle Hebel in Bewegung setzen, um von Sedan wegzukommen. Gleich nachdem ich nach La Moncelle versetzt worden war, hatte ich nämlich ein zweites Entlassungsgesuch eingereicht. Am andern Tag mußte ich zum Delegierten kommen, der mir erklärte, es sei erst frisch ein Erlaß vom kaiserlichen Kommissar herausgekommen, wonach Gv-Leute vom Roten Kreuz nicht entlassen werden dürfen. – Aber diesmal werde ich nicht eher ruhen, bis ich es durchgesetzt habe. 5–6 Wochen wird es ja immerhin noch dauern, bis die Sache soweit gediehen ist. Ich werde übrigens noch eine Kiste fertig machen müssen, da ich sonst nicht alles mitnehmen kann. Die Schuhe und das Buch bringe ich auf jeden Fall selber mit. Der arme französische Brief hat es schon auf sich; gerade an jenem Montag Abend hatte ich damit angefangen. Er wird aber bestimmt Anfang nächster Woche in Begleitung einiger Zigarren abfahren. Letzte Woche sind endlich die Kv-Leute abgerückt, von unserem Zug war es allerdings nur einer, mein Freund, der sich an Neujahr mit mir photographieren ließ.

Liebe Mutter, Deinen lieben Brief habe ich eben noch am Vorabend erhalten und ich danke Dir dafür herzlich. Mit meinen Herren stelle ich mich im allgemeinen sehr gut. Eine Freundschaft in Deinem Sinne ist allerdings wegen der nun einmal zwischen Offizier und Mann bestehenden Schranke nicht angängig, aber immerhin besorgen sie mir Bücher aus der Lazarett-Bücherei, die nur für die Offiziere da ist.

Das Wetter ist recht launisch wirklich, letzte Nacht hat es gefroren und heute schneit es schon stundenlang in die weiße Blütenpracht. Hoffentlich ist es bei Euch besser. Sonst geht es mir gut, bin wenigstens immer gesund.

Mit herzlichem Gruß Euer Ottmar

Versetzungsgesuch zurückgezogen, 23. 4. 1918

Lieber Vater!

Habe soeben Deinen Brief erhalten und halte es unter diesen Umständen auch für das Beste, vollends bis zum Schluß durchzuhalten; vielleicht geht es dieses Jahr auch noch aus. Gestern hatte ich meinem Zugführer wegen meines Gesuches Bescheid gesagt. Ich glaube jedoch kaum, daß der Delegierte es schon weitergegeben hat. Auf jeden Fall <ist> die Sache rückgängig gemacht. Am liebsten hätte ich von hier aus dem Geschäftszimmer telephoniert, aber das Telephon darf nur mit Erlaubnis des Stabsarztes benützt werden. Ich werde daher gleich heute abend zum Zugführer gehen. Alles andere im französischen Brief, der heute Abend vollends fertig wird.

Mit herzlichem Gruß an Alle Dein Ottmar

Station als „Strafanstalt", 28. 4. 1918

Liebe Mutter!

Deinen lieben Brief habe ich erhalten, herzlichen Dank. Über meinen letzten Brief wirst Du wohl etwas erstaunt gewesen sein, aber Du brauchst Dir darüber nicht die geringste Sorge machen, denn die ganze Geschichte ist absolut bedeutungslos. Die Angelegenheit wegen des Gesuchs ist erledigt und werde ich eben vollends aushalten müssen.

Gestern ging das Paketchen mit dem französischen Brief und Zigarren ab. Bei Hermann ist es tatsächlich überraschend schnell gegangen; offensichtlich sollen aber alle verfügbaren Kräfte eingesetzt werden. Wenn bloß dieses naßkalte, trübe Wetter aufhören wollte; auch die Offensive leidet sicher sehr darunter. Seit einigen Tagen habe ich einen neuen Oberarzt auf der Station, einen ziemlich „ekligen Kerl". Ich will froh sein, wenn ich von dieser Strafanstalt wieder wegkomme; die 4 Wochen wird ichs ja wohl noch aushalten. Sonst geht es immer gut, bei Euch hoffentlich auch.

Mit herzlichem Gruß an Alle Dein Ottmar

Schicke mir bitte möglichst bald einen Waschlappen, aber keinen gehäkelten.

Der neue Zwicker, 12. 5. 1918

Liebe Eltern!

Für das Päckchen mit Sardinen und Tabak besten Dank, ebenso für Vaters Karte, die ich heute erhalten habe. Mit den Gläsern verhält es sich folgendermaßen. Nachdem die ursprünglichen Gläser beide zerbrochen waren, ließ ich mir von einem französischen Optiker frische einsetzen und verlangte 5 und 5 ½ Dioptrien. Da dieser aber mit seinen Gläsern unverschämt teuer war, habe ich bei Euch welche bestellt. Inzwischen habe ich mich von einem Augenarzt untersuchen lassen und der stellte rechts 3,5 und links 5 Dioptrien fest. Er sagt unter anderem, er hätte schon öfter die Erfahrung gemacht, daß sich das Augenlicht infolge des mäßigen Gebrauches verbessert habe. Zudem passen die Gläser nicht zu dem Zwicker, sie sind zu dick und schwer. Daß er sie besonders geschliffen hat, kann ich kaum glauben, da doch alle diese Zwicker gleich sind und ihm Eurerseits sonst auch keine besonderen Angaben gemacht worden sind.

Ich habe übrigens mal wieder die Stellung gewechselt; ich bin wieder in Macdonald. Am Freitag erhielt ich ganz unvermutet den telefonischen Bescheid, ich soll mich noch im Lauf des Nachmittags hier einfinden, da ich in La M. abgelöst würde.

Ich muß zugeben, die letzten 8 Tage in La M. hat es mir ganz gut gefallen; da man sich das Heizen ersparen konnte, fiel die mühsamste Arbeit weg und man war eigentlich früh um ½10^{h} fertig für den ganzen Tag. Aber es ist auch so recht; es ist halt doch ein ganz anderes Leben in Sedan. Ich werde jetzt wieder regelmäßig den französischen Kurs besuchen; auch Theater, Kino und vor allem die Bücherei stehe einem wieder zur Verfügung.

Die letzten 3 Tage war ich auf der sog. K-Z-Station, wo ich allerdings tüchtig zu arbeiten hatte. Von morgen ab komme ich auf die Trägerwache, will sehen, wie es mir dort gefällt.

Der Urlaub scheint wieder etwas näher gerückt zu sein; am 15. des Monats soll er aufgemacht werden, so daß es nicht unmöglich wäre, daß ich nächsten Monat fahren könnte. Hoffentlich wird er nicht wieder von neuem gesperrt bis dahin.

Es wundert mich, daß Walter nach seiner Ablösung im Osten keinen Urlaub bekommen hat. Ich bin sehr gespannt, bis ich von Walter und Hermann Nachricht erhalte.

Mir geht es sonst gut, hoffentlich seid Ihr auch Alle gesund.

Mit herzlichem Gruß Euer Ottmar

Ich schreibe in den nächsten Tagen wieder, wenn ich mich in meiner neuen Stellung etwas auskenne.

Neu auf der Trägerwache, 15. 5. 1918

Liebe Eltern!

Den lieben Brief und das Päckchen mit dem Waschlappen und Sardinen habe ich erhalten, für beides herzlichen Dank. Der Kuchen war inwendig leider ziemlich verschimmelt; er war eben zu lange unterwegs, volle 12 Tage.

Meinen letzten Brief werdet Ihr wohl erhalten haben und es wäre mir lieb, wenn Ihr mir gelegentlich die Gläser zu 3,5 und 5 (keine Zylindergläser) schicken könntet. Liebe Mutter, das Schmalz habe ich noch da, schade, daß ich nicht die ganze Kanne schicken kann und einem Urlauber kann ich sie auch nicht mitgeben, da in nächster Zeit keiner fährt. Wenn Du einen Darm schickst, dann werde ich ein Pfund abfüllen und in einem Schächtelchen verschicken. Demnach scheint Ihr vor den Städtern nicht mehr viel voraus zu haben; das ist tiefbedauerlich.

Wie ich Euch schon mitgeteilt habe, bin ich seit Montag auf der Trägerwache und es gefällt mir hier ganz gut, obgleich auch hier die Quartiere arg eng sind und die Flöhe kolonnenweise auf dem Fußboden herumhüpfen. Vor allem kommt man hier mit keiner Schwester in Berührung, denn auf der K-Z-Station wäre schon in den nächsten Tagen ein Krach unvermeidlich gewesen. Zu Tode arbeiten tun wir uns hier nicht. Gestern und heute haben wir z.B. rein gar nichts gemacht. Wenn dann freilich ein Lazarettzug kommt oder einer abgeht, dann heißt es tüchtig zugreifen. 30–40 Mann 3 Treppen rauf oder runtertragen, ist gerade kein Kinderspiel. Das einzige ist, daß man mittags oder abends nicht weggehen kann, wie man gerne möchte. Es muß eben immer mit Zugang gerechnet werden. Aber dies wird in den nächsten Tagen geregelt werden, so daß während dieser Zeit immer nur 2 Träger Bereitschaftsdienst haben.

Das wäre natürlich fein, wenn Walter nach Kanstatt käme. Dann würde er doch jedenfalls auch seinen 14tägigen Urlaub kriegen, ich werde ihn freilich diesmal kaum zu sehen bekommen.

Sonst geht alles gut. Zigarren kann ich auch bald wieder eine Schachtel schicken.

Mit herzlichem Gruß Euer Ottmar

Offensive füllt Lazarett, 1. 6. 1918

Liebe Eltern!

Für den lieben Brief und die beiden Pakete herzlichen Dank! Diesmal sind beide gut angekommen, das letzte hat auch nur 5 Tage gebraucht. Versucht hab ich es allerdings noch nicht. Ich hatte nämlich gestern nachmittag ganz niederträchtige Kopfschmerzen, so daß ich überhaupt keinen Appetit hatte. Aber nachher zum Vesper werde ich es mir um so besser schmecken lassen.

Nun hat ja die längst erwartete Offensive begonnen und die herrlichsten Erfolge gezeitigt. Man kann sich nicht genug wundern, ob der Ausdauer und Schlagkraft unserer Truppen. Natürlich herrscht jetzt auch bei uns erhöhte Gefechtstätigkeit. Gestern hatten wir allein über 400 Zugänge, und heute sind auch schon 4 Lazarettzüge angemeldet. Infolgedessen ist das Lazarett bereits überfüllt und gestern wurde die Kantine, die Kapelle, der Betsaal und dgl. mit Betten vollgestopft. Verwundete und Kranke liegen ganz regellos durcheinander. Weniger angenehm ist es, wenn die Autos mitten in der Nacht ihre Stimme ertönen lassen. Aber trotzdem gefällt es mir sehr gut. Wir sind fast ganz unabhängig und kommen vor allem mit keiner Schwester in nähere Berührung. Außerdem bekommen wir Schwerarbeiterzulagen.

Von Hermann erhielt ich auch eine Karte, worauf er schreibt, daß es ihm sehr gut gehe. Ob Walter und Hermann an der gegenwärtigen Offensive schon beteiligt sind? Auch vom Herrn Leutnant Späth habe ich ein Kärtchen erhalten.

Gegenwärtig haben wir das herrlichste Sommerwetter und mehr als sonst sehnt man sich da nach Hause; aber leider müssen wir uns da noch einige Zeit gedulden. Der Urlaub wird zwar heute aufgemacht und fahren 5%. Aber wie der Zugführer sagte, sind beim Transporttrupp B über 28 Mann, die schon über ein Jahr nicht in Urlaub waren. Bezeichnend ist immerhin, daß der Zugführer jetzt eben „landwirtschaftlich“ in Urlaub war. Aus demselben Grund fährt in den nächsten Tagen ein bischöflicher Oberkanzlist von Rottenburg; jedenfalls hat der auch einen Schnittlauchstock zu beschneiden. Ich werde heute mittag, wenn ich Löhnung hole, mal mit dem Zugführer reden, aber es wird wohl nicht viel dabei herauskommen. Am Ende komme ich wieder in die Weinlese.

Mit herzlichem Gruß Euer Otmar

Die Photographie habe ich anläßlich eines neuen feldgrauen Rocks machen lassen; sie ist ganz gut ausgefallen.

Ungerechte Urlaubseinteilung, 9. 6. 1918

Liebe Eltern!

Für Mutters lieben Brief und das Paketchen herzlichen Dank. Der Zwicker ist gut angekommen und ich bin froh, daß ich ihn wieder habe. Die Sardinen habe ich mir bestens schmecken lassen, aber es wäre mir lieber, wenn Ihr sie Walter oder Hermann zukommen ließet, sofern Ihr sie nicht selbst essen wollt; denn, wie ich Euch schon geschrieben habe, leide ich keine Not hier. Vor allem ist das Brot sehr reichlich bemessen. Schließlich kann ich mir, falls ich mal Lust habe, auch hier manches kaufen. Seit an der Front wieder Ruhe eingetreten ist, ist es auch bei uns wieder sehr ruhig geworden. Das ist auch ganz gut, denn seit einigen Tagen ist alles krank bei uns; drei sind ins Lazarett gekommen, die anderen haben sich selbst kuriert, so gut es eben ging. Auch ich hatte 3 Tage 39° Temperatur und ziemlich stark belegten Hals nebst Kopfschmerzen. Das habe ich ja fast jedes Jahr um diese Zeit und ich fühle mich jetzt auch wieder ganz wohl.

Gestern habe ich wieder mit meinem Zugführer gesprochen wegen Urlaub. Er hatte geglaubt, daß er mich fahren lassen kann, wenn der Letzte zurückkommt, also in 14 Tagen; aber, wie er sagte, stieß er mit diesem Vorschlag beim Delegierten auf ziemlichen Widerstand. Dieser will nämlich seinen Butterlieferanten 4 Wochen in Urlaub schicken, obgleich dieser erst an Weihnachten 14 Tage Urlaub hatte. Wenn ich seiner Frau einen Korb Eier oder 10 Pfund Butter liefern würde, könnte ich jedenfalls auch fahren, aber ein paar Handgranaten wären entschieden empfehlenswerter.

Das beiliegende Bild haben wir für den Territorialdelegierten Herrmann in Stuttgart anläßlich irgendeines Jubiläums machen lassen. Wie Ihr seht, sind wir nur noch 7 Schwaben in Sedan.

Wirklich gehe ich abends, wenn ich frei habe, meist auf den Höhen von Asfeld spazieren. Man trifft dort jetzt auch sehr viele Pärchen, bestehend aus Offizieren und Hilfsdienst, weshalb diesem auch schon die Ehrenbezeichnung „schwarz-weiß-rote Gefahr“ wegen der Armbinde zugelegt worden ist.

In den nächsten Tagen geht eine Schachtel Zigarren ab.

Es grüßt Euch herzlich Euer Ottmar

Nachrichten von den Brüdern, 16. 6. 1918

Liebe Eltern!

Mutters lieben Brief, das Kaffeebrot und heute Vaters Karte habe ich erhalten; für alles herzlichen Dank!

Sehr gefreut habe ich mich über die Nachricht, daß Kurt sein Einjähriges bestanden hat und ich kann lebhaft mit Euch fühlen, daß Ihr damit eine nicht geringe Sorge losgeworden seid. Daß er Landwirt werden will, findet ganz meinen Beifall. Hauptsache ist natürlich, daß er später mal eine reiche Rittergutsbesitzerstochter samt Rittergut heiratet. Dann guckt er noch mal auf uns alle von oben herab; jedenfalls haben wir den Vorteil, daß wir im nächsten Krieg, den ich mir natürlich in möglichster Ferne denke, nicht mehr so sehr auf die Bezugskarten angewiesen sind.

Von Walter und Hermann habe ich diese Tage auch Briefe bekommen. Sie schrieben beide ganz gut. Walter kommt scheints zu einer Infanterie-Begleitbatterie. So ganz ungefährlich wird wohl dies nicht sein, da sie eben gewöhnlich mit in die vorderste Stellung werden vor müssen. Auch Hermann scheint nicht mehr lange auf seinem alten Platz zu bleiben.

Bei der regen Gefechtstätigkeit gegenwärtig haben wir natürlich auch immer ziemlich zu tun, aber es geht wenigstens immer schön vorwärts und wie es scheint, macht sich auch die Entente sachte mit Friedensgedanken vertraut. Vielleicht sind wir dieses Jahr an Weihnachten doch wieder alle zu Hause.

Heute, am Sonntag, hatten wir, wie gewöhnlich sonntags, besonders viel zu tun. Heute vormittag haben wir einen Lazarettzug verladen und am Nachmittag kam der Argonnenzug und ein Zug der 1. Armee mit Verwundeten. Ich habe dann noch das Extravergnügen, diese Nacht Wandelwache zu schieben, d. h. ich muß um 10^h, 2^h und 5^h Rundgänge durch sämtliche Säle des linken Flügels machen.

Mit dem Schmalz ist es arg ungeschickt. Es ist nämlich schwer, jemanden zu finden, der so ein kleines Kistchen mitnimmt und noch schwieriger ist es einen zu finden, dem man es ruhig anvertrauen kann; andere haben nämlich mit sog. guten Freunden vielfach recht traurige Erfahrungen gemacht. Ich hoffe jedoch, daß ich es in absehbarer Zeit schon hinaus befördern kann.

Sonst gibt es von hier nichts Neues zu berichten; ich bin immer wohl und munter, was ich von Euch auch hoffe.

Mit herzlichem Gruß Euer Ottmar

Die 2 Mark sind für Kurt, kann er sich eine Mistgabel dafür kaufen.

Beinahe-Rendezvous mit Bruder, 29. 6. 1918

Liebe Eltern!

Das Päckchen – hoffentlich das letzte – und den lieben Brief habe ich erhalten; für beides herzlichen Dank! Von Tante Amalie erhielt ich gestern auch eine Schachtel Honigkuchen, merkwürdigerweise hat sie aber keine Silbe dazu geschrieben.

Gestern sollte mir eine freudige Überraschung zuteil werden. Ich war gerade am Kaffeetrinken, als einer von der Schreibstube hereinstürzte, ich sollte sofort ans Telephon kommen, mein Bruder sei auf der Durchreise und wolle mich sprechen. Ich war natürlich eins, zwei, drei davon, aber inzwischen war das Telephon schon anderweitig besetzt und zwar gleich für mindestens 10 Minuten. Da kam auch noch der Chefarzt herein. Da Privatgespräche von ihm verboten worden sind und Ihr mein „freundschaftliches“ Verhältnis zu ihm kennt, so mußte ich unverrichteter Dinge abziehen. Die öffentliche Fernsprechzelle ist zur Zeit gesperrt. So begab ich mich in beschleunigtem Tempo auf den Bahnhof, wo ich erfuhr, daß der Transportzug auf Bahnsteig 3 gestanden sei, aber vor 10 Minuten weitergefahren sei. Ich weiß es nun nicht einmal bestimmt, ob es Walter oder Hermann war, aber jedenfalls war es Walter. Es ist zu schade, daß wir uns nicht sehen oder wenigstens sprechen konnten.

Diese Woche habe ich mal wieder einen Tag im „Erholungsheim“ St. Albert zugebracht. Ich hatte das Pech von einem Feldgendarmen notiert zu werden, während ich durch eine Ackerfurche ging. Die Kommandantur machte dem Chefarzt Mitteilung und dieser beehrte mich mit seinem persönlichen Besuch. Dabei brüllte er so, daß die Scheiben klirrten, der Kommandant sei viel zu gnädig mit mir verfahren, wenn es auf ihn ankäme, hätte ich mindestens 3 Tage bekommen, ob ich nicht wüßte, wie knapp das Brot zu Hause sei usw. – Aber der gute Herr soll sich nur an seinen eigenen Ohren nehmen. Wer im Glashaus sitzt, soll nicht mit Steinen werfen. Durch ihre

Hamsterei en gros und noch Schlimmeres, wird das Vaterland offenbar nicht geschädigt. Es ist nur schade, daß man den Herrn derartiges nicht offen ins Gesicht sagen darf. Und, wie ich schon sagte, kann von einem Getreideschaden überhaupt gar keine Rede sein. So viel Verstand besitze ich glücklicherweise selber noch, daß ich nicht durch ein Getreidefeld gehe. Am Schluß seiner Rede stellte er mir noch 3 Tage extra in Aussicht, falls er herausbekomme, daß ich die Stadtgrenze überschritten habe. Inzwischen sind nun …

<*Schluß fehlt*>

Im Dauerdienst, 5. 7. 1918

Liebe Eltern!

Eure beiden lieben Briefe habe ich heute Abend erhalten und danke Euch recht herzlich dafür. Sie haben mich sehr gefreut, zumal ich schon einige Tage auf Nachricht wartete. Da ich grade heute Abend Zeit habe, will ich mich gleich hinsetzen und auch schreiben. Ich mache nämlich zu meinem eigenen Erstaunen die Beobachtung, daß ich seit einiger Zeit lieber Briefe schreibe. Sonst war mir dieses Geschäft immer ein gewisser Greuel, da ich gewöhnlich nicht wußte, was ich schreiben sollte. Aber wirklich ist es mir eine Erholung, ich möchte fast sagen eine Erleichterung, nach des Tages Last und Arbeit ein Briefchen nach Hause zu schreiben.

In den letzten Tagen wäre mir das allerdings beim besten Willen nicht möglich gewesen, denn wir hatten Tag und Nacht Arbeit. Allein in der Nacht von gestern auf heute kamen annähernd 400 Zugänge. Bis so viele Leute untergebracht und verpflegt sind, vergehen natürlich immer mehrere Stunden. Wenn sie dann am andern Morgen vom Arzt flüchtig untersucht sind, kommt die Hauptarbeit, das Verlegen auf die einzelnen Stationen je nach Art der Krankheit. Natürlich können viele gehen, es bleibt immer noch eine vollauf genügende Anzahl, die getragen werden müssen. Zudem sind wir nur 3 Tragen, d. h. 6 Träger. Auch heute hatten wir bis um 10^h noch mit Verlegungen zu tun; dafür können wir wenigstens die Nacht ruhig schlafen. So geht es nun schon 3 Nächte; offenbar sollen die Feldlazarette aus guten Gründen geräumt werden.

Liebe Eltern! Ihr ermahnt mich jene Sache nicht zu tragisch zu nehmen; darüber dürft Ihr Euch keine Sorgen machen, denn Ihr glaubt gar nicht, was ich mir hier für eine Ruhe und Gelassenheit zugelegt habe. Wenn ich mich nämlich über Alles, was unter normalen Umständen vielleicht eine kleine Aufregung wert wäre, aufregen wollte, so wäre ich längst in einer Nervenheilanstalt. Ich habe mir allmählich auch die beliebte französische Redensart und Ausrede „C'est la guerre“ angewöhnt und im übrigen denke ich immer, ich bin beim preußischen Kommis, da ist es eben mal nicht anders.

Aus den 3 Tagen ist natürlich nichts mehr geworden; aber gewurmt hat es meinen Freund und Gönner sicher nicht wenig. Auf den französischen Brief freue ich mich sehr und ich hoffe, daß ich die Antwort mündlich überbringen kann. Den französischen Kurs habe ich nicht besucht, seit ich hier auf der Trägerwache bin; denn der Dienst ist zu unregelmäßig. Eine einzelne Stunde nach vielleicht wochenlanger Unterbrechung hat ja auch keinen Zweck und gehe ich dann lieber eine Stunde spazieren oder ins Theater. Zudem versteht es der Herr Professor nicht, den Stunden den Reiz und den Wert fürs tägliche Leben zu geben, den ich mir ursprünglich versprochen hatte, aber ich hoffe, lieber Vater, Deinem Wissensdurst immerhin noch genügen zu können.

Das Bildchen vom Garten ist sehr nett und wünsche ich nur, dieses liebe Stückchen Erde möglichst bald in Natura zu sehen. Wenn alles programmmäßig geht, werde ich Mitte oder Ende nächster Woche, also 10.–12. fahren, den genauen Tag werde ich Euch, wenn möglich noch mitteilen; schließlich könnte ich mich ja unterwegs noch telephonisch mit Euch in Verbindung setzen. Aber geben wir uns zunächst lieber keinen allzu großen Illusionen hin, denn die Enttäuschung ist nachher bloß um so schmerzlicher. Der Haupthaken liegt nach wie vor bei unserem „Alten“. Wie mir zufällig bekannt ist, besteht zwar eine Verfügung, wo nach Urlaubsentziehung nicht als Strafe angewandt werden kann. Aber Chefärzte und Rechtsverdreher bringen alles fertig. Wie ich Euch schon schrieb, ließ ich mich in diesem Fall eben in ein anderes Lazarett versetzen und würde sich der Urlaub um höchstens 1–2 Wochen hinauszögern. Von etwaigen sonstigen Nachteilen kann keine Rede sein, da Mittelarrest ja nicht ins Soldbuch eingetragen wird, erst vom Dunkelarrest ab. Ich hoffe jedoch, daß das nicht notwendig wird. Zu nett wäre es natürlich, wenn Walter und ich uns im Urlaub wieder treffen würden. Wie die letzten Urlauber sagten, dauert die Fahrt wirklich grade noch mal so lange wie seither, also statt 12 Stunden 24. Der Zug geht hier gegen 7^h abends ab und wäre somit etwa um dieselbe Zeit in Bietigheim. Aus diesem Grund sind jetzt auch auf allen größeren Bahnhöfen Verpflegungsstationen eingerichtet. Mit meinem Gepäck hoffe ich ungeschoren davon zu kommen; es werden zwar gelegentlich Stichproben gemacht, aber wir werden die Sache schon deichseln.

Auf die Süddeutsche Zeitung habe ich seit 1. Juni selbst wieder abonniert. Ihr braucht mir das keineswegs übel zu nehmen; für mich machen die paar Mark sicher ebenso wenig aus wie für Euch.

Da es inzwischen hohe Zeit geworden ist zum Schlafengehen, will ich für heute Schluß machen.

In der Hoffnung auf ein baldiges Wiedersehen grüßt Euch Alle herzlich Euer Ottmar

Gaz de combat, 13. 7. 1918

(ursprünglich französisch: Sedan, 13.7.18

Mon chèr père!...)

Mein lieber Vater!

Gestern habe ich Deinen seit langem versprochenen Brief erhalten und ich habe mich sehr darüber gefreut. Er ist, abgesehen von einigen wenigen grammatikalischen Fehlern, tadellos; vor allem die Form und der Stil sind sehr gut und ich kann stolz sein auf meinen „Schüler". Da ich diese Nacht Nachtwache hatte, habe ich mir die Zeit genommen Dir zu antworten. In Wahrheit hätte ich es vorgezogen im Zwiegespräch zu antworten, aber unglücklicherweise müssen wir noch ein wenig warten. Wie ich heute gehört habe, lehnt unser Chefarzt alle Urlaubsgesuche ab, weil seine eigene Anfrage durch den Generalarzt zurückgewiesen wurde. Er ist in Ungnade gefallen, ebenso wie wir hier.

Vergangene Woche hatten wir viel zu arbeiten tagsüber und während der Nacht. Jede Nacht sind wir geweckt worden zwischen ein und zwei Uhr durch das Tatütata der Autos, die gefüllt waren mit Kranken, die nicht gehen konnten.

Gestern haben wir Leute übernehmen müssen, die durch Kampfgas verletzt worden waren. Sie erzählten, daß die Franzosen unseren Angriffsplan gemerkt hätten und um diesen zu verhindern, hätten sie mit Gasgranaten geschossen. Sehr charakteristisch ist, daß das Gas, für einige Tage wenigstens, blind macht. Die Augen entzünden sich und schwellen sehr stark an. Im allgemeinen ist das französische Gas aber nicht so gefährlich wie das unsrige.

In den letzten Tagen hat sich das Gerücht verbreitet, daß das Rote Kreuz sich bald einer Musterung unterziehen werde und daß es zur gleichen Zeit aufgelöst werde. Die fähig sind unter der Waffe zu dienen, werden Soldaten sein, die anderen werden als militärische Krankenträger verwendet. Aber noch kann niemand genauere

Aussagen machen über den Zeitpunkt der Musterung. Auf diese Weise ist es möglich, daß mein alter Wunsch sich noch von selber erfüllt.

Was denkst Du über die militärische Situation? Glaubst Du, daß der Krieg noch dieses Jahr beendet werden wird? Immerhin ist es in diesem Fall nötig, daß Hindenburg noch einige prächtige Schläge austeilt, die den letzten Widerstand des Feindes zerstören und ohne Zweifel wird ihm das auch gelingen. Ich selber fühle mich sehr gut und ich hoffe, daß wir uns bald wiedersehen werden.

Indessen grüße ich Dich von ganzem Herzen Dein Ottmar

Viele Grüße an die Mutter, die Schwester und die Brüder!

Urlaubsgesuch, 13. 7. 1918

Liebe Eltern!

Eure beiden lieben Briefe, den deutschen und den französischen habe ich erhalten, desgleichen vorige Woche die Kirschen, die noch schön frisch angekommen sind und mir großartig geschmeckt <haben>, nachträglich noch besten Dank dafür! Ich hoffe, daß Ihr meinen Brief vom 5. 7. inzwischen auch erhalten habt. Um gleich auf die Hauptsache, die Urlaubsfrage, zu kommen, so habe ich Euch damals geschrieben, daß ich schon Mitte dieser Woche fahren sollte. Aus irgendwelchen, mir unbekannten Gründen, hat es sich nun wieder etwas hinausgeschoben. Aber mein Zugführer meinte gestern bei der Löhnung, nächste Woche würde mein Gesuch bestimmt vorgelegt werden. Er fügte dann allerdings hinzu, auch er befürchte ziemlich stark, daß der Chefarzt Schwierigkeiten machen werde. Er hat nämlich in letzter Zeit schon 2 Mann den Urlaub gestrichen mit der Begründung, bei der bevorstehenden Offensive könne er keine Leute in Urlaub schicken. Bei mir liegt nun die Sache insofern etwas anders, als ich einen Ersatzmann habe, der mich während meines Urlaubs vertritt, während dies bei ihnen nicht der Fall ist. Aber trotzdem muß man sich auf alles gefaßt machen. Mein Zugführer gab mir noch den Rat, im Falle, daß mein Urlaub vom „Alten“ verweigert würde, solle ich um meine Entlassung einkommen, mit der Begründung, daß mir mein Urlaub trotz Stellung eines Ersatzmannes abgeschlagen worden sei. Sie werden sich nämlich doch noch sehr besinnen, ehe sie mich entlassen, wo ohnehin so großer Mangel an Personal herrscht. So lange wie diesmal mußten wir noch nie warten; morgen werden es 10 Monate, daß ich das letzte Mal gefahren bin.

Walter schrieb mir diese Tage auch; er bleibt scheints voraussichtlich noch längere Zeit dort zur weiteren Ausbildung. Bei ihm will es mit dem Urlaub scheints auch nicht so richtig klappen. Onkel Hermann bedachte mich gestern mit einem Päckchen Bücher, über die ich mich nachher hermachen werde; ich habe nämlich Wache diese Nacht.

Das Wetter ist seit einigen Tagen wieder kühl und regnerisch und paßt schlecht zum Juli. Im übrigen geht es mir gut; von der spanischen Grippe bin ich verschont worden.

In der Hoffnung auf baldiges Wiedersehen grüßt Euch alle herzlich Euer Ottmar.

Urlaub verweigert, 20. 7. 1918

Liebe Eltern!

Ihr habt jedenfalls schon die ganze Woche auf mich gewartet. Leider ist es auch diese Woche nichts geworden. Die ganze Sache scheint eher rückwärts als vorwärts zu gehen. Der Delegierte sagt nämlich zu meinem Zugführer, er könne bis auf weiteres keine Urlaubsgesuche mehr vorlegen, da der Chefarzt erklärt habe, er lasse während der Offensive niemand mehr in Urlaub fahren. Diese darf ja jetzt als ziemlich abgeschlossen betrachtet werden, zudem wird ja Ersatz für mich gestellt. Wenn ich morgen bei der Löhnung mit meinem Zugführer zusammentreffe, will ich die Sache noch mal eingehend mit ihm besprechen. Ich schreibe Euch dann sofort.

Mit herzlichem Gruß Euer Ottmar

Endlich Urlaub, 25. 7. 1918

Liebe Eltern!

Es hat geschnappt! Ich fahre am Sonntag (28. 7.) Abend 9^{27h} in Sedan weg und hoffe noch den letzten Zug von Bietigheim aus am Montag Abend zu erreichen.

Abholen dringend erwünscht, da ich, wie schon früher bemerkt, schwer bepackt bin.

Auf baldiges frohes Wiedersehen Euer Ottmar

Zurück in Sedan, 17. 8. 1918

Liebe Eltern!

Heute früh um ½6h bin ich pünktlich in Sedan angekommen. Unterwegs war zweimal Fliegeralarm, einmal kurz vor Karlsruhe, wo der Bahnhof noch zahlreiche Spuren eines Fliegerbesuches aufwies und dann im nahegelegenen Industriegebiet bei Völkingen. Aber beidemale wurden sie durch die Abwehrgeschütze verjagt.

Wie ich vermutete, ist der Chefarzt noch 14 Tage–3 Wochen in Urlaub. Im übrigen habe ich mich des Übels wieder angewöhnt. Der Betrieb scheint ziemlich streng gegenwärtig.

Herzliche Grüße an Alle, besonders Walter, Euer Ottmar

Versetzungsgerüchte, 25. 8. 1918

Liebe Eltern!

Gestern waren es schon wieder 8 Tage, daß ich in Sedan bin. Ich habe so leidlich wieder angewöhnt. Es fällt eben immer doppelt hart nach einem Urlaub. Walter wird wohl gestern auch wieder abgefahren sein und ist der Urlaub für ihn auch vollends recht schnell rumgegangen. Auf die Aufnahmen, die wir am letzten Tag noch gemacht haben, bin ich sehr gespannt und wäre Euch sehr dankbar, wenn Ihr mir gelegentlich einige Abzüge davon schicken würdet, von mir allein, wenn möglich.

2. Liebe Mutter! Als kleines Zeichen meines Dankes für die gute Verpflegung usw. habe ich gestern 20 Mark an Dich abgeschickt; Du wirst schon Verwendung dafür haben. Vater erhält dafür in den nächsten Tagen ein Päckchen Zigarren, vielleicht in Begleitung eines französischen Briefes. Lieber Vater! Ich bin sehr gespannt, was aus dem Gesuch betreffend Tübingen wird. Bis jetzt wirst Du wohl noch nicht dazugekommen sein, Dich in Stuttgart näher zu erkundigen.

Übrigens, eine Neuigkeit habe ich auch noch auf Lager. Unser Zugführer wurde letzte Woche nach Carignan in das Württembergische Kriegslazarett XIII versetzt. Um nun seine paar Schäfchen nicht allein in Sedan sitzen lassen zu müssen, will er den Delegierten dahin bewegen, daß wir ausgetauscht werden, sobald der aus Westfalen angeforderte Ersatz eintreffen wird, was noch etwa 14 Tage dauern wird, so daß dieser direkt nach Sedan kommt und wir nach Carignan. Der Zugführer hat es jedoch jedem einzelnen freigestellt, ob er hierbleiben, oder aber mit nach Carignan will. Ich verspüre eigentlich keine sehr große Lust überzusiedeln. Ich fühle mich hier verhältnismäßig wohl; auf jeden Fall möchte ich keinen Pflegedienst mehr machen. Auch wird man sich in diesem Bauernheft sicher noch viel mehr langweilen als hier. Ich werde daher wahrscheinlich hier bleiben. – Sonst geht Alles im alten Trott weiter.

Was macht denn der Bauer? Will sehen, ob er sein Versprechen <hält> und öfter mal schreibt.

Es grüßt Euch Alle herzlich Euer Ottmar

Vorräte für zuhause, 31. 8. 1918

Liebe Eltern!

Für die verschiedenen Briefe nebst Beilagen herzlichen Dank! Ich war erstaunt, als Ihr schriebt, Ihr hättet von Straßburg aus keine Nachricht erhalten. Ich habe einem Mädchen auf dem Bahnhof in Metz 2 Karten gegeben, an Hedwig und Walter, da nirgends ein Postschalter zu finden war; offenbar hat sie sie vergessen und ich kann Euch nachträglich noch berichten, daß ich in Straßburg unbelästigt ankam. Nur bei Karlsruhe hatten wir eine halbe Stunde Aufenthalt, da feindliche Flieger grade den Bahnhof in Bearbeitung hatten. Als wir schließlich einfuhren, war das Glasdach größtenteils abgedeckt. Im Saargebiet kurz über der Grenze summten noch mal einige Flieger über unseren Köpfen.

Die Bildchen sind ganz nett geworden, nur schade, daß das von uns beiden verwackelt ist.

Heute ist übrigens mein edler Freund und Gönner auch vom Urlaub zurückgekommen; gesehen habe ich ihn noch nicht, aber gehört. Es hieß, sobald er vom Urlaub zurückkomme, werde das ganze Personal gemustert; ich bin nun gespannt.

Wie es mit Carignan wird, weiß ich noch nicht bestimmt; ich habe vor einigen Tagen meinem Zugführer geschrieben und ihm die Sachlage dargelegt. Wie ich nun heute hörte, sollen zunächst 5 Mann ausgewechselt werden; 2 Mann sollen noch hier bleiben.

Eigentlich könnte ich schon wieder in Urlaub fahren, denn es hat sich schon wieder allerhand Ballast angesammelt. Gleich wie ich zurück kam, faßte ich Winterwäsche: 1 Hemd, 2 Unterhosen, 1 Paar Strümpfe, 1 Taschentuch und 1 Hosenträger. Ich habe aber so viel Wäsche, daß ich das gar nicht brauche. Auch für Vater hätte ich was Feines, nämlich Schnaps, viel guten Schnaps. Auch Büchsenfleisch, Maccaroni und dgl. könnte ich schicken. Ich glaube, ich werde es doch noch mal mit einem Kistchen probieren. Die anderen schicken auch dauernd Kisten weg, die anstandslos zu Hause ankommen; scheints besteht diese dreckige Einrichtung nur in Württemberg.

Heute habe ich brillant zu Abend gespeist: Feine Kartoffeln und Schweineschmalz (Butter hätte jedenfalls noch besser geschmeckt.) Es wurde nämlich heute vormittag eine Fuhre fürs Lazarett angefahren, die aber mindestens bis Weihnachten im Keller liegen bleibt. Ich, nicht faul, habe mir gleich sämtliche verfügbaren Taschen vollgestopft und habe nun für morgen Abend noch eine Portion.

Mit Walter gings überraschend schnell, wenn er schon zum Leutnant befördert würde. Ich bin gespannt, wie es mit Hermann gemacht wird.

Mir geht es gut. Arbeit ist gegenwärtig ziemlich Nebensache. Ich photographiere viel und treibe sonstige Geschäfte, vor allem handle ich mit Spirituosen.

Mit herzlichem Gruß allerseits Euer Ottmar

Die 20 Mark werden inzwischen angekommen sein.

Nachtwache bei Schwerkranken, 6. 9. 1918

Liebe Eltern!

Für Mutters lieben Brief besten Dank! Gleichzeitig kam ein 6seitenlanger Brief von Kurt, worin er mir sein Leid klagte; er muß scheints ordentlich mit angreifen.

Ich habe jetzt auch etwas schwereren Dienst. Von Sonntag bis Mittwoch hatte ich aushilfsweise Nachtwache auf der Schwerkrankenstation. Der eigentliche Nachtwächter hat sich in letzter Zeit sehr schlecht <aufgeführt>, so daß ich jetzt zum ständigen Nachtwächter ernannt worden bin, da ich während der paar Tage meine Sache sehr gut gemacht hätte.

Von meinem Zugführer hörte ich, daß mein Gesuch hier angekommen und an den kaiserlichen Kommissar weitergegeben worden ist.

Sonst geht es mir gut, hoffentlich Euch auch Allen.

Mit herzlichem Gruß Euer Ottmar

Versetzungsgesuch abgelehnt, 12. 9. 1918

Liebe Eltern!

Vergebens habe ich gestern und heute auf den Wochenbericht von zu Hause gewartet, hoffentlich hat es keinen ernsten Grund; oder die Post kommt jetzt später, weil Metz unter Feuer liegt. Man muß sich eigentlich wundern, daß es nicht schon früher beschossen worden ist, da die Entfernung von der Front doch verhältnismäßig klein ist.

Heute vormittag um ½9h war ich bei S. Exzellenz Graf Wildung, unserem Etappendelegierten. Mein Gesuch ist vor einiger Zeit hierhergekommen. Graf Wildung hat es direkt ans große Hauptquartier weitergeschickt. Gestern kam es nun vom kaiserlichen Kommissar zurück mit dem Vermerk, welche Stellung er (Graf Wildung) dazu einnehme. Er erklärte mir nun heute früh, er habe das Gesuch absichtlich seinerzeit ohne Bemerkung weitergegeben, um den Kommissar nicht im Vorein zu beeinflussen; nachdem er aber nun aufgefordert sei, seine Ansicht abzugeben, könne und dürfe er sich nicht anders als ablehnend dazu verhalten. Er habe das Interesse des Ganzen, nicht des Einzelnen zu vertreten und er müsse darauf bedacht sein, die bewährten Leute zurückzubehalten, zumal gegenwärtig so dringender Mangel an Pflegepersonal herrsche. Er sagte dann wieder, er wolle sich in dem Bericht ganz allgemein fassen ohne jede Bezugnahme auf diesen speziellen Fall. Er war überhaupt sehr freundlich, aber ich hatte doch das bestimmte Gefühl, der langen Rede kurzer Sinn war der: "Es tut mir sehr leid, aber Ihr Gesuch kann nicht bewilligt werden!" und darauf wird es leider auch hinaus kommen.

Wie ich Euch schon geschrieben habe, bin ich seit 8 Tagen zum ständigen Nachtwächter auf Schwerkrankenstation befördert worden. Der Dienst ist nicht gerade leicht, auch nicht besonders angenehm, aber ich mache ihn inzwischen ganz gerne, als es ein absolut selbständiges Arbeiten ist. Bis jetzt habe ich 4 Mann ins Jenseits befördert und augenblicklich habe ich keinen Todeskandidaten mehr, was mir ganz lieb ist.

Ich habe jetzt auch ein anderes Quartier, das betreffs seiner Größe und sonstigen Beschaffenheit viel Ähnlichkeit mit einem Taubenschlag hat. Aber es ist immerhin angenehmer wie das vorige. Sonst gehts mir gut.

Mit herzlichem Gruß Euer Ottmar

Nachtwache im Finstern, 15. 9. 1918

Liebe Eltern!

Für den lieben Brief und Karte herzlichen Dank. Meinen letzten Brief werdet Ihr wohl auch erhalten haben. Ich habe inzwischen nichts weiter erfahren, was aus dem Gesuch geworden ist, aber ich denke, daß diese Woche noch die Entscheidung fällt.

Mit der Musterung scheint es noch nicht so schnell zu gehen, wenigstens hörte man in letzter Zeit nichts mehr davon.

Es ist sehr schade, daß Hermann mich nicht getroffen hat. Es würde mich riesig freuen, wenn wir uns sehen würden. Es wundert mich, daß er mir schon so lange nicht mehr geschrieben hat, offenbar weiß er meine Adresse nicht mehr.

Von hier gibt es eigentlich nicht viel zu berichten; es geht eben Alles seinen gewohnten Gang. Die Wachen sind gegenwärtig nicht gerade am schönsten, alles hat Ruhr, bzw. Darmkatarrh und man kann oft nicht schnell genug mit dem Unterschieber zur Stelle sein und dann vor allem der Dunst, in dem man die ganze Nacht zubringen muß. Rauchen darf man natürlich nicht und bin bloß froh, daß ich mir von Zeit zu Zeit eine kleine Magenstärkung in Gestalt eines Gläschen Schnaps gestatten kann, sonst wäre es nicht zum Aushalten. Für diese Nacht habe ich auch wieder einen Todeskandidaten; verloren ist er auf jeden Fall, fragt sich nur, wie lange er es noch aushält. Er hat nämlich auch Ruhr im höchsten Grade und man kann nicht vorsichtig genug sein, um sich selbst vor Ansteckung zu bewahren.

In den letzten Nächten ging es besonders toll zu, da das Licht wegen Fliegergefahr öfters über eine Stunde ausgeschaltet war. Vorgestern haben sie hier auch 4 Bomben abgeworfen, freilich ohne besonderen Schaden anzurichten. Gestern war gegen 1^h ein heftiges Gewitter. Der Blitz schlug scheints in die Leitung, jedenfalls brannte das Licht in dieser Nacht nicht mehr; unglückseligerweise hatte ich nur noch ein kleines Kerzenstümpfchen und meine Batterie mußte ich sparen, so daß ich die meiste Zeit im Dunklen sitzen durfte.

Letzten Sonntag war ich nachmittags in „Alt Heidelberg“. Es wurde sehr schön gespielt und ich bedaure, daß ich jetzt so selten ins Theater komme, da sonst nur abends gespielt wird. Übrigens hatte ich auch mal wieder Pech, d. h. ich sitze eigentlich noch in der Tinte. Wie Ihr wißt hatte ich auf der Trägerwache die Revolver und Ferngläser zur Verwaltung. Bei der letzten Ablieferung ist mir nun ein Eigentumsrevolver eines Unteroffiziers abhanden gekommen. Die Durchsuchung des Quartiers war natürlich ergebnislos und ich besann mich erst, ob ich die Sache melden sollte oder müßte. …

<Schluß fehlt>

Mon professeur française, 19. 9. 1918

(ursprünglich französisch: Sedan, jeudi 19 septembre 1918

Mon bien cher père!…)

Mein sehr lieber Vater!

Endlich gelingt es mir, den seit langem versprochenen Brief zu schreiben. Die letzten Nächte hatte ich ein wenig mehr Ruhe als die Nächte vorher. Deshalb beeile ich mich jetzt zu schreiben.

Zuerst will ich Dir ein wenig genauer von meinem Quartier berichten. Es ist ein kleines, einstöckiges Haus, gelegen am Ende anderer Gebäude des Lazaretts; von allen Seiten ist es umgeben von einem Garten und von Bäumen. Im Parterre sind zwei Zimmer für Kranke, die sich in Genesung befinden, ein Badezimmer und eine Küche. Im ersten Stock befinden sich vier Zimmer, die nur für schwerkranke Soldaten reserviert sind. Wenn man noch eine Treppe hinaufsteigt, sieht man links den Speicher und rechts findet man zwei Kammern, von denen eine mit der anderen verbunden ist. Das vordere Zimmer ist eingerichtet wie ein Salon und zugleich als Eßzimmer. Die Einrichtung ist, wie Du Dir vorstellen kannst, sehr dürftig: ein Tisch und vier Stühle; das ist alles; das Hinterzimmer dient als Schlafzimmer. In jedem Zimmer gibt es nur ein einziges Dachfenster, welches der Franzose „was-ist-das" nennt. Das Dach ist mit Schiefer gedeckt; deshalb ist es im Sommer sehr heiß, so daß man ab und zu glaubt zu ersticken und im Winter ist es sehr kalt. Ich teile diese zwei Zimmer mit drei Kameraden, die tagsüber Dienst tun.

Mein Dienst ist um sieben Uhr morgens beendet. Nachdem ich Kaffee getrunken habe, schlafe ich bis halb zwölf, das ist die Zeit zum Mittagessen. Wenn es schön ist, gehe ich am Nachmittag spazieren, wozu ich zuweilen meinen Photoapparat mitnehme. Unglücklicherweise kann man diese Ausflüge nicht über die nächste Umgebung von Sedan hinaus ausdehnen, weil es streng verboten ist die Stadtgrenzen zu überschreiten. Um fünf Uhr komme ich dann gewöhnlich zurück, dann entwickle ich die Aufnahmen, denn ich habe mir eine kleine Dunkelkammer eingerichtet, die mit Decken verhängt ist. Letzte Woche habe ich auch einen Schreibtisch gezimmert für den

Winter, wenn es sehr früh dunkel ist um vier, wo ich die Zeit verbringen kann um zu lesen und zu schreiben.

Am Schluß noch ein kleines Abenteuer. Bei einem meiner Spaziergänge habe ich die Bekanntschaft eines Mädchens meines Alters gemacht. Vor dem Krieg war sie zwei Jahre in Deutschland und sie spricht fließend deutsch. Auch hat sie das Gymnasium in Sedan besucht, weil sie plante Medizin zu studieren; aber wie mich, hat sie der Krieg daran gehindert, und, wie sie mir gesagt hat, glaubt sie zu alt zu sein, um nach dem Krieg noch studieren zu können, weshalb sie Lehrerin werden will. Wir haben schon vereinbart, daß sie mir zweimal in der Woche Unterricht in Französisch geben wird, um meine Kenntnisse zu erweitern und zu vervollkommnen. Morgen werde ich meine erste Lektion haben. Na ja, ich weiß noch nicht, wie ich mich revanchieren kann.

In der Hoffnung bald wieder einen von Deinen netten Briefen zu erhalten und mit dem Wunsch, daß die Zigarren Deinem Geschmack entsprechen, schicke ich Dir meine herzlichen Wünsche Dein Ottmar

Meine Grüße an die Mutter und die Schwester! Meinen Brief von gestern werdet Ihr schon erhalten haben.

Revolvergeschichte, 26. 9. 1918

Liebe Eltern!

Meinen Brief vom Anfang dieser Woche und somit die Nachricht von meiner vermutlichen baldigen Ablösung werdet Ihr erhalten haben. Inzwischen hat sich auch die Revolvergeschichte vollends abgewickelt. Jener Unteroffizier schrieb mir, er bestehe auf der Wiederbeschaffung einer Mauserpistole. Glücklicherweise wußte ich einen, der eine solche besaß. Er ließ sie mir schließlich auch für 30 Mark ab. Für eine neue in Deutschland hätte ich das 3–4fache bezahlen müssen, und für die Bayard-Pistole wäre es auch schade gewesen.

Ich habe gegenwärtig ziemlich schwere Wachen, meist Lungenentzündungen, hatte auch in den letzten Tagen verschiedene Todesfälle. Sonst geht es mir gut, hoffentlich Euch auch.

Mit herzlichem Gruß Euer Ottmar

Schwere Nachtwachen, 4. 10. 1918

Liebe Eltern!

Mit Schmerzen lauere ich seit ca. 14 Tagen auf Nachricht von Euch, der letzte Brief von Mutter datiert vom 21. 9. Ich weiß ja, Ihr habt keine Schuld daran; entweder ist richtiggehende Postsperre, zu mindestens eine ganz miserable Postbeförderung. Erhaltet Ihr meine Briefe auch so unregelmäßig? Ich hoffe, daß der letzte Brief zusammen mit dem französischen angekommen ist. Bezüglich meiner Ablösung weiß ich noch nichts weiteres; Ersatz ist am 1. des Monats angefordert worden, wann dieser kommt, wissen die Götter. Für alle Fälle will ich meine 7 Sachen ein bißchen in Bereitschaft halten.

Wirklich ist wieder mal ein ganz toller Betrieb hier, es geht tatsächlich alles drunter und drüber. Eine ganze Anzahl von Feldlazaretten ist geräumt worden, auch in Rethel; alle diese Patienten nebst den vielen Gasvergifteten und Verwundeten stauen sich nun in Sedan. Rethel wird übrigens seit 8 Tagen beschossen und werden diese paar ganzen Straßenzüge vollends in Trümmer gelegt werden, so daß auch Rethel das Schicksal so manches blühenden Orts Frankreichs teilen und von der Landkarte verschwinden wird.

Um auf die Zugänge zurückzukommen, so sind die Nachtwachen gegenwärtig wirklich kein Genuß. Erstens sind dauernd sämtliche Betten belegt, so dann sind es meist sehr hoch Fiebernde auf meiner Station oder Leute mit starkem Durchfall, die sich von Zeit zu Zeit das Vergnügen machen eine Ladung unter sich zu lassen. Von den Fiebernden springen dann meist noch 3–4 dauernd aus dem Bett, so daß man 6 Füße und 12 Hände haben müßte. In der letzten Nacht sind 4 Mann gestorben und diese Nacht wird es nicht viel besser werden. Kampfer- und Koffeinspritzen gebe ich wirklich 40–50 in der Nacht, wie Ihr seht, ein ganz anständiger Betrieb. Seelsorgerliche Tätigkeit habe ich glücklicherweise keine auszuüben; denn abgesehen von meiner Unfähigkeit sind dafür die Lazarettpfarrer da. Auch sind die Patienten in den allermeisten Fällen schon stundenlang zuvor vollständig benommen.

Es ist gegenwärtig schon recht kühl und bei Nacht namentlich empfindlich kalt, so daß die Heizerei wohl bald wieder losgehen wird. Ich bin wirklich froh, daß ich bald hier abgelöst werde; denn der Gedanke, den Winter noch mal in Sedan verbringen zu müssen, wäre mir entsetzlich.

Wie geht es denn auch Walter und Hermann? Von Walter habe ich seit dem Urlaub noch kein Lebenszeichen erhalten und ich habe seine Adresse vergessen, schreibt sie mir bitte das nächste Mal.

Die drei beiliegenden Aufnahmen sind vom botanischen Garten. Allerdings sind sie nicht so recht nach Wunsch ausgefallen. Sonst ist hier alles beim Alten und geht mir auch ganz gut, was ich Euch von Herzen auch wünsche.

In der Hoffnung auf baldige Nachricht Eurerseits grüßt Euch herzlich Euer Ottmar

Entschuldigt das Gekritzel, aber ich habe eine schlechte Feder und wenig Zeit.

Entlassung genehmigt, 7. 10. 1918

Liebe Eltern!

Heute habe ich endlich wieder Post von zu Hause bekommen; natürlich gleich eine ganze Wagenladung auf einmal, Vaters beide Karten und den Brief, wofür ich bestens danke. Die Zigarren habe ich gleichzeitig mit dem französischen Brief abgeschickt und müßten infolgedessen längst angekommen sein. Ich werde übrigens Ende dieser Woche wieder einen absenden. An Paketen habe ich bis jetzt nur jenes (erste nach dem Urlaub) mit Kuchen und Zigaretten erhalten, dessen Empfang ich in dem anscheinend verlorengegangenen Brief bestätigt habe. Mein letzter Brief mit 3 Photographien datiert vom 3. dieses Monats.

Was meine Ablösung betrifft, so habe ich in eben jenem Brief ausführlich darüber geschrieben. Das Gesuch war nämlich vom Kaiserlichen Kommissar zum 2. Mal zurückgekommen. Meine Entlassung vom Roten Kreuz ist genehmigt, aber gleichzeitig werde ich dem Bezirkskommando zur Verfügung gestellt. Urlaub zur Erledigung eines verkürzten Semesters kann nur durch die Militärbehörde erteilt werden, weshalb das Gesuch sofort nach meiner Überweisung an das Bezirkskommando erneuert und an dieses beziehungsweise das Generalkommando gerichtet werden müßte. Wie lange es mit meiner Ablösung noch dauert, ist unbestimmt, jedoch wahrscheinlich noch diesen Monat.

Bei uns herrscht immer noch Hochbetrieb und das halbe Dutzend Tote wird fast jeden Tag noch voll, fast alles diese eigenartige, sehr bösartig auftretende Grippe, die bei hoher Temperatur dem

Krankheitsbild der Lungenentzündung ähnelt. Immerhin scheint mir die Geschichte im Abflauen zu sein.

Der Geschützdonner von der Front ist in den letzten Tagen sehr deutlich vernehmbar und die Zivilbevölkerung ist fest überzeugt, daß wir in spätestens 14 Tagen Sedan räumen müssen. Wenn die Lage auch ernst ist, so ist dies doch wohl kaum zu befürchten. Ich denke dabei auch viel an Walter und Hermann. Wenn sie wirklich an den gegenwärtigen Kämpfen beteiligt sind, so sind dies tatsächlich sehr schwere und gefahrvolle Stunden für sie, und man kann bloß hoffen und beten, daß sie unversehrt bleiben.

Übrigens, da fällt mir eben ein, liebe Mutter, Du hast vor einiger Zeit mal wegen farbiger Taschentücher geschrieben. Ich habe heute welche gesehen, Stück 2 Mark, wohl zu teuer, nicht? Ein ½ Dutzend könnte ich allenfalls von meinem Vorrat ablassen, sind zwar nicht mehr salonfähig, aber ins Feld würden sie ihren Zweck noch lange erfüllen. Auch schöne weiße Hemden mit weißer Brust und Manschetten gibt es zu kaufen, Stück 20 Mark. Schreibe mir bitte, ob ich mir von den letzteren welche kaufen soll. Ein Paar Schuhe habe ich mir auch wieder zugelegt. Sonst weiß ich nichts Neues. Gestern nachmittag war ich um mich etwas zu zerstreuen im Theater. Im übrigen geht es mir gut.

Mit herzlichem Gruß allerseits Euer Ottmar

Fliegerbomben, 12. 10. 1918

Liebe Eltern!

Für den lieben Brief herzlichen Dank! Den Meinigen vom letzten Sonntag werdet Ihr wohl erhalten haben. Die Wachen sind seit einigen Tagen wieder ruhiger und angenehmer geworden.

Vorletzte Nacht waren Flieger hier und warfen ganz in der Nähe 5 Bomben ab, eine traf ein Lazarett, tötete 16 Mann und verwundete ca. 40, wovon auch einige gestorben sind. In Sedan sind jetzt ähnliche Zustände wie voriges Jahr in Rethel. Auch hier stehen große Umwälzungen und Räumungen bevor, die wohl auch uns berühren werden.

Ich bin gespannt, wie weit die Friedensaffaire gedeiht; und es wäre sehr zu wünschen, daß es endlich klappt, obwohl es mir nicht sonderlich ehrenvoll zu werden scheint.

Mit herzlichem Gruß Euer Ottmar

Resignation im Heer und Bombenangriff, 16. 10. 1918

Liebe Eltern!

Heute Mittag habe ich Euren beiden lieben Briefe erhalten und ich danke Euch herzlich für die liebevollen Glück- und Segenswünsche zu meinem Geburtstag; mögen sie in Erfüllung gehen.

Lieber Vater, auch ich sehe mit schmerzlichen Gefühlen den kommenden Dingen entgegen, aber ich glaube, wir dürfen noch nicht ganz an des Vaterlands Zukunft verzweifeln, solange ein Hindenburg und ein Ludendorff ihre Zustimmung zu dem Friedensschritt gegeben haben. Es scheint fast, als ob sich das Blatt gewendet hätte: Das Inland, das seither das Sorgenkind aller echten Vaterlandsfreunde war, liegt den Pressestimmen zufolge in tiefer Trauer; das deutsche Volk scheint endlich aus seiner verhängnisvollen Apathie aufgeschreckt und wieder tieferer patriotischer Gefühle fähig zu sein. Geradezu die entgegengesetzte Wirkung scheint das – ich möchte fast sagen – Friedensgespenst auf das Heer ausgeübt zu haben. Seine Wehrkraft ist gebrochen, oder wenigstens schwer gelähmt, wofür die Ereignisse an der Front deutlicher sprechen als alle Worte. Es herrschen fast russische Zustände; alle und jede Ordnung und Disziplin ist über den Haufen geworfen. Wie ich in letzter Zeit öfters von Augenzeugen hörte, nahmen die Entfernungen vom Truppenteil, – sonst Desertion genannt – in geradezu schreckenerregender Weise zu. Psychologisch ist das natürlich sehr leicht zu erklären. Denn die große Masse denkt, wozu dicht vor Friedensschluß noch seine Haut zu Markte tragen. Ich möchte damit die Zeitungsberichte von tollkühnen Heldentaten unserer Truppen durchaus nicht widerlegen, aber das sind nur einzelne oder kleine Verbände. Die Front wird tatsächlich nur noch von einer verhältnismäßig dünnen Kette den Kampf der Verzweiflung kämpfender löwenmutiger Streiter gehalten. Die große Masse, die einer Truppe erst die richtige Schlag- und Stoßkraft gibt, fehlt. Gewaltmaßregeln wären sehr gefährlich und würden die Sache jedenfalls nur noch verschlimmern. So erklärt sich vielleicht auch die zweifelsohne nur gezwungene Zustimmung der Obersten Heeresleitung. Denn sie muß sich sagen, wenn man zwischen 2 Übeln zu wählen hat, wählt man das kleinere. Wenn der Friedensfaden wieder abreißt und bei den Kampftruppen nicht ein vollständiger Stimmungsumschwung erfolgt, so ist die Katastrophe unvermeidlich. Die kleine, tapfere Heldenschar muß der erdrückenden Übermacht langsam, aber sicher weichen, und die Entfernung von der Grenze verringert sich mit jedem Tag. Was das bedeutet, bedarf wohl keiner näheren Ausführung. Der Friede bliebe derselbe, wenn nicht noch schmählicher, und wir hätten den Feind im Land. Dann lieber, so sehr sich auch das Herz zusammenkrampft, ein nicht ganz ehrenvoller Friede.

Ich war noch nie ein Schwarzseher und bin auch jetzt keiner, aber ich bin mir des furchtbaren Ernstes dieser Stunde voll bewußt. Es geht im wahrsten Sinn auf Leben und Tod, um Sein oder Nichtsein. Allein, wir wollen auch jetzt nicht verzagen, sondern die Errettung des deutschen Volkes aus tiefster Not unserem Obersten Kriegsherrn überlassen; er hat uns seither beigestanden, er wird uns auch in unserer schwersten Stunde nicht im Stich lassen.

Liebe Eltern! Meinen letzten Brief mit der Mitteilung, daß der Fliegerangriff unser Lazarett nicht direkt berührt hat, werdet Ihr erhalten haben. Da ich das letztemal wenig Zeit hatte und es Euch vielleicht immerhin interessiert, so will ich Euch nachträglich noch etwas ausführlicher darüber schreiben.

Feindliche Flieger waren in letzter Zeit jede Nacht, wenn es nicht gerade regnete und stürmte über Sedan gewesen, bisher aber nur in der Absicht es zu überfliegen, um weiter nach innen zu gelangen. In jener Nacht war das Licht etwa um ½2^{h} ausgeschaltet worden, was Fliegergefahr bedeutet. Gleichzeitig hörte man entferntes Schießen von Flakgeschützen, das rasch näher kam. Wenige Minuten <später> spieen sämtliche Abwehrgeschütze und Maschinengewehre von Sedan und Umgebung ihren verderbenbringenden Eisenhagel zum nächtlichen Himmel empor. 3 oder 4 Scheinwerfer tastete mit ihren leuchtenden Riesenarmen den Himmel ab, für Auge und Ohr tatsächlich ein schaurig-schöner Genuß. Plötzlich vernahm man ein rasch anschwellendes Rauschen und Zischen, dann eine riesige Feuersäule und ein betäubender Krach folgte. Der ersten Bombe folgte unmittelbar die 2. und so alle 5 mit rasender Geschwindigkeit näherkommend und ich dachte schon, die nächste oder übernächste muß bei uns einschlagen, aber es blieb glücklicherweise bei den 5. Die Zahl der Toten ist im st. A. <*stationärer Armeebericht?*> viel zu niedrig angegeben, sie beträgt gerade das Dreifache. Die Zahl der Sterbefälle in den hiesigen Lazaretten ist gegenwärtig eine außerordentlich hohe. 80–100 ist das Gewöhnliche. Ich selbst habe es allerdings sehr ruhig, was Ihr an der Länge des Briefes sehen könnt. Die schweren Fälle sind gestorben und neue werden keine mehr aufgenommen, da das Lazarett in allernächster Zeit geräumt werden soll, um nach Bayern überzusiedeln. Ob wir mitkommen, ist noch sehr die Frage.

Gegenwärtig herrscht ein Betrieb bei uns, wie er in Berlin nicht schlimmer sein kann. Lastautos, Sanitäts- und Personenautos, Motorradfahrer, unabsehbare Züge von Trainkolonnen; dazu

Straßenbahn und Lokomobile mit 3–4 Anhängewagen, Alles bunt durcheinander. Man ist auf der Straße tatsächlich seines Lebens nicht mehr sicher. Auch die Maas wird als Verkehrsmittel stark ausgenutzt und wird bei der eventuellen Räumung jedenfalls in noch …

<Schluß fehlt>

Letzte Tage in Sedan, 5. 11. 1918

Liebe Eltern!

Ihr werdet jedenfalls schon einige Zeit auf Nachricht von mir gewartet haben, aber unglücklicherweise war bis zum 3. des Monats Briefsperre und in den beiden letzten Tagen kam ich natürlich auch nicht zum Schreiben.

Von Sedan sind wir also fort, weil der Boden allmählich zu heiß wurde. Am 2. abends sind wir mit Güterwägen mit der ganzen Kriegslazarettabteilung abgefahren. Nach fast 2tägiger Fahrt landeten wir in Bastogne an der belgisch-luxemburgischen Grenze. Es ist ein kleines, soweit ganz nettes Landstädtchen mit etwa 5000 Einwohnern. Man vermutet, daß wir nicht lange hier bleiben werden, wahrscheinlich kommen wir bald vollends über die Grenze. Es sind hier 3 Lazarette: ein Kloster, eine Mittelschule und eine Kirche „Notre Dame". Ich bin für die Mittelschule vorgesehen. Verwundete sind noch keine da, weil die Lazarette erst eingerichtet werden müssen. Ich glaube, daß es annähernd noch 8 Tage dauern wird, bis wir zum Dienst eingesetzt werden. Das ist natürlich furchtbar langweilig; die Umgebung ist zwar ganz schön, wild zerklüftet, bergig und viel Wald, aber das Wetter ist ganz scheußlich, es rieselt ohne Unterlaß vom bleigrauen Himmel.

Die letzte Woche in Sedan hatten wir vollends schön. Eigentlich hätten wir schon 8 Tage früher abrücken sollen, aber wegen Bahnsperre verzögerte es sich bis Ende der Woche. Die letzten Nächte, solange noch Patienten auf meiner Station waren, waren einfach schauderhaft, weil alle nicht transportfähigen Leute auf meine Station gelegt wurden. Die Station war voll belegt, d. h. mit 25 Patienten. Und am Morgen nach der 2. Nacht waren davon 17 gestorben. Die meisten waren vor dem Tode außerordentlich unruhig und sprangen im Delirium dauernd aus den Betten. Einer wollte zweimal durch die Scheiben auf den Hof springen, blieb aber jedesmal mit dem Oberkörper in den Splittern stecken; sonderbarerweise hat er sich dabei nicht im geringsten verwundet, dazu das entsetzliche Gestöhne und Röcheln, einer brüllte vorwährend Kommandorufe, ein anderer sang mit schwankender Stimme Soldatenlieder, alles zusammen ein

Konzert zum Verrücktwerden und ich war wie erlöst, als die Station vollends geräumt wurde.

Von Sedan aus habe ich vor 10–12 Tagen ein Kistchen und 4 kleine Pakete geschickt, vor unserer Abfahrt noch mal 4 kleine Pakete, unter anderem ein Pfund Kakao, Zigarren und ein Ölgemälde, das Ihr vorsichtig behandeln müßt, hoffentlich kommt alles gut an oder ist schon angekommen.

Für heute will ich schließen, da es schon spät ist, vielleicht reichts morgen wieder zu einem Brief.

Inzwischen grüßt Euch herzlich Euer Ottmar

III. Anhang

Lebenswadel

8. Mai 1966

Dr. Ottmar Wolfangel — 7031 Steinenbronn

Zahnarzt i. R. — Weilerstr. 43

Lieber Mörike,

Meinen Brief mit dem Versprechen Dir noch vor unserem Treffen in Stuttgart meinen Lebenswadel zukommen zu lassen, dürftest du wohl erhalten haben. Ich habe daraufhin meinem Herzen einen tüchtigen Stoß gegeben und das Ergebnis liegt nun vor Dir.

Geboren am 18. Oktober 1897, verlebte ich mit meinen vier Geschwistern im Pfarrhaus zu Weilersteußlingen auf den Lutherischen Bergen eine unbeschwerte sonnige Jugend. Das geräumige Pfarrhaus ist von einem großen Gemüse-, Beeren- und Obstgarten umgeben. Wenn ich heute an das erste Lebensjahrzehnt zurückdenke, kommt mir unwillkürlich der Vergleich mit dem „Kleinen Waldbauernbub". Strom gab es damals in jener Gegend noch nicht, so wenig wie Wasserleitung. Erdölampeln und Kerzen erleuchteten spärlich die Wohnräume und der Pumpbrunnen lag halbwegs zwischen Pfarrhaus und Forsthaus. Wenn sich um die Jahrhundertwende mal ein Auto in jene verlassene Gegend verirrte, war in kürzester Zeit die gesamte Dorfjugend versammelt, um dieses Wunder zu bestaunen. Zum Pfarrhaus gehörte eine große Scheune mit Holzstall. In früheren Jahrzehnten gehörte zur Pfarrei noch eine kleine Landwirtschaft. Ferner lag in einer anderen Ecke des Gartens ein eigenes Back- und Waschhäuschen. Das Brot wurde zu jener Zeit noch von der Pfarrfrau selbst gebacken. Der Backtag war für uns Kinder natürlich immer ein besonderer Festtag, zumal in der Weihnachtszeit.

Weilersteußlingen liegt ziemlich hoch, bei klarem Wetter hatte man eine herrliche Alpensicht. Landschaftlich liegt das kleine Dorf sehr schön, umgeben von ausgedehnten Wäldern und eingestreuten Weideflächen mit einer einzigartigen Flora, wie ich sie auf der schwäbischen Alb nirgends wiedergefunden habe. Unser Vater war ein großer Botaniker und so verstand es sich von selbst, daß wir im Frühjahr und Sommer ausgedehnte Spaziergänge machten. Da Vater trotz Brille schlecht sah, schickte er uns Kinder auf die Pirsch nach den ersten Frühlingsboten und belohnte unseren Eifer mit 5 Pfennig für jede erste Blume des Jahres und 10 Pfennig für seltenere Pflanzen wie Knabenkräuter oder besonders kostbare Orchideen wie „Mückle" oder „Totenköpfle".

Diese Idylle wurde vom 10. Lebensjahr an leider getrübt. Nachdem ich mit knapp sechs Jahren die Dorfschule besucht hatte, erhielt ich vom 10. Lebensjahr an zusätzlich Unterricht von meinen Vater zwecks Vorbereitung auf die Aufnahmeprüfung in die vierte Klasse des Karlsgymnasiums in Stuttgart. Mein Onkel war dort als Lehrer tätig und überwachte gleichzeitig meinen Privatunterricht zu Hause. Unwillkürlich mußte ich bei der Lektüre von Geroks Lebenslauf schmunzeln, der sich kühn aus einer ähnlichen Situation rettete. Leider war dies in meinem Fall nicht so einfach, denn mein Schulmeister war der eigene Vater. Pädagogik und liebevolle Geduld waren nicht gerade seine Stärke. Auch bei ihm spielte das Meerrohr als Erziehungsmittel eine bedeutende Rolle, was bei damals vier Buben bis zu einem gewissen Grad entschuldbar sein mochte. Pastoren sind eben auch nur Menschen. Aber schließlich war auch diese Episode überstanden. Im Frühjahr 1910 bestand ich die Aufnahmeprüfung in Stuttgart. Dort war ich zusammen mit meinem älteren Bruder bei meinem Onkel bis auf weiteres untergebracht. Er überwachte unsere Schulaufgaben, sowie meine Vorbereitung aufs Landexamen, das ich ein Jahr später zusammen mit Auer und Conrad ablegte. Die leider viel zu kurze Zeit in Maulbronn und das harmonische Zusammenleben von Schülern und Lehrern ist mir bis heute in schönster Erinnerung.

In der Zwischenzeit hatte sich mein Vater der günstigeren Ausbildungsmöglichkeit halber nach Kirchheim a. Neckar versetzen lassen. Die Folge war, daß auch ich wieder nach Hause zurückbeordert wurde und nunmehr zusammen mit zwei Brüdern das Karlsgymnasium in Heilbronn besuchte.

Wie der größte Teil meiner Klassenkameraden bewarb auch ich mich um die Einstellung als Kriegsfreiwilliger, meiner schmächtigen Statur halber allerdings ohne Erfolg. So versuchte ich mein Glück beim Roten Kreuz, wo ich auch glücklich ankam. Nach entsprechender Ausbildung als Krankenpfleger und versehen mit unzähligen Schutzimpfungen wurde unser Trupp im April 1915 in ein großes Seuchenlazarett in Rethel in der Champagne entsandt. Das letzte Kriegsjahr war ich bei einem Armeepathologen in Sedan tätig. Alles in allem habe ich die Kriegsjahre gut überstanden.

Im November 1918 begann ich in Tübingen mit dem Medizinstudium, denn ich hatte die Absicht später als Missionsarzt in die

Kolonien zu gehen. Doch die politische Entwicklung machte einen Strich durch meine Pläne, außerdem wurde wegen hoffnungsloser Überfüllung des Arztberuf infolge Rückkehr der Militärärzte vor dem Medizinstudium dringend gewarnt. So entschloß ich mich zum Zahnmedizinstudium überzuwechseln, das ich 1920 mit dem Staatsexamen abschloß. Gleich anschließend promovierte ich und trat anschließend meine erste Assistentenstelle an der Kassenzahnklinik in Reutlingen an. Ein Jahr später richtete ich für die Allg. Ortskrankenkasse Laupheim eine Zahnklinik ein, deren Leitung mir übertragen wurde. Meine Tätigkeit daselbst war nur von kurzer Dauer. Auch die AOK Geislingen/Steige trug sich mit der Absicht einer eigenen zahnärztlichen Klinik und übertrug mir deren Einrichtung und Leitung. In dieser aufstrebenden herrlich gelegenen Stadt fühlte ich mich schnell heimisch. Hier lernte ich auch meine spätere Frau kennen. Zunächst war sie mir eine tüchtige, geschickte Helferin im Sprechzimmer, später eine treue Helferin und liebe verständige Kameradin fürs Leben. Im September 1924 haben wir geheiratet. Wir bekamen eine schöne Wohnung und im September 1925 wurde uns ein Töchterchen geboren. Leider erwarb die Württ. Metallwarenfabrik das Gebäude, in dem unsere Wohnung lag, zu geschäftlichen Zwecken und wir mußten unsere Wohnung räumen. Dies war der Grund, weshalb wir nochmals einen Wechsel vornahmen und zwar nach Heidenheim/Brenz, wo ebenfalls eine Zahnklinik eingerichtet werden sollte. Da ich bereits über mehrjährige Erfahrung verfügte, fiel auch hier die Wahl des Vorstands auf mich. Es handelte sich um einen modernen Neubau in schöner freier Lage. Für den leitenden Zahnarzt war eine komfortable Wohnung auf demselben Stock vorgesehen. In die Heidenheimer Zeit 1926 bis 1930 fiel die Geburt von zwei weiteren Kindern, ebenfalls Mädchen, so daß das Dreimäderlhaus vollständig war.

Auf die Dauer befriedigte mich jedoch der Klinikbetrieb nicht so ganz, sodaß ich mich im Herbst 1930 zur Niederlassung in der freien Praxis entschloß. Auf Grund meiner mehrjährigen Kliniktätigkeit war mir die sofortige Kassenzulassung zugesichert, ein Umstand, der damals noch von ausschlaggebender Bedeutung war. Da die Stadt Giengen/Brenz die Niederlassung eines akademischen Zahnarztes dringend wünschte und in jeder Hinsicht förderte, ließ ich mich am 1. Oktober 1930 in dieser ehemaligen freien Reichsstadt nieder. Geeignete Räume für Praxis und Wohnung wurden mir von der Stadtverwaltung großzügig zur Verfügung gestellt. Die Praxis florierte gut und die Familie lebte sich in kurzer Zeit ein. Die Kinder besuchten zunächst die Schule in Giengen, später die Oberschule in Heidenheim bis zum Abitur. 1934 kam nochmals Familienzuwachs in Gestalt unseres Sohnes Kurt. Da beim Haus kein Garten war, schufen wir uns einen solchen eine Viertelstunde vom Haus entfernt in freier Höhenlage mit prächtigem Blick ins Brenztal. Ein nettes Wochenendhaus mit Kochnische erlaubte den Aufenthalt bei jeder Witterung. Ein Turngerät mit Schaukel und russischem Kegelspiel sorgte für sportliche Betätigung und Unterhaltung. In gesundheitlicher Hinsicht und später während der schlimmen Kriegs- und Nachkriegszeit war der Garten für die ganze Familie von unschätzbarem Wert. Vom 2. Weltkrieg wurden die Stadt Giengen und auch unsere Familie nicht unmittelbar betroffen. Ich selbst war zur Versorgung der Zivilbevölkerung frei gestellt. Dagegen wurde unsere Älteste zum RAD eingezogen und anschließend als Wehrmachtshelferin zur FLAK. Wir danken heute noch der Vorsehung, daß Wiltrud mit dem allerletzten Transport von Baden bei Wien zurückkam, ehe der Russe dort einmarschierte.

Du hast schon recht, lieber Mörike, Kriegsjahre zählen doppelt und bei einem vielgeplagten Zahnarzt mit asthenischen Habitus vielleicht dreifach. Zu alledem fiel in diese Zeit ein Unfall ausgerechnet im Staatl. Gesundheitsamt Heidenheim, wobei ich mir einen Oberarmbruch zuzog, was natürlich eine längere Berufsunfähigkeit und einen endlosen Schadenersatzprozeß gegen das Land Baden-Württemberg zur Folge hatte, wobei ich, letzten Endes – wie nicht anders zu erwarten war – den kürzeren zog.

Trotzdem, die Stellung (sprich Praxis) mußte gehalten werden und wurde gehalten, wenigstens bis zur Approbation meiner jüngsten Tochter Doris. Sie hatte auch veranlaßt, daß ein ihr befreundeter Kollege mit mehrjähriger praktischer Erfahrung zu meiner Entlastung als Assistent einsprang. Die Übertragung meiner Kassenzulassung auf meine Tochter war nur noch eine Formsache. Ein Jahr später heirateten die jungen Leute und führen seither gemeinsam meine Praxis mit gutem Erfolg weiter. – Viel zur Überwindung der schwierigen Lage hatte auch unsere zweitälteste Tochter Irmgard beigetragen. Sie hatte eben ihre Ausbildung als Hauswirtschaftsleiterin abgeschlossen und wäre gerne für einige Zeit ins Ausland gegangen. Stattdessen übernahm sie in selbstloser Weise über einen längeren Zeitraum die Führung des großen Haushalts und ermöglichte damit meiner Frau, sich während meines Ausfalls intensiv um den Praxisbetrieb zu kümmern. Inzwischen hat sie sich auch längstens verheiratet und ist glückliche Mutter von zwei munteren Kindern.

Ursprünglich sollte ja unser Filius Kurt die väterliche Praxis übernehmen. Bereits als kleiner Junge schrieb er in einem Klassenaufsatz: „Ich wäre ja dumm, wenn ich nicht Zahnarzt würde, wo die Einrichtung schon da ist!“ Tatsächlich ließ er sich nach dem Abitur in Heidelberg bei der zahnmedizinischen Fakultät immatrikulieren. Kurz vor dem Physikum erklärte er dann, der Zahnarztberuf sei doch wohl nicht das Richtige für ihn.

Einige Jahre später legte er dann in Germersheim die Dolmetscherprüfung ab und studiert, z. Zt. in Mannheim, Volkswirtschaft. – Nun, jedes soll nach seiner Façon selig werden. Diesen weisen Spruch machten auch wir uns zu eigen. Nach glücklicher Versorgung der Kinder und der Praxis winkte uns die goldene Freiheit und ein wohlverdienter Ruhestand. Bereits vor langen Jahren hatte ich mit meiner Frau vereinbart, daß wir unseren Lebensabend im milderen Unterland, möglichst in der Nähe von Stuttgart, verleben wollten. Unsere in Stuttgart verheiratete älteste Tochter machte auch wirklich einen schön gelegenen Bauplatz in Steinenbronn ausfindig und wir bauten uns daselbst gerade noch zur rechten Zeit ein nettes kleines Eigenheim, umgeben von einem schönen großen Garten, dicht am Wald.

Einige Jahre fuhr ich noch in regelmäßigen Abständen jeweils für einige Tage nach Giengen, um bei den Quartalsabrechnungen mit den Krankenkassen, Steuererklärungen und dergl. Arbeiten zu helfen. Ansonsten haben wir nun endlich wieder Zeit für uns selbst. Über Langeweile können wir im Ruhestand nicht klagen. Jeder Tag ist ausgefüllt. Unser Hobby ist leichte Gartenarbeit, Spazierengehen in herrlichen Schönbuch – solange uns die Beine tragen –, Lesen und gute Musik. Ein Fernseher darf natürlich nicht fehlen für die Winterabende. Die schönste Abwechslung aber ist, wenn unsere Enkelkinder mit ihren Müttern bzw. wir bei ihnen Gegenbesuch machen.

In gesundheitlicher Hinsicht könnte manches besser sein, wie ich Dir kürzlich berichtete. Wir sind eben nicht mehr die Jüngsten und der Kreis beginnt sich allmählich zu schließen.

Mit herzlichem Gruß und auf ein frohes Wiedersehen

Dein O. Wolfangel

Lebenslauf in Zahlen

1897	18. Oktober. Geburt in Lauffen an der Eyach als zweiter Sohn des Pfarrers Karl Wolfangel und seiner Frau Klara Maria, geborene Reinhardt.
1903	Besuch der Dorfschule in Weilersteußlingen.
1907	Zusätzlicher Unterricht durch den Vater als Vorbereitung auf das Gymnasium.
1910	Karls-Gymnasium Stuttgart. Wohnhaft bei Hermann Wolfangel, einem Bruder des Vaters, in Stuttgart.
1911	Besuch des Evangelischen Stifts in Maulbronn.
1912	Karls-Gymnasium Heilbronn. Umzug der Familie nach Kirchheim am Neckar.
1915	Februar. Erteilung des Reifezeugnisses ohne Prüfung, aufgrund seiner Ausbildung als freiwilliger Krankenpfleger auf der Karlhöhe in Ludwigsburg.
	20. April. Stellungsbefehl und Abfahrt ins Etappen-Lazarett nach Rethel, Frankreich.
1917	24. April. Verlegung nach Sedan, Frankreich. Krankenpfleger in verschiedenen Lazaretten und als Sektionshelfer beim Armeepathologen.
1918	19. November. Ende des Dienstes als freiwilliger Krankenpfleger.
	3. Dezember. Beginn des Medizinstudiums in Tübingen.
1919	Ostern. Beginn des Studiums der Zahnmedizin.
1920	Dezember. Approbation als Zahnarzt, Assistent an der Kassenzahnklinik Reutlingen.
1921	21. Januar. Promotion *Über die Probleme der Zahnkaries und den Einfluß des Krieges auf die Zähne und ihre Behandlung.*
1922	Leitung der Zahnklinik in Laupheim.
1923	Leitung der Zahnklinik in Geislingen/Steige.
1924	Eheschließung mit Frieda, geborene Tapella.
1925	Geburt der Tochter Wiltrud.
1926	Leitung der Zahnklinik in Heidenheim/Brenz. Geburt der Tochter Irmgard.
1930	Geburt der Tochter Doris. Freie Praxis in Giengen/Brenz.
1934	Geburt des Sohnes Kurt.
1959	Bau eines Hauses in Steinenbronn und Umzug.
1960	Übernahme der Praxis durch das Zahnarztehepaar Drs. Günther und Doris Mayer, geborene Wolfangel.
1969	6. Juli. Tod Ottmar Wolfangels in Stuttgart.